Hermann Jacoby

Der erste Brief des Apostels Johannes

In Predigten ausgelegt

Hermann Jacoby

Der erste Brief des Apostels Johannes
In Predigten ausgelegt

ISBN/EAN: 9783743327382

Hergestellt in Europa, USA, Kanada, Australien, Japan

Cover: Foto ©Lupo / pixelio.de

Manufactured and distributed by brebook publishing software
(www.brebook.com)

Hermann Jacoby

Der erste Brief des Apostels Johannes

Der erste Brief

des

Apostels Johannes

in Predigten ausgelegt

von

D. Hermann Jacoby,

ordentlichem Professor der Theologie und Universitäts-Prediger
in Königsberg.

Leipzig.
Druck und Verlag von Fr. Richter.
1891.

Inhalts=Verzeichnis.

Die Gewißheit des Glaubens.

1. Joh. 1, 1—5.

Das da von Anfang war, das wir gehöret haben, das wir gesehen haben mit unseren Augen, das wir beschauet haben, und unsere Hände betastet haben, vom Worte des Lebens; und das Leben ist erschienen, und wir haben gesehen und zeugen und verkündigen euch das Leben, das ewig ist, welches war bei dem Vater und ist uns erschienen; was wir gesehen und gehöret haben, das verkündigen wir euch, auf daß auch ihr mit uns Gemeinschaft habet, und unsere Gemeinschaft sei mit dem Vater und mit seinem Sohne Jesu Christo. Und solches schreiben wir euch, auf daß unsre Freude völlig sei. Und das ist die Verkündigung, die wir von ihm gehöret haben und euch verkündigen, daß Gott ein Licht ist, und in ihm ist keine Finsternis.

Ein hervorragender Gottesgelehrter hat das Urteil ausgesprochen, daß christliche Gesinnung und Überzeugung in der Gegenwart eine weitere Verbreitung gefunden haben, als wir vorauszusetzen pflegen. Ein unbewußtes Christentum habe auch da Wurzeln geschlagen, wo wir nur eine kühle, fremde Stellung zur Kirche, eine Ablehnung der Formen, in denen die Heilswahrheit verkündet werde, wahrnehmen. Ohne Zweifel, diesem Urteil liegt eine Trost gewährende Wahrheit zu Grunde. Denn es giebt in unserer Mitte nicht wenige Persönlichkeiten, welche vertrauend zu Gott, dem Lenker unserer Schicksale, emporschauen, welche mit großer Gewissenhaftigkeit ihr Leben gestalten und ihre Berufspflichten treu erfüllen, welche nach dem Zerfall der irdischen Hütte dieses Leibes ein Leben der Seele bei Gott erhoffen, und welche mit Bewunderung und Verehrung Jesu Christi gedenken, in dem sie den Verkünder ewiger Wahrheit und das Vorbild heiligen Lebens erkennen. Gewiß, wir haben kein Recht, diesen Persönlichkeiten den Anspruch auf den Namen „Christ" zu bestreiten, wir sind verpflichtet, auch hier Wirkungen der Strahlen wahrzunehmen, die von Christus ausgehen. Aber dennoch kann unser Auge nicht mit ungetrübter Freudigkeit auf ihnen ruhen; wieviel sie auch besitzen mögen, ihnen fehlt doch alles, was die Herrlichkeit des christlichen Lebens bildet. Die Fülle der göttlichen Gnade, die sich uns in Christus offenbart hat, der Trost seines Kreuzes, die Gewißheit der Versöhnung des Sünders mit Gott, die umschaffende und erlösende Kraft des heiligen Geistes, welche von Christo nimmt und den Seinen giebt, diese himmlischen Heilsgüter bleiben ihrem Auge verborgen. Was sie besitzen, ist doch nur ein dürftiger, wenn auch unendlich wertvoller Teil der Gaben, die ihnen Gott als ihr Erbe bestimmt hat; was ihnen eigen ist, es erscheint uns doch nur als ein kleines und oft genug dahinschwindendes Kapital, das ihnen von einem reichen Schatze übrig geblieben ist. Was sie ergriffen haben, was, ein Strahl himmlischer Herrlichkeit, ihr Herz erhellt und erwärmt, es leuchtet doch nur, wie aus weiter Ferne, in mattem Licht in ihr Inneres hinein. Es ist doch nur ein unsicheres Ahnen, das sie über dies irdische Dasein hinaus zu der unsichtbaren Welt emporhebt. Sie mögen sich der Verheißung getrösten, daß der Herr das zerstoßene Rohr nicht zerbrechen und das glimmende Docht nicht auslöschen wird (Ev. Matth. 12, 20), aber sie mögen sich auch vor der verderblichen Selbsttäuschung hüten, daß ihre Armut ein Reichtum sei. Sie stehen im Vorhof, aber nicht im Heiligtum. Sie haben das herrlichste Gut nicht gefunden, weil sie es nicht gesucht haben. Ihnen fehlt die selige Gewißheit, daß in Christo Gott ihr Vater, daß sie in ihm seine Kinder geworden sind, ihnen fehlt die Kindesfreude, der Kindesfriede, das Kindesvertrauen, und deshalb bleibt der unendlich Nahe ihnen doch oft unendlich fern.

Der Gedanke, daß ein unbewußtes Christentum in vielen lebt, die fremd an der Kirche vorübergehen, soll ein Trost für uns sein, an den Kindern unserer Zeit nicht zu verzagen, soll uns vergegenwärtigen, daß ein treues Haushalten mit wenigem fruchtbarer ist und reiferen Segen bringt als die untreue Verwaltung vieler und großer Güter; aber er darf uns nicht verführen, ein Geringes als ein Großes zu schätzen und da helles Tageslicht zu sehen, wo eine Dämmerung waltet, die hier vielleicht den Anbruch des Morgens weissagt, die aber dort vielleicht den Beginn der Nacht verkündigt.

Nein, meine Lieben, unser Fuß darf nicht im Vorhof stehen bleiben, er muß in das Heiligtum, in das Allerheiligste eintreten.

Christus muß uns alles werden, nicht bloß Lehrer und Vorbild, nicht bloß Prophet, sondern auch Hohepriester und König. Wir wollen nicht bloß ahnen und aus der Ferne schauen, wir suchen Gewißheit des Glaubens und in der Gewißheit Reichtum des Lebens. So sei

Die Gewißheit des Glaubens

der Gegenstand unserer andächtigen Betrachtung. Wir fragen nach dem Grunde, auf dem sie ruht, nach der Wahrheit, welche sie in sich schließt, und nach der Frucht, die sie trägt.

1.

Der Grund, auf dem die Gewißheit des Glaubens ruht, ist die innere Erfahrung. Aus dieser Wurzel war der Glaube des Apostels Johannes erwachsen. Er verkündet, was er mit seinen Augen gesehen, mit seinen Ohren gehört, mit seinen Händen betastet hat. Die Worte Christi, die er bezeugt, er selbst hat sie vernommen; die Herrlichkeit des eingebornen Sohnes Gottes, die er uns vergegenwärtigt, er selbst hat sie geschaut. Er redet zu uns, der am Busen Jesu geruht hat, der seine Hände in Jesu Hände gelegt hat. Aber war es nur die sinnliche Wahrnehmung die seinen Glauben begründete? Wahrlich, nein! Das Volk Israel hatte auch Jesus gesehen, war ein Augenzeuge seiner Wunder, ein Ohrenzeuge seiner gnadenreichen Worte gewesen und war dennoch im Unglauben ihm fern geblieben. Was die Sinne zeigen, nur die Sinne, was nur äußere Erfahrung bleibt, es erzeugt den Glauben nicht. Nur, was die Wahrnehmung des Geistes, was der innere Sinn offenbart, führt in das Heiligtum, nur aus innerer Erfahrung erwächst die Gewißheit des Glaubens. Der Apostel Johannes war vom Wort des Herrn in den innersten Tiefen des Herzens bewegt worden, er hatte in ihm das Wort der Wahrheit und der Gnade erkannt, das Wort des Friedens und des Lebens. Ein mächtiger Zug seiner Seele hatte ihn zum Herrn hin und in seine Nachfolge hineingeführt, er war gefesselt worden von dem heiligen Ernst, der alle Sünde ausschloß, von der zarten Liebe, welche die Schwachen so langmütig trug, von der Hirtentreue, welche das Verlorne suchte, von der Barmherzigkeit, welche die Elenden tröstete, von dem gnadenreichen Wirken, welches dem Buß-

1*

fertigen die Vergebung der Sünden in das Herz sprach), von dem sündlosen Wandel des Gerechten, der doch nicht richten, sondern retten wollte. So enthüllte sich für den Apostel Johannes das Geheimnis, welches dies einzigartige Leben in sich schloß, er erkannte in Jesus den Messias, Christus, der Menschensohn wurde ihm der Sohn Gottes, alle Wunder erschienen ihm als Zeichen, als Offenbarungen der Herrlichkeit des Heilands, sein Wort wurde ihm Gottes Wort, sein Werk Gottes Werk; er erblickte in ihm das ewige Abbild des Vaters im Spiegel sündlosen, heiligen Menschenlebens. Aus der Liebe zu Jesu erwuchs der Glaube, nach dem Gesetz, daß alles Verständnis, alles tiefere Eindringen in das Leben der Geister an die Liebe gebunden ist. Wir verstehen sie nur, wenn wir sie lieben; die Grenze der Liebe ist auch die Grenze des Verstehens.

Und nun, meine Lieben, fragen wir uns, ob auch für uns die Gewißheit des Glaubens auf demselben Wege gewonnen wird. Wir könnten zweifeln, da ja fast neunzehn Jahrhunderte verflossen sind, seitdem Jesus Christus in die Menschheit eingetreten ist, da niemand von uns in sein Angesicht zu schauen vermag, niemand seine Lippen zu holdseliger Rede sich öffnen sieht. Und dennoch, meine Teuern, der Glaubensweg des Apostels kann und muß auch unser Glaubensweg werden. Dieselbe Erfahrung bietet sich auch uns dar. Denselben Eindruck von der Persönlichkeit Jesu Christi, von seinem Wort, von seinem Werk, von seinem Wandel, den die Apostel erhielten, können auch wir empfangen. Zuverlässige Zeugen haben uns sein Bild gezeichnet, sein Wirken, sein Leiden, seine Erhöhung zur Rechten des Vaters bezeugt, seine Worte überliefert. Und je mehr wir dies Bild in unser Inneres aufnehmen, je tiefer sich Jesu Wort in unser Herz senkt, desto mehr erfahren wir es, daß nicht Dichtung, sondern Wirklichkeit hier zu uns redet. Nicht die schöpferische Phantasie eines sündigen Menschen hat dies Lebensbild geschaffen, in dessen Gestalt auch die schärfste, unerbittlichste Beurteilung keine Spur der Sünde zu entdecken vermag, sondern Gottes treue und barmherzige Liebe hat sich der elenden Menschheit angenommen und hat sich selbst in ihr versöhnend und erlösend offenbart. Er hat der Wirklichkeit sündigen Weltlebens die Wirklichkeit des heiligen Lebens des Sohnes Gottes gegenübergestellt, sie zu überwinden. Und, meine Teuern, wenn wir dem Heiland unser Herz erschließen, so spüren wir es, wie ein neuer, unserm natürlichen Menschen fremder, heiliger Geist unsern Geist berührt, wie die Kräfte neuen, heiligen Lebens uns erfüllen, wie sich das Reich Gottes in uns erbaut, wie die unsichtbare Welt uns als ihre Glieder in sich aufnimmt. Wir werden durch Erfahrung unsers Glaubens gewiß. Und zu diesem eignen innersten Erleben spricht die Geschichte der Menschheit, in die Christus eingetreten ist, ihr Ja und Amen. Als der Apostel Johannes die Worte der Glaubensgewißheit niederschrieb, denen wir in diesen Betrachtungen folgen, war die Christenheit nur eine kleine Schar mitten in einer heidnischen Welt. Das Evangelium hatte sich noch nicht als den alles durchdringenden Sauerteig offenbaren können, noch gab es keinen christlichen Staat, keine christliche Wissenschaft, keine christliche Kunst. Noch waren die bürgerlichen Ordnungen nicht vom Evangelium erneuert und umgeschaffen worden. Ein christliches Volkstum hatte sich noch nicht gebildet. Und dennoch welche Zuversicht, welche Kraft erfüllt des Apostels Glauben! Sollte nicht unser Glaube dieselbe, wenn nicht eine größere Lebensfülle besitzen! Blicken wir doch auf die Erfahrungen einer Geschichte von neunzehn Jahrhunderten zurück, einer Geschichte, welche, wie viele Denkmale getrübten, ja entstellten Christentums sie auch aufweisen mag, dennoch, als ein Ganzes angesehen, die fortschreitende Entwickelung des Reiches Gottes, den Sieg des Lichtes über die Finsternis, der Liebe über den Haß, der Wahrheit über die Lüge offenbart! Wahrlich, wir haben ein Recht, zu bezeugen: Unser Glaube ruht auf innerer Erfahrung, der eigne Lebensweg und die Geschichte der Menschheit bilden den Grund, in dem er wurzelt.

2.

Aber ebenso erwächst die Gewißheit unsers Glaubens aus der überzeugenden Kraft der Wahrheit, die er in sich schließt. Der Apostel faßt sie in dem Worte zusammen, daß Gott ein Licht ist und in ihm keine Finsternis, und daß uns in Christus das ewige Leben, das bei dem Vater war, erschienen ist. Und so nennt er den Heiland das Wort des Lebens. Licht und Leben sind die Heilsgüter, welche uns das Evangelium bezeugt und darbietet, ewiges, göttliches Licht, das immer strahlt und nie mit der Finsternis wechselt, ewiges, göttliches Leben, das selbst nie endet und alle

Mächte des Todes überwindet. Welche selige Gewißheit! Es giebt ein ewiges Licht, unser Gott ist das Licht der Welt. Unsre Seele verlangt nach Licht. Schon das irdische, natürliche Licht erquickt uns. Wenn das Licht des anbrechenden neuen Tages das Dunkel der Nacht verscheucht hat, zieht neue Freudigkeit in unser Herz. So viele trübe Gedanken, die in der Nacht durch das bekümmerte Gemüt ziehen, wenn Sorge oder Krankheit den tröstenden und stärkenden Schlaf fern halten, weichen, wenn die Tageshelle in das Zimmer bringt, oder verlieren doch ihre niederbeugende Gewalt. Wenn ein bedeckter Himmel, der den Sonnenstrahlen nur gehemmten Zugang gestattet, zur Schwermut geneigten Sinn in Dunkel hüllt, so wandelt er sich leicht in Freude, wenn die Sonne durchbricht und hellen Schein über die Erde breitet. Aber freilich hier ist immer Wechsel von Licht und Finsternis, Wechsel von Zagen und Hoffen, von Lebensmut und Lebensmüdigkeit, und unwillkürlich löst eine Stimmung die andere ab. Aber in den innersten Tiefen unsers Gemüts soll es immer licht und klar sein, soll immer eine stille, heilige Freude walten, denn uns ist die Botschaft geworden: Gott ist Licht, ewiges Licht, das nie erlischt, dessen Strahlen in immer gleicher Kraft erleuchten, durch keine Wolken gehemmt. Darum, trauerndes Herz, wenn das Erdenleben dich in dunkle Schatten hüllt, wenn Schmerz und Sorge dich niederbeugen, wenn du Geliebte beweinst, die dir entrissen wurden, wenn dich der Blick in die Vergangenheit mit Kummer, und der Blick in die Zukunft mit Bangigkeit erfüllt, wenn es finster geworden ist in deinem Herzen, weil finster in deiner Welt, dann blick auf zu deinem Gott. Er ist Licht und wohnt im Licht. In ihm ist Klarheit, Friede und Freude. Er will dein Licht werden, dir Klarheit, Frieden und Freude geben. Deshalb hat er seinen eingebornen Sohn, Jesum Christum, zu uns gesandt, daß wir durch ihn an seinem ewigen Lichte teil haben.

Gott ist Licht, die Quelle ewiger Freude, aber Gott ist auch Licht, die Quelle des Reinen, Heiligen, Guten. Die Finsternis ist das Sinnbild der Sünde, das Licht das Bild der Lauterkeit. Lichtes Auge, klare Züge offenbaren die Einfalt des Herzens. Ein Auge, das nicht frei ausschaut, das scheu sich senkt, Züge, die gebunden, gefesselt erscheinen, nicht ungehemmt sich entfalten, gewiß nicht immer, aber wie oft sind sie Zeichen sündigen Geisteslebens!

Welch reicher Trost ist in dem Worte beschlossen: Gott ist Licht! Über die Welt der Sünde erhaben, lebt Gott, das heilige Licht. Und er hat sein Licht hineinscheinen lassen in die Welt, nicht, um sie zu richten, sondern, um sie zu retten; er hat in Jesu Christo sich als Licht offenbart, hat durch ihn ein Reich des Lichts gestiftet und ruft uns, in dasselbe einzutreten.

> Das ew'ge Licht geht da hinein,
> Giebt der Welt einen neuen Schein,
> Es leucht wohl mitten in der Nacht
> Und uns des Lichtes Kinder macht.
> Kyrie eleis.

Unser Gott ist Licht und alles Lichtes Quelle, das Licht der Freude und das Licht der Heiligkeit. Aber auch das Licht der Wahrheit geht von ihm aus. Wahrheit ist Licht des Lebens, wie Lüge und Irrtum Finsternis des Todes. Wer in ihr wandelt, gleicht dem Wanderer, der im Dunkel der Nacht, des Weges unkundig, einherschreitet. Er erreicht nicht das Ziel, nach welchem er hinstrebt; er kann schwer Gefahren entgehen, die ihm Verderben bereiten, Sumpf und Moor, in denen er versinkt, Abgründen, in die er zerschmettert hinabstürzt. Wir alle sind Pilgrime auf Erden, ein hohes, herrliches Ziel winkt uns aus der Ferne. Aber wir erreichen es nicht, wir kommen ihm nicht näher, es entschwindet unsern Augen, wenn uns nicht die Wahrheit leuchtet. Wir verirren uns in der Welt und können den Rückgang nicht finden, Elend und Untergang drohen uns, wenn wir Lüge und Irrtum als Führern folgen. Aber wir dürfen nicht verzagen. Gott, die ewige Wahrheit, ist uns in Christus erschienen. Wenn wir seinem Worte glauben, so ist die Wahrheit in uns, wir schauen das Ziel, wir erkennen den Weg.

Gott ist das Licht der Freude, der Heiligkeit, der Wahrheit, und deshalb das Leben. Wenn Gott uns seine Freude, seine Heiligkeit, seine Wahrheit offenbart, wenn wir sie in Christo anschauen, von ihm ergriffen ihren Strahlen uns erschließen, dann empfangen wir Leben aus Gott, Leben in Gott. Die Kinder der Welt wähnen freilich, das Leben, ungestörten Genuß, ungebrochene Kraft, könnten sie nur gewinnen und bewahren, wenn sie sich von Gott entfernen. Aber, was ihnen Leben scheint, ist Tod. Ein

Leben ohne Licht, ohne Licht der Freude in Gott, ohne Licht der Heiligkeit aus Gott, ohne Licht der Wahrheit von Gott lügt nur den Schein des Lebens. Ein Erdenwandel, der nur Erdengüter sucht, ist Wandel im Schatten des Todes, nicht Wandel im Licht des Lebens. Vergängliches ist sein Teil, das unter der Hand zerrinnt, von dem nichts bleibt. Wer sein Leben, sein tiefstes, innerstes Leben im Vergänglichen sucht, beschreitet den Weg des Vergehens, des Sterbens. Aber wer im Lichte Gottes lebt, lebt wahrhaft, lebt in dem, was bleibt, denn er lebt in Gott, alles Lebens Grund, alles Lebens Quell, alles Lebens Ziel.

Siehe da die herrliche Wahrheit unsers Glaubens! Er trägt die Gewißheit in sich. Was uns das höchste, das bleibende Leben giebt, Wahrheit, der wir unentwegt vertrauen, Heiligkeit, die uns aus den Ketten der Sünde befreit, Freude, die auch im trauernden Herzen nicht erlischt, das erfahren wir als beseligende Wirklichkeit. Unser Glaube ist gewiß.

3.

Und deshalb trägt er auch herrliche Früchte. Er breitet sich aus, er kann nicht schweigen. Wovon das Herz voll ist, geht der Mund über. Die Gemeinschaft mit dem Vater und dem Sohne, diese Gemeinschaft des Lichts und des Lebens, diese heiligende und beseligende Erfahrung, wir können nicht anders, als sie denen bezeugen, die ihr noch ferne stehen, damit auch sie ihre erneuernde Kraft spüren. Daher sagt der Apostel: Was wir gesehen und gehöret haben, das verkündigen wir euch, auf daß auch ihr mit uns Gemeinschaft habet, und unsre Gemeinschaft sei mit dem Vater und mit seinem Sohne Jesu Christo. Ist es doch schon so in unsern natürlichen Lebensverhältnissen, daß wir gedrungen werden, sobald eine große Freude uns zu teil geworden, sobald wir eine beglückende Botschaft empfangen haben, an deren Zuverlässigkeit wir nicht zweifeln können, sie denen mitzuteilen, die unserm Herzen nahe stehen. „Freuet euch mit mir, ruft der Hirt, der dem verlorenen Schaf in die Wüste nachgegangen war, denn ich habe mein Schaf gefunden, das verloren war. Freuet euch mit mir, jauchzt das Weib, das so eifrig den vermißten Groschen gesucht hatte, denn ich habe meinen Groschen gefunden, den ich verloren hatte." (Ev.

Luf. Kap. 15.) Unfre eigne Freude ist nur vollkommen, wenn
wir sie verkündigen dürfen. Daher fügt auch der Apostel hinzu:
Und solches schreiben wir euch, auf daß unsre Freude vollkommen
sei. Ja, es ist in der That so, daß unsre Freude wächst, wenn
wir die Botschaft des Heils verkündigen. Das ist der Segen der
Predigt des Evangeliums. Wir haben ihn erfahren. Wenn wir,
von der seligen Gewißheit des Glaubens erfüllt, unsern Kindern
das Bild des Heilands vor Augen malen, wenn wir sie lehren,
ihre Hände zu falten und ihre Augen zum Vater im Himmel zu
erheben, wenn wir so als Priester walten, Vater und Mutter im
Hause, Lehrer und Lehrerin in der Schule, wenn wir sie so hinein-
ziehen in die Gemeinschaft mit unserm Gott, in der wir selbst
stehen, dann erwacht in unsern Herzen das Gefühl seliger Freude.
Oder, wenn ein Freund es dem andern bezeugt, von der Gewißheit des Glaubens bewegt, daß er den Heiland gefunden, wenn er
ihn einladet, denselben Weg des Lebens zu gehen, wie einst An-
dreas es Petrus zurief: Wir haben den Messias gefunden, und
Philippus dem Nathanael die gleiche Botschaft verkündete (Ev.
Joh. 1, 41—45), wenn dann das Wort des Glaubens zündet,
Glaube Glauben weckt, dann werden Stunden seligster Freude er-
lebt. Und bedarf es, daß wir uns die erquickenden Erfahrungen
vergegenwärtigen, die spärlich hier, reichlich dort, den Dienern des
Evangeliums an den Gemeinden beschieden sind, die Erfahrungen,
daß ihre Arbeit nicht vergeblich gewesen ist, daß sie Frucht getragen,
daß des Herrn Segen sie begleitet hat, diese Erfahrungen, die uns
trösten wollen, daß wir so oft anklopften, ohne daß uns aufgethan
wurde, und mit neuer Freudigkeit, mit neuem Mut erfüllen, das
Werk des Herrn zu treiben, an seinem Reiche zu bauen.

Aber, meine Lieben, es würde ein selbstischer Sinn uns beherrschen, wenn wir nur deshalb unsern Glauben verkündeten, um
die eigne erlebte Freude zu bezeugen und sie bezeugend zu er-
höhen, wenn wir so in der Botschaft des Evangeliums nur uns
selbst dienen wollten, das eigene Genügen zu suchen. So ist es
nicht, so kann es nicht sein. Wenn wir unsern Gott und Heiland
gefunden haben, dann erkennen wir in ihm den Gott und Heiland
aller Menschen, dann erwacht in uns die Bruderliebe, welche zum
Lichte führen will, die noch im Schatten der Finsternis wandeln,
erwacht in uns die Liebe zum Herrn, die sein Reich mehren und

Kinder, die in ihm das Heil finden, in seinem Hause sammeln will. So rufen wir es in die Welt hinein: Licht und Leben ist erschienen; Schlafende, wacht auf, daß euch Christus erleuchte; Tote, laßt euch erwecken, daß ihr das Leben empfanget (Ephes. 5, 14). Es ist etwas Hohes und Seliges, eigner Freude Raum zu geben, aber es ist herrlicher, die Freude der Brüder zu schaffen. Geben ist seliger denn Nehmen (Apostelgesch. 20, 35).

An beides zugleich, an die Mehrung der eignen und an das Wachstum der Freude der Brüder, werden wir in unserm Texte erinnert. Es muß zweifelhaft bleiben, ob die Worte des Apostels lauten: „Und solches schreiben wir euch, auf daß eure Freude völlig sei", oder „auf daß unsre Freude völlig sei". Wir sind der letzten Lesart gefolgt, weil ältere Handschriften sie bezeugen, Luther der ersten. Aber diese beiden Lesarten mögen uns Weg=weiser sein zu zwiefacher Wahrheit. In treuer Verkündigung wächst unsre Freude, wächst die Freude der Brüder. Gebend empfangen wir, Freude säend ernten wir Freude. Siehe da die Frucht der Gewißheit des Glaubens! Im Glauben die Liebe, welche Gottes Reich baut und den Brüdern dient, freudig den Reichtum der Gnade darbietet, damit die Armen reich, die Trauernden getröstet, Gebende und Empfangende in der Gemeinschaft dankbarer Freude verbunden werden.

In dem Herrn Geliebte! Das Kirchenjahr geht mit schnellen Schritten seinem Ende entgegen. Am nächsten Sonntage beschließen wir es, indem wir unsrer Toten gedenken. Werden wir dann in Gewißheit des Glaubens über das Grab hinaus in die unsichtbare, ewige Welt hineinschauen als die Trauernden und doch als die Getrösteten? Gewißheit des Glaubens, meine Teuern, ist des Lebens in Gott Wurzel und Anfang, aber auch Frucht und Ziel. Jeder größere Abschnitt im Verlauf unsres Erdenwandels, jedes Kirchenjahr, das uns Gottes Gnade geschenkt hat, will uns in der Glaubensgewißheit stärken. Alle himmlischen Botschaften, die wir von geweihter Stätte vernehmen, alle freudigen und schmerzlichen Geschicke, die Gottes Führungen uns zu teil werden lassen, sind ein Ruf zum Glauben, wollen des Glaubens Gewißheit stärken. Wo aber Gewißheit des Glaubens ist, da ist auch die Hoffnung, die der Tod überwindet. Ihr erhellt das Licht Gottes das Dunkel des Grabes, sie erkennt im Weg des Todes den Weg des

Lebens, den Weg zu Gott, alles Lebens Quell. Herr, stärke uns
den Glauben, gieb uns Gewißheit des Glaubens und in ihr Trost
der Hoffnung. Amen.

II.

Der Wandel im Licht.

1. Joh. 1, 6—10.

So wir sagen, daß wir Gemeinschaft mit ihm haben, und wandeln in
Finsternis, so lügen wir und thun nicht die Wahrheit. So wir aber im
Lichte wandeln, wie Er im Lichte ist, so haben wir Gemeinschaft untereinander,
und das Blut Jesu Christi, seines Sohnes, macht uns rein von aller Sünde.
So wir sagen, wir haben keine Sünde, so verführen wir uns selbst, und die
Wahrheit ist nicht in uns. So wir aber unsere Sünden bekennen, so ist er
treu und gerecht, daß er uns die Sünden vergiebt und reiniget uns von aller
Untugend. So wir sagen, wir haben nicht gesündiget, so machen wir ihn zum
Lügner, und sein Wort ist nicht in uns.

Noch bevor das alte bürgerliche Jahr sein Ende erreicht hat,
feiern wir den Beginn eines neuen Kirchenjahres. So sollen wir
uns allezeit vor Augen halten, daß wir nicht bloß einer sichtbaren,
irdischen, vergänglichen Welt angehören, sondern zugleich einer un=
sichtbaren, himmlischen, ewigen Heimat Bürger sind. Wohl sind
wir allen traurigen Geschicken unterworfen, welche von diesem zeit=
lichen Leben unablöslich sind; Sorge und Not, Kummer und
Trübsal, die uns aus dem Zusammenhang mit diesem irdischen
Dasein entspringen, ziehen in unsre Seele ein und legen sich auf
sie wie eine schwere Last, und ebenso erfüllen freudige Ereignisse,
die im Wechsel dieser sichtbaren Dinge eintreten, unser Herz mit
Lust und Wonne; wohl schwankt so die Stimmung unsers Ge=
müts, bald in nächtliche Tiefen hinabsteigend, bald zu hellen, lichten
Höhen sich erhebend, aber in der verborgenen Tiefe unsers Her=
zens erfahren wir es, daß wir in eine höhere Ordnung des Lebens
aufgenommen sind, in der die Sonne nicht untergeht, in der keine
Nacht anbricht, in der wir immer auf der Höhe stehen, in der
Freude und Friede walten. Das ist die Botschaft, welche der An=
fang des Kirchenjahres noch vor dem Scheiden des bürgerlichen
Jahres uns verkündigt.

In die Adventszeit führt uns das Kirchenjahr zuerst hinein, in die Adventszeit, welche das nahe Weihnachtsfest mit seinem hellen Glanz beleuchtet. In der Zeit des Herbstes und Winters, da die Sonne sich verhüllt, die Tageshelle nur wenige Stunden währt, da sich Dunkel über die Erde lagert, wendet sich die Christenheit der Feier eines Festes zu und rüstet sich auf dieselbe, welche der Anbetung des ewigen Lichts geweiht ist, das in der Menschheit erschienen. Schon in den Tagen des Advents begrüßen wir den nahenden Heiland mit frohem Hosiannah, in unsern Herzen klingt es wie helles Jauchzen: „Wie soll ich dich empfangen, und wie begegn' ich dir", und wir vernehmen den Ruf der prophetischen Stimme: „Mache dich auf, werde Licht, denn dein Licht kommt, und die Herrlichkeit des Herrn geht auf über dir. Denn siehe, Finsternis bedeckt das Erdreich und Dunkel die Völker; aber über dir gehet auf der Herr, und seine Herrlichkeit erscheinet über dir" (Jes. 60, 1. 2).

Das Licht kommt, siehe da die Adventsverheißung. Werde auch du Licht, siehe da die Adventsmahnung! Alles verkündet uns jetzt, unser Wandel sei ein Wandel im Licht. So sei

Der Wandel im Licht

der Gegenstand unsrer andächtigen Betrachtung. Wir vergegenwärtigen ihn uns als einen Wandel im Licht des Glaubens, im Licht der Liebe, im Licht der Hoffnung.

1.

Unser Wandel ist ein Wandel im Licht des Glaubens. Wenn unser Glaube nicht ein Licht ist, das unsern innern Menschen erleuchtet, so hat er keinen Wert. Wenn unser Glaube nur eine Verstandesgewißheit ist, daß Gott vor nun fast neunzehn Jahrhunderten seinen eingebornen Sohn gesandt hat zur Sühnung unsrer Schuld, zur Erlösung von unsrer Sünde, zur Offenbarung der beseligenden Wahrheit; wenn er nur die Zustimmung unsers erkennenden Geistes zum Inhalt des Evangeliums bedeutet, dann hat der Glaube nur geringen Wert. Aber der Glaube, den das Wort Gottes von uns fordert, und zu dem es uns führen will, ist etwas anderes. Er schließt, wie der Apostel Johannes es bezeugt, Gemeinschaft mit Gott, Leben mit Gott, Leben in Gott

in sich. Deshalb ist der Glaube mit dem Wandel in der Finster=
nis unvereinbar. Nur die Lüge, die bewußte schuldvolle Ver=
leugnung der Wahrheit, kann beides miteinander verbinden wollen.

Unser Gott ist ein Licht, das Licht selbst, alles Lichts Quell.
Er ist der Heilige. So hat er sich uns in Christus offenbart.
Er, der sprechen durfte: „Welcher unter euch kann mich einer Sünde
zeihen" (Ev. Joh. 8, 46), er, der gehorsam war bis zum Tode, ja
zum Tode am Kreuz (Phil. 2, 8), er hat uns in seinem Wandel,
in seinem Leiden und Sterben offenbart, daß sein himmlischer
Vater, unser Gott, ein heiliger Gott ist, das ewige Licht. Und
wir schauen deshalb zu ihm auf mit verhülltem Angesicht, mit ge=
beugten Knieen, denn wir sind Sünder und unrein; der Gedanke
an die Heiligkeit unsers Gottes weckt in unsern Herzen das
Wort des Gerichts, welches unser Gewissen spricht. Unser Gott
ist Licht und verzehrendes Feuer. Er will, daß wir uns vor ihm
als Sünder und Schuldige erkennen und bekennen. In der
Glaubensgemeinschaft mit ihm, in die uns Jesus Christus, sein ein=
geborner Sohn, versetzt, sollen wir unsre Sünde richten. Denn
Gott ist Licht, Recht und Gerechtigkeit ist sein heiliger Wille.
Aber unser Gott richtet, um zu retten; er tötet, um lebendig zu
machen, er ist ein Feuer, welches die Sünde verzehrt, aber er ist
auch, weil er Licht ist, eine helle, erleuchtende und erwärmende
Flamme. Denn sein innerstes Wesen ist die Liebe, er ist das
Licht der Liebe. Er will uns retten und deshalb die Sünde in
uns richten. Er rettet uns deshalb, indem er uns in das Selbst=
gericht führt. Wir müssen selbst zu uns und über uns sprechen:
Gerichtet, damit er in unser Herz hinein sprechen kann: Gerettet.
Wir müssen es in uns durch den Glauben erfahren, daß die
Sünde uns von unserm Gott trennt, daß die Sünde Feindschaft
gegen Gott ist, daß, weil Gott das heilige Licht ist, die Sünde
dem Reiche der Finsternis angehört, daß, weil Gott das Licht der
Liebe ist, die Selbstsucht der Sünde uns von ihm entfernt; daß
die Unseligkeit, welche die Sünde in sich schließt, uns von der
Seligkeit ausschließt, die dem Leben unsers Gottes einwohnt.
Aber wir vermöchten es nicht, in dieses Selbstgericht einzutreten,
wenn wir es nicht wüßten, daß es die Liebe Gottes ist, welche es
von uns fordert, die Liebe des Vaters zu seinen Kindern. Deshalb
ist unser Gott in Jesu Christo zu uns gekommen mit der Bot=

schaft der vergebenden Gnade und mit der Verheißung der heili=
genden Gnade. Und nun richten wir uns willig, denn wir er=
blicken die Vaterhand, die sich dem Reuigen barmherzig entgegen=
streckt; und nun gewinnen wir Freudigkeit und Mut, ein neues
Leben zu beginnen, denn wir schauen die heilende und heilige
Vaterliebe Gottes, die sich zu uns herabläßt. Im Glauben
empfangen wir die Kraft, auf dem Weg des Heils zu wandeln.
Unser Gott fordert, daß wir seinen Willen thun, aber er verleiht
uns auch die Kraft dazu. Er giebt, was er gebietet. Er schenkt
uns die größte Gabe und dann stellt er uns die höchste Aufgabe.
Er wandelt unsre Schwäche in Kraft, unsre Ohnmacht in
Stärke. Er teilt sein eignes Leben, wie er es in Jesu Christo
geoffenbart hat, uns mit. In Christus wohnt er in uns, wir
leben in Christus und so in Gott. Aus der Fülle Jesu Christi
schöpfen wir Gnade um Gnade.

So wird unser Glaube ein Licht, unser Wandel im Glauben
ein Wandel im Licht. Wir schauen auf zu unserm Gott, und der
Anblick seiner Heiligkeit ruft uns zurück von der Finsternis der
Sünde und erfüllt uns mit Sehnsucht nach Licht, nach heiligem,
vollkommenem Leben. Wir sehen im Glauben das Vaterangesicht
unsers Gottes, der uns unsre Schuld vergiebt, deren Bann uns
lähmte, und uns von der Macht der Sünde befreit, deren Ketten
uns fesselten. Im Glauben an diese väterliche Gnade richten wir
uns selbst und öffnen unser Herz der umschaffenden und heiligenden
Kraft unsers Gottes. So wird unser Wandel im Glauben an
das Licht Gottes ein Wandel im Licht, so daß wir im neu=
testamentlichen Geiste dankbar und freudig mit dem Psalmisten
beten können: „Du hast meine Seele vom Tode errettet, meine
Füße vom Gleiten, daß ich wandeln mag vor Gott im Licht
der Lebendigen" (Ps. 56, 14).

2.

Unser Wandel im Licht soll aber auch ein Wandel im Licht
der Liebe sein. Denn unsre Liebe ist dazu berufen, gleich der
Liebe Gottes, ein Licht zu sein. Darauf weist uns der Apostel
mit den Worten hin: „So wir aber im Lichte wandeln, wie er
im Lichte ist, so haben wir Gemeinschaft untereinander." Alle
wahre christliche Gemeinschaft ist im Wandel im Licht begründet

Leben im Licht und reine Liebe sind unauflöslich miteinander ver=
schmolzen. Wenn die Liebe in unser Herz zieht, bräutliche Liebe,
Freundesliebe, Liebe zum Vaterlande, zu Fürst und Volk, dann
fühlen wir, wie eine edle Begeisterung uns erfüllt, die uns von
allem Niederen ablenkt und zu dem, was gut, wahr und schön ist,
erhebt. Und deshalb ist die Liebe auch von den Dichtern aller
Nationen als ein hohes und heiliges Gut gepriesen worden. Es
liegt in der Liebe eine läuternde, emporziehende Kraft. Wir spüren
in der Erfahrung reiner Liebe den Odem Gottes, die Strahlen
seines Lichts. Aber, wenn die entstehende Liebe alle Lichtkeime in uns
weckt, so dürfen wir sie doch nicht ihnen selbst, ihrer eigentümlichen
Kraft der Entwicklung und des Wachstums, überlassen, sondern
wir müssen sie pflegen und behüten. Ohne Pflege werden sie leicht
zerstört, und die Liebe, welche sie hervorgerufen hatte, schwindet
mit ihnen zugleich. Wir müssen im Lichte wandeln, wenn die
Liebe bleiben, wenn die Liebesgemeinschaften, in denen wir stehen,
erhalten werden sollen. Das Leben im Licht ist das Salz, welches
sie vor Fäulnis bewahrt. Unsre Liebe muß eine Liebe im Licht,
eine heilige Liebe, unser Leben im Licht, unser Wandel vor Gottes
Angesicht, ein Leben in der Liebe sein. Dann können wir, im
Lichte wandelnd, einander Führer zum Licht, Führer zu Gott werden,
den Geist der Finsternis besiegen, uns auf der Höhe erhalten, welche
heller Sonnenglanz umfließt. Aber die Kinder des Lichts sollen
nicht bloß einander im Licht erhalten, sondern auch ihr Licht in
die Finsternis hinein scheinen lassen, um die Kinder der Finsternis
für das Leben im Licht zu gewinnen, daß auch sie Kinder des
Lichts werden. Aber sie seien in diesem heiligen Werben wachsam,
daß sie nicht selbst in die Finsternis hinabgezogen werden.

- Meine Teuern, wenn wir nun im Lichte dieser Wahrheit
in die Christenheit der Gegenwart hineinschauen, so erscheint sie
uns im Bilde einer Gemeinschaft, in welcher die Kinder des Lichts
und die Kinder der Finsternis zusammen leben und durch die
mannigfaltigsten Beziehungen miteinander verbunden sind. Eine
solche Vereinigung schließt große Gefahren in sich; die stehen, können
fallen, Verführung droht, aber sie kann auch die Quelle unendlicher
Segnungen sein. Ohne die Kinder des Lichts, die in der Liebe
stehen und Liebe ausstrahlen, verwandelt sich unsre Gesellschaft
in eine Verbindung, in der jeder das Seine sucht, jeder den andern

fürchtet und bekämpft, weil er ein Mitbewerber um die Güter ist, nach denen er begehrt, jeder nur den andern insoweit schätzt, als er seiner bedarf. Die kluge, berechnende Selbstsucht wird das verknüpfende Band, und dies Band löst sich bald, weil der selbstsüchtige Sinn, hier doch nicht voll und ganz befriedigt, oft genug enttäuscht wird. Ein heimlicher Krieg aller gegen alle spielt sich unter der friedlichen Oberfläche ab, und er sprengt sie, wenn der offene Krieg größeren Gewinn verheißt. So stellt uns die Gegenwart höchste Aufgaben, welche nur der Wandel im Licht der Liebe lösen kann. Dann erschallt nicht der Ruf: Einer wider den andern, sondern die Botschaft: Einer für alle, einer für den andern. Davon hängt die Zukunft unsrer christlichen Gesellschaft ab, ob diese, ob jene Losung die Christenheit fesselt.

Aber wir dürfen nur hoffen, daß wir diese hohen Ziele erreichen, wenn wir uns eng und innig an unsern Heiland Jesum Christum anschließen. Darauf weist uns der Apostel in den Worten hin: „Das Blut Jesu Christi, seines Sohnes, macht uns rein von aller Sünde." Das Licht der heiligen Liebe, meine Teuern, kann nur von uns ausstrahlen, wenn wir die Strahlen der Liebe Gottes, die uns in Christus erschienen, in uns aufgenommen haben. Diese Liebe Gottes im Spiegel der Liebe seines eingebornen Sohnes ist in ihrer vollkommnen Herrlichkeit auf Golgatha offenbar geworden. Das Blut Jesu Christi ist das Todesopfer, welches die heilige Liebe bringt und deshalb der Reinigungsquell für die sündige Menschheit. Wer an das Blut Jesu Christi glaubt, glaubt an die rettende Macht der heiligenden, selbstverleugnenden Liebe, die opfert, was sie hat, selbst das eigene Leben. Wer an das Blut Jesu Christi glaubt, folgt der Losung: „Opfer"; nicht die Selbstsucht, die das Eigene sucht, sondern die Liebe, die das Eigene giebt, wird der Wegweiser, dem wir folgen. Und wenn wir hineinblicken in die Geschichte der Christenheit, gewiß, sie zeigt uns viele dunkle Blätter, die vom Haß, dem Geist der Finsternis, zeugen, aber sie zeigt uns auch eine große herrliche Reihe von Werken der Liebe. Wir werden überwältigt und ergriffen, wenn wir den Wegen der christlichen Liebesthätigkeit folgen, mag sich ihr Bild in einzelnen Gemeinden darstellen, die von ihrem Geist erfüllt sind, mag es uns in den Zügen von Helden und Heldinnen entgegenleuchten, deren Leben darin aufgeht, die unendliche Macht der Liebe zu

erweisen. Auch die alte Welt kennt die Liebe, aber eng sind die
Grenzen, in denen sie geübt wird; sie gilt der Familie, dem Freunde,
dem Vaterlande. Auch die alte Welt hat die Flamme bewundernder
Liebe gepflegt, aber sie wendet sich denen zu, die auf den Höhen
irdischer Herrlichkeit wandeln. Die Liebe, die sich der ganzen Mensch=
heit weiht, welche die Verlorenen, Elenden, Verachteten sucht, für
die der Unterschied von Freund und Feind schwindet, die Liebe,
die auch im Zerrbild menschlicher Verworfenheit nach den Zügen
des göttlichen Ebenbildes sucht, die Liebe, die suchend die Höhen
verläßt und in die Tiefen hinabsteigt, die Liebe, die opfert, die im
Opfer sich selbst verzehrt, diese Liebe, die sich reinigen läßt von
aller Selbstsucht, der Sünde in der Sünde, um selbst reinigende
Kraft zu gewinnen, diese Liebe ist der alten Welt verborgen ge=
blieben, für ihre Herrlichkeit waren ihre Augen verschlossen. Diese
Liebe ist das Kind der neuen Welt, die Gott durch Jesum Christum
geschaffen, und das Todesopfer auf Golgatha ist ihre Geburts=
stunde. Seitdem giebt es in der Geschichte der Menschheit eine
Geschichte der opfernden, selbstverleugnenden Liebe. Und will ihre
Flamme erlöschen, so wird sie immer von neuem angefacht durch
das Liebesopfer auf Golgatha. Denn das Blut Jesu Christi, des
Sohnes Gottes, reinigt uns von aller Sünde und wandelt unser
Leben zu einem Leben im Licht der Liebe.

3.

Der Wandel im Licht des Glaubens und der Liebe ist eine
hohe und herrliche, aber auch eine schwere und mühsame Aufgabe.
Werden wir sie erfüllen, das Ziel erreichen, zu dem wir berufen
sind? Oft will uns der Mut sinken. Denn tägliche Schwachheits=
sünden beflecken unser Leben, täglich müssen wir Vergehungen
gegen Gottes heiligen Willen vor seinem Angesicht bekennen und
mit gebeugtem Herzen rufen: Vergieb uns unsre Schuld. Blicken
wir auf das Bild christlicher Vollkommenheit, so ergreift uns zwar
ihre Schönheit und erscheint uns innig nah, aber, suchen wir sie
uns anzueignen in unserm Dichten und Trachten, in unserm
Wollen und Wirken, so entzieht sie sich uns, und wir schauen sie
nur in der Ferne. Wir stehen in Gefahr, zu verzagen, zu er=
matten, und wir würden ihr erliegen, wenn nicht unser Wandel
auch ein Wandel im Licht der Hoffnung sein könnte. Wir dürfen

hoffen, das ist unser Trost; das Evangelium ist das Wort Gottes, das unsrer Hoffnung einen festen Grund verleiht, mit dem Trost der Zuversicht und des Vertrauens uns erquickt. Es erhebt unser Auge zu Gott, der treu und gerecht ist, daß er uns die Sünden vergiebt und reiniget uns von aller Untugend. Gott ist treu, was er zusagt, das hält er gewiß (Pf. 33, 4). Er hat uns verheißen, daß er unsre Schuld vergeben wolle, sie schneeweiß waschen, und wäre sie blutrot (Jes. 1, 18). Er ist der Gnädige und Barm= herzige, der dir alle deine Sünde vergiebt und heilet alle deine Gebrechen (Pf. 103, 3). Er hat sich in Jesu Christo als unsern Vater offenbart, nicht als den Vater von Heiligen, sondern als den Vater von Sündern. Trotz unsrer Sünde und Schuld bleiben wir seine Kinder, die zu ihm rufen: Abba, lieber Vater! Deshalb können wir im Lichte der Hoffnung wandeln, einer Hoffnung, die nicht zwischen banger Sorge und freudigem Vertrauen unsicher schwankt, die bald zu lichten Höhen sich erhebt, und bald in nächt= lichem Dunkel schwindet, einer Hoffnung vielmehr, die ihre Wur= zeln tief in das Innerste des Herzens gesenkt hat und deshalb von den Kämpfen des Lebens nicht zerstört wird.

An eine unerläßliche Bedingung ist freilich die Hoffnung auf Vergebung unsrer Schuld gebunden, an ihr Bekenntnis in buß= fertigem Geist vor Gottes Angesicht. Eine leichte Aufgabe; denn wer ist so verblendet, daß er sich für sündlos, unschuldig, voll= kommen erachtete! Und doch eine schwere Aufgabe, denn es gilt nicht nur, uns in die Zahl der sündigen Menschenkinder ein= zurechnen; es gilt, unsre besondere, uns eigentümliche Schuld zu bekennen. Scheint es uns kaum erträglich, zu schweigen, wenn eine gerechte, brüderliche Bestrafung uns demütigt, die doch soviel nicht sieht, was uns belastet; wie ernst ist der Augenblick, wie große Selbstverleugnung fordert er, da wir uns selbst richten vor dem heiligen Gott, der Herzen und Nieren prüft (Pf. 7, 10), vor dem kein Gedanke verborgen ist (Hiob 42, 2), vor dessen durch= dringendem Blick aller Selbstbetrug, alle unwahre Selbstrecht= fertigung zu schanden wird! Eine schwere Aufgabe, vor Gott unsre Sünde bekennen. Sie fordert die Selbstverleugnung, die sich vor der Wahrheit des göttlichen Worts und Willens beugt, ihm allein Recht giebt, von ihm sich richten läßt und Fleisch und Blut, welche den heiligen Gott zum Lügner machen möchten, Schweigen gebietet.

Nur dann, wenn wir diese Selbstverleugnung im Lichte der Wahr=
heit üben, vergiebt uns der gerechte Gott unsre Schuld. Darin
erweist sich die Gerechtigkeit Gottes, daß er den hochmütigen, ober=
flächlichen, trotzigen, unwahrhaftigen Sünder verurteilt, aber
den demütigen, bußfertigen Sünder annimmt. Unser himmlischer
Vater ist gnädig, aber in seiner Gnade gerecht. Die Selbstgerech=
tigkeit, die Selbstüberhebung, der Selbstbetrug können nicht vor
ihm bestehen, aber dem geistlich Armen gehört das Himmelreich.
Er will das zerstoßene Rohr nicht zerbrechen und das glimmende
Docht nicht auslöschen (Jes. 42, 3); die da Leid tragen, sollen ge=
tröstet werden. „Er übet Gewalt mit seinem Arm und zerstreuet,
die hoffärtig sind in ihres Herzens Sinn. Er stößet die Gewal=
tigen vom Stuhl und erhebet die Niedrigen. Die Hungrigen füllet
er mit Gütern und lässet die Reichen leer" (Ev. Luk. 1, 51—53).
Wo Buße, da ist auch Vergebung der Sünden, unser Gott
ist treu und gerecht. Siehe da den festen Grund unsrer Hoffnung.
In ihrem Lichte sehen wir den Bann der Schuld weichen, der uns
lähmt, aber in ihrem Lichte glauben wir auch, daß die Macht der
Sünde in uns und über uns gebrochen ist. Es bleibt unsern
Augen verborgen, daß wir auf dem Wege der Heiligung fort=
schreiten. Aber dennoch sind wir „in guter Zuversicht, daß, der in
uns angefangen hat das gute Werk, der wird's auch vollführen
bis an den Tag Jesu Christi" (Phil. 1, 6). Die erziehende Weis=
heit Gottes verbirgt uns die zurückgelegte Strecke des Weges, damit
wir nicht träge werden auf unsrer Wanderschaft, und zeigt uns
die lange Straße, die vor uns liegt, und in weiter Ferne das
Ziel, damit wir nicht im Eifer nachlassen. Auch von der eignen
Entwicklung gilt das Wort: Selig sind, die nicht sehen und doch
glauben (Ev. Joh. 20, 29). —
So treten wir in das neue Kirchenjahr mit der Bitte zu
unserm Gott und Vater, er wolle uns durch dasselbe hindurchführen
als Kinder des Lichts, die vor ihm im Glauben, in der Liebe und
in der Hoffnung wandeln. So begrüßen wir in den frohen Tagen
des Advents unsern Heiland, der von sich selbst gezeugt hat: „Ich
bin das Licht der Welt, wer mir nachfolgt, der wird nicht wandeln
in Finsternis, sondern wird das Licht des Lebens haben" (Ev.
Joh. 8, 12). Er ist das Licht, in ihm sollen, in ihm können auch
wir ein Licht werden. Wir bekennen es freudig:

Das ewig Licht geht da herein,
Giebt der Welt ein neuen Schein;
Es leucht wohl mitten in der Nacht
Und uns des Lichtes Kinder macht.

und jauchzen dem Heiland entgegen: Hosianna dem Sohne Davids;
Gelobt sei, der da kommt im Namen des Herrn. Amen.

III.

Die Freudigkeit des Christen im Kampf gegen die Sünde.

1. Joh. 2, 1—6.

Meine Kindlein, solches schreibe ich euch, auf daß ihr nicht sündiget.
Und ob jemand sündiget, so haben wir einen Fürsprecher bei dem Vater,
Jesum Christum, der gerecht ist. Und derselbige ist die Versöhnung für
unsere Sünden; nicht allein aber für die unseren, sondern auch für der
ganzen Welt. Und an dem merken wir, daß wir ihn kennen, so wir seine
Gebote halten. Wer da sagt: Ich kenne ihn und hält seine Gebote nicht, der
ist ein Lügner, und in solchem ist keine Wahrheit. Wer aber sein Wort hält,
in solchem ist wahrlich die Liebe Gottes vollkommen. Daran erkennen wir,
daß wir in ihm sind. Wer da sagt, daß er in ihm bleibet, der soll auch
wandeln, gleichwie er gewandelt hat.

Der freudigen Stimmung, in welche uns die Adventszeit
versetzt, kommen diese Worte des Apostels Johannes entgegen und
wollen sie in unserm Gemüte befestigen. Wie sanftmütig und
tröstend reden sie zu uns, und doch von welchem heiligen Ernst
sind sie erfüllt! „Meine Kindlein," so nennt der greise Jünger
die Glieder der Gemeinden, an die sein Sendschreiben gerichtet ist.
Wie ein Vater hat er sie gepflegt, die einen hat er aus der Welt
für das Reich Gottes gewonnen, durch sein Zeugnis sind sie
Christen und Kinder Gottes geworden, die andern hat er gestärkt
und gekräftigt, gestützt und bewahrt, seine Seelsorge hat sie behütet, daß sie in der Gnade Gottes gewachsen sind. So hangen
sie an ihm mit inniger Liebe und Verehrung als an ihrem Vater.
So wird uns vor Augen gestellt, wie in diese Welt, seitdem die
Liebe Gottes in Jesu Christo uns erschienen, eine neue Macht, die

Macht einer unendlichen und heiligen Liebe eingetreten ist, in der die Älteren als Wegweiser mit väterlicher Treue die Jüngeren leiten, in der diese zu jenen willig aufschauen und ihrem Worte folgen. Und was verkündet nun die väterliche Stimme des Apostels seinen Kindern? Sie leben mitten in einer Welt der Sünde, aber sie sollen ihrem Gesetze nicht gehorchen, sondern das Wort Gottes halten; wandeln, gleichwie Christus gewandelt hat, in ihm bleiben und nicht sündigen. Sie leben ja in einer Welt, in die Jesus Christus gekommen ist, in der er das Reich Gottes gestiftet, die er mit dem Licht seines Worts erhellt hat. Die Mahnung des Apostels wäre ein wirkungsloser Schall, ein uner= füllbares Gebot, an dem verzagt die einen, leichtfertig die andern vorübergehen würden, wenn nicht im Heilande Jesu Christo die Liebe Gottes, die Fülle seiner Gnade, die Macht seiner heilenden und heiligenden Kräfte offenbar geworden wäre. Nun kann der Apostel so große Aufgaben stellen, weil er weiß, daß Gott die Gaben verliehen hat, sie zu erfüllen. Freilich, es ist ihm auch nicht verborgen, wie groß unsre Schwachheit, wie stark die Macht der Sünde in uns ist, wie oft wir fehlen; er kennt unsre Ohn= macht, die Anklagen des Gewissens, die niederbeugende Gewalt des Schuldgefühls. Aber damit wir nicht unter dieser Last zusammen= brechen, richtet er uns auf, tröstet uns und weist uns auf den Fürsprecher hin, den wir bei Gott haben, auf unsern Herrn Jesum Christum. So sind es Adventstöne, erquickende und tröstende, ernste und doch so milde Stimmen, die wir heute vernehmen. Laßt uns auf dieselben hören und von ihnen geleitet

Die Freudigkeit des Christen im Kampf gegen die Sünde

zum Gegenstande unsrer Adventsbetrachtung wählen. Wir erkennen zuerst, wie sie in der tröstenden Zuversicht wurzelt, welche uns in unsrer Schwachheit aufrecht erhält, und erwägen sodann, wie sie durch das stärkende Vertrauen bewahrt wird, welches uns die Kraft zum endlichen Siege verleiht.

1.

Der Kampf, zu dem wir berufen sind, ist schwer und groß; er währt lange Zeit, denn wir müssen ihn führen, so lange wir auf Erden wandeln; zahlreich sind die Feinde, die uns bedrohen, die Versuchung der Welt, die Lust des eignen Fleisches; schwach ist unser Geist, wir sind noch weit entfernt vom Mannesalter Jesu Christi. So zieht sich die Sünde durch unser ganzes Leben hindurch; wie viele Werke, die wir bereuen müssen, werden von uns vollbracht; wie viele Worte, deren wir uns schämen, sprechen wir aus, und wie vielen Gedanken wenden wir uns willig zu, die in sündiger Begierde wurzeln. Als sündige Menschen treten wir in dies Erdenleben ein, als sündige Menschen verlassen wir es. Im Tode endet eines sündigen Menschen Pilgerweg.

Das ist die traurige Thatsache, die jeden ernsten Menschen, der an den heiligen Gott glaubt, zum Zweifel, ja zur Verzweiflung an seinem Heil führen müßte, wenn uns nicht himmlische Tröstung in unsrer Schwachheit aufrecht hielte, wenn wir nicht auf die Sühne unsrer Sünden durch Christus und auf die Fürsprache Christi bei dem Vater vertrauen dürften. Aber nun können wir triumphieren, daß unsre Schuld, wie groß und schwer auch immer, uns doch nicht von unserm Gott trennt, denn sie ist eine vergebene Schuld. Jesus Christus, sagt der Apostel, ist die Versöhnung für unsre Sünden, nicht allein aber für die unsern, sondern auch für die der ganzen Welt. Seht, meine Lieben, wie die Gnade unsers Gottes, seine unendliche erbarmungsreiche Liebe, doch nicht seine Heiligkeit aufhebt, sondern sie in ihrem ewigen Rechte bestätigt. Wir Menschen greifen oft fehl in unsrer Erziehung, in falscher, schwacher Liebe vergeben wir, ohne daß das Unrecht in tiefer Reue gesühnt ist, und so erleben wir es zu unsrer Betrübnis, daß bald ein neues, schweres Unrecht geschieht. Es wird uns so schwer, Gnade und Gerechtigkeit in der Liebe zu einen. Aber unser Gott, das Urbild und Vorbild aller Erziehung, offenbart in der Gnade zugleich die Gerechtigkeit, vergiebt uns die Schuld, aber richtet die Sünde, und führt uns so, vergebend und richtend, auf den Weg der Rettung. In Jesus Christus erkennen wir die Heiligkeit und Gerechtigkeit Gottes, denn unser Heiland ist den Schmerzensweg gegangen, den die Weltsünde bereitet hat, und hat die Dornenkrone getragen — für uns. Sie sind an ihn herangetreten, die Versuchungen, die nur in einer Welt der Sünde aufsteigen konnten; er ist versucht worden allenthalben gleich wie wir (Heb. 4, 15), er hat den tiefsten Schmerz erfahren, den ein Menschenherz erfahren kann, den Schmerz verschmähter und verratener

Liebe; er hat alles Leid geduldet, das eines Menschen Seele zu belasten und zu beugen vermag, er ist am Stamme des Kreuzes gestorben. Er hat den schwersten Kampf gekämpft, er hat das schwerste Leid getragen, er hat sich kämpfend, leidend, sterbend als den sündlosen, gehorsamen Sohn Gottes erwiesen. So steht er in der Menschheit einzig und einsam und doch als der Erstling vieler Brüder, der zweite Adam, der Bürge einer neuen Welt. Er trägt in heiligem Mitgefühl, selbst sündlos und schuldlos, die Last unsrer Sünde und Schuld, so daß ihm nichts menschliches fremd bleibt; er tritt in die alte Menschheit ein, nimmt sie an, erkennt und empfindet ihr Elend, wie es nur der erkennen und empfinden kann, der des sündigen Elends Quell nicht in sich hegt. Was die alte Menschheit aus eigner Kraft nicht vermocht hat, vollbringt er. In ihm erkennt und fühlt die Menschheit mit vollkommener Rein= heit und Tiefe der Sünde Schuld und Gottes Zorn über dieselbe; aber in ihm, dem Urheber einer neuen geheiligten Menschheit, wendet sie sich auch zu ihrem Gott und vereinigt sich mit seinem Willen. In ihm ist die sündige Menschheit gerichtet und zugleich gerettet. So ist das Kreuz Jesu Christi der sühnende Wendepunkt in der Geschichte der Menschheit; die alte Welt vergeht, die neue Welt entsteht. Sein Kreuz zieht hinein in die Buße des Glaubens, daß wir in ihm sterben unserm alten Menschen nach, um als neue Menschen zu auferstehen. So schaut uns die heilige Liebe Gottes an, nicht wie wir durch uns selbst, sondern wie wir in Christus sind. Denn Jesus Christus ist unser Fürsprecher bei dem Vater, er, der Gerechte. Sein heiliges, im Tode vollendetes Lebenswerk, der richtende und rettende Sieg über die Sünde, ver= tritt uns bei dem Vater, verbürgt uns, daß wir in ihm, mit ihm, durch ihn siegen, in der Kraft seines heiligen Gehorsams selbst Gehorsam lernen, in seiner Nachfolge zur Ähnlichkeit mit ihm werden verwandelt werden. So sind wir dem Vater wohlgefällig, können vor sein Angesicht treten und, der Vergebung gewiß, zu ihm sprechen: Vergieb uns unsre Schuld. Das Gebet, das der Heiland selbst in unsern Mund legt, hat die Verheißung der Erhörung. Unsre Schwachheitssünden können uns nicht von der Liebe Gottes trennen, Christi Blut und Gerechtigkeit ist unser Schmuck und Ehrenkleid, damit wir können vor Gott bestehen, wenn wir zum Himmel werden eingehen, damit wir auch jetzt, mitten in der Zeit,

vor seinem Angesichte erscheinen können. Darum setzen wir unsre
Zuversicht auf die Sühne, die Jesus Christus vollbracht hat, und
auf seine Fürsprache bei dem Vater; aber halten wir es uns auch
immer vor Augen, daß niemand auf diese Zuversicht Recht und
Zugang hat als der im Glauben reuige Sünder. Sie bleibt versagt dem frevelhaften Leichtsinn des Weltkindes, das, unbeirrt
durch die Mahnungen des göttlichen Wortes und das Zeugnis des
Gewissens, auf dem Wege des Verderbens fortschreitet und auf-
steigende Unruhe des Herzens mit der Berufung auf die Sühne
Christi beschwichtigt; sie bietet sich allein dar dem ernsten Sinn,
der die Sünde haßt und doch den Reiz ihrer Begierde empfindet,
dem verzagten Herzen, das schmerzlich die Fesseln der Gefangenschaft fühlt und nach Befreiung aus ihr sich sehnt. Für das
Volk Gottes ist eine Ruhe vorhanden (Heb. 4, 9), für das Volk
Gottes ist das Kreuz Jesu Christi der Baum des Lebens, das
Volk Gottes, das in Buße und Glauben zum Kreuze aufschaut,
findet hier Gnade und Frieden.

2.

Aber wir gewinnen hier nicht bloß Gnade und Frieden,
sondern auch Stärke, nicht bloß tröstende Zuversicht in unsrer
Schwachheit, sondern auch Vertrauen und Kraft zu endlichem
Siege. Die Gewißheit der Sündenvergebung um Christi willen führt
uns in die Nachfolge Jesu Christi hinein. Die vergebende Gnade
Gottes, die dem Bußfertigen zu teil wird, zerreißt die Ketten, die
ihn an die Welt der Sünde fesselten, und vereinigt ihn mit dem
lebendigen Gott, der uns in Christus offenbar geworden ist. Wir
sind durch die dankbare Liebe an ihn gebunden, es wird unsre
Speise, den Willen des himmlischen Vaters zu thun. Die Sündenvergebung schließt den Bruch mit der Sünde in sich, sie verleiht
Vertrauen und Mut, Kraft und Stärke. So hat der Heiland
beides miteinander verknüpft, das Wort des Trostes: „So ver-
damme ich dich auch nicht" und das Mut und Vertrauen
weckende Wort: „Gehe hin und sündige hinfort nicht mehr"
(Joh. 8, 11). So soll jede Beugung vor Gott, in der wir seine
vergebende Gnade erbitten, zu einer Erhebung zu Gott werden, in
der wir der Sünde entsagen. Das Wort des Apostels, das wir
heute vernehmen: „Meine Kindlein, solches schreibe ich euch, auf

daß ihr nicht sündiget" soll in dem Gelübde wiederklingen: Wir wollen nicht sündigen. Unser Wandel soll ein Wandel werden, in dem wir unserm Gott und Vater, aber nicht der Sünde dienen. Die Gestalt eines solchen Wandels, eines Wandels im Licht, vergegenwärtigt uns nun der Apostel. Zuerst führt er uns in die geheimnisvollen Tiefen des Gemüts, zu den Quellen. Wir sehen, wie er aus der Gemeinschaft mit Jesu Christo geboren wird, wie wir mit ihm und durch ihn mit dem Vater verbunden bleiben, wie er in uns ist, wir in ihm sind. Wir erblicken den Heiland als unser Haupt, uns als Glieder an seinem Leibe, ihn als den Weinstock, uns als die Reben. Ohne ihn können wir nichts thun. Wir stehen in einer persönlichen Lebensbeziehung zu ihm. Der Umgang, den der Herr während seines Erdenlebens seinen Jüngern gewährte, setzt sich in der verborgnen Gemeinschaft fort, in der er sich jetzt, der zur Rechten Gottes Erhöhte, den Seinen mitteilt. Wie er einst die Jünger zu Zeugen seiner Werke und Worte erwählte, wie sie weilen durften, wo er weilte, ihn auf seinen gnadenreichen Wegen begleiten, wie sie sich von ihm belehren, mahnen, warnen, richten und strafen ließen, wie er an ihrem Leben teilnahm, sie nach dem Maße ihres Verständnisses an seinem Leben teilnahmen, so will auch der erhöhte Heiland in unsern Herzen gegenwärtig sein, die Worte, die er einst geredet hat, die uns in dem Worte der heiligen Schrift überliefert sind, unserm Geist, unsrer Erkenntnis erschließen, uns mit ihnen erfüllen, daß ein Abglanz derselben auf unsern Worten liegt, so will er uns zu Werkzeugen bereiten, in denen er sein heiliges Wirken zum Bau seines Reiches fortsetzt. Er will an unserm Leben teilnehmen, wir können und sollen unser Herz ihm öffnen, unsre Gedanken vor ihm aussprechen, daß er Thorheit und Irrtum nehme und das Licht seiner Wahrheit in sie hinein leuchten lasse, wir können und sollen, was wir begehren, wonach wir trachten, an seinem Worte prüfen, daß alles Unreine aus ihnen ausgeschieden werde, und reines, ihm wohlgefälliges Streben uns leite. Er will uns als Wegweiser und Führer vorangehen, und wir wollen ihm als seine Jünger folgen, wir wollen in ihm sein, wie er in uns ist. Aber wir wollen auch in ihm bleiben. Wenn wir aus der Gottesferne zu ihm, in die Gottesnähe, gekommen sind und seine Herrlichkeit geschaut haben, dann ist es uns ein unfaßlicher Gedanke, wir könnten je aufhören,

bei ihm zu bleiben, nur in seiner Gemeinschaft atmen wir Friedens=
luft, wir rufen mit Petrus: „Herr, wohin sollen wir gehen? Du
hast Worte des ewigen Lebens, und wir haben geglaubet und
erkannt, daß du bist Christus, der Sohn des lebendigen Gottes"
(Joh. 6, 68. 69). Aber im Lauf der Jahre schwindet leicht die
Lebhaftigkeit des ursprünglichen Gefühls, dagegen tauchen Be=
gehrungen und Neigungen auf, die wir längst ertötet glaubten,
und Gedanken des Zweifels, von denen wir für immer uns befreit
wähnten, gewinnen von neuem über uns Macht. Aber dennoch
bekennen wir, wir bleiben stets bei dir, denn du bleibst auch stets
bei uns. Du bist bei uns geblieben und willst bei uns bleiben.
Du neigst dich zu uns, wenn wir im Gebet zu dir emporschauen,
du redest zu uns, wenn wir uns um dein Wort versammeln, du
schließt von neuem mit uns den Bund des Friedens, wenn wir in
der Feier des heiligen Mahles bußfertig und gläubig vor dein
Angesicht treten. Wir spüren deine Nähe in den bedeutungsvollen,
entscheidenden Stunden unsers Lebens, in den Tagen der Freude
und Erquickung, in den Tagen der Trübsal und Trauer, wir
spüren deine Nähe, wenn du uns zu einer höhern Stufe in
der Lebensgemeinschaft mit dir führen willst. Du bleibst bei uns,
so wollen wir auch bei dir bleiben und in deiner Kraft alle Ver=
suchungen überwinden, die uns von dir trennen wollen.

Aber der Apostel führt uns nicht bloß in die verborgnen
Tiefen des Gemüts, in denen der Quell der Lebensgemeinschaft
mit dem Heiland entspringt, und in denen sie stetig sich erneut,
er leitet uns auch mitten hinein in die Fülle der Aufgaben, welche
das zeitliche Dasein dem Christen stellt, in deren Erfüllung er sich
bewähren muß. Er fordert von uns, daß wir das Wort des
Heilandes, seine Gebote, halten, daß wir wandeln, gleich wie er
gewandelt hat. Derselbe Apostel, welcher die Herrlichkeit des ver=
borgenen Lebens in Christo uns so lebendig vor Augen stellt,
richtet auch die ernste Mahnung an uns, in Wort und That, im
Wirken und Leiden dem Herrn nachzufolgen. Es genügt nicht,
selige Gefühle der Nähe Christi zu spüren, es reicht nicht aus, das
Bekenntnis der Kirche festzuhalten, der Herr wohnt nicht im Ge=
fühl und in der Phantasie, er wohnt nicht im Gedächtnis und in
der Vernunft, er wohnt in der Gesinnung, er wohnt in dem
Willen, der sich in der That bezeugt. Wenn das Gefühl die Ge=

sinnung belebt, wenn die Erkenntnis die Gesinnung bildet, nur dann haben sie Wert. So ruft uns der Apostel zu einem Christen= tum der That, zur Nachfolge Jesu Christi. Möchte dieser Ruf, den wir wieder heute vernehmen, nicht vergeblich sein, möchten wir uns in diesen gnadenreichen Tagen des Advents von neuem ent= schließen, dem Herrn als seine treuen Diener zu folgen, zu folgen zu den Werken der Selbstverleugnung, des Gehorsams, der Liebe, zu folgen auch zu dem schwersten Werk, dem Werk geduldig, ergeben getragenen Leids. Die Nachfolge Jesu Christi ist die Probe, ob unser Christentum echt ist; es ist die unerläßliche For= derung, der wir uns nicht entziehen dürfen. Ein Christentum ohne Nachfolge Jesu Christi ist ein müßiges Spiel der Einbildungskraft oder eine unfruchtbare Übung unsers Verstandes, immer eine Selbsttäuschung, die unser Seelenheil gefährdet. Wir glauben, Christen zu sein, und sind es nicht; wir trösten uns der Ver= heißungen Gottes, und sie gelten uns nicht. Daher bezeugt der Apostel: „Wer da sagt, ich kenne ihn, und hält seine Gebote nicht, der ist ein Lügner, und in solchem ist keine Wahrheit." So lasset uns Jesu nachfolgen als seine Jünger. Aber vergessen wir es nicht, wir können ihm nur nachfolgen, wenn wir in ihm sind und bleiben. Ohne innere Gemeinschaft mit dem Heiland können wir ihn zwar nachahmen, aber ihm nicht nachfolgen; ohne innere Ge= meinschaft mit ihm können wir in ihm zwar einen Gesetzgeber verehren, dessen Willen wir in der äußeren, sichtbaren Erscheinung unsers Handelns gehorchen, aber nicht unsern Erlöser und Meister, dessen Sinn und Geist unser Herz erfüllt, weil wir unsern Willen seinem heiligen Willen erschlossen und ergeben haben. Nachahmung ist ein äußeres Gesetzeswerk, ein knechtisches Thun; Nachfolge ist ein aus dem Innern erwachsendes Lebenswerk, ein kindliches Thun. Deshalb ist es an die Erkenntnis Jesu Christi gebunden. Denn ohne Erkenntnis keine Freiheit. Jesum Christum erkennen und seine Gebote halten, beides gehört innig zusammen. Haben wir den Heiland erkannt, haben wir in sein Herz voll Liebe hineinge= schaut, haben wir uns in die Herrlichkeit seines Lebens, Leidens und Sterbens versenkt, ist uns Christus unser Versöhner, Erlöser und Wegweiser, mit einem Worte, ist er unser Herr geworden, dann können wir, dann müssen wir ihn lieben und seine Gebote halten. Erkenntnis, Liebe, Gehorsam, das ist der Weg, auf den wir gewiesen sind. Ein innerer, notwendiger Zusammenhang führt von der Erkenntnis zur Liebe, von der Liebe zum Gehorsam. Ist es doch eine allgemeine Erfahrung, daß wir, sobald uns die Züge eines hohen, erhabenen Geistes, einer edlen Gesinnung fesseln, sobald uns das Bewußtsein bewegt, in das Angesicht einer Persönlichkeit zu schauen, die uns an Einsicht, Wollen und Können überragt, von liebevoller Verehrung ergriffen werden und zu willigem Gehorsam uns entschließen. Und nun, meine Teuern, wir stehen hier vor dem eingebornen Sohn Gottes voll Gnade und Wahrheit, vor dem sündlosen Menschensohn, der uns aus der Knechtschaft der Sünde in das Vaterhaus Gottes gerettet, aus verlornen Söhnen zu begnadigten Kindern des himmlischen Vaters gewonnen hat, und diese Erkenntnis sollte uns nicht zur Liebe, und diese Liebe nicht zum Gehorsam führen! Nein, wir haben Jesum Christum erkannt, erkennend haben wir ihn geliebt, liebend ihm gehorcht, und immer erneut sich unsre Erkenntnis, wächst aus ihr die Liebe, aus der Liebe der Gehorsam. Aber, was ein erstes ist, wird auch ein letztes. Im Gehorsam wächst die Liebe, in der Liebe die Erkenntnis. Das Maß unsrer Liebe ist auch das Maß unsers Erkennens. Je inniger wir lieben, desto tiefer er= kennen wir. Je mehr wir gehorchen, desto kräftiger wird unsre Liebe, denn gehorchend werden wir inne, daß es ein Liebeswille ist, der das sanfte Joch auf unsre Schultern legt. So verknüpft eine heilige und selige Wechselwirkung das innere Leben im Herrn und den Wandel nach seinem Wort. Wir müssen ein Licht im Herrn sein, damit wir in der Welt leuchten; aber dies Leuchten in der Welt verleiht dem Licht im Innern des Herzens neue Helligkeit, neuen Glanz.

So sei von uns beides gepflegt, der verborgne Umgang der Seele mit dem Heiland und die treue Nachfolge seines Wandels. Er ist uns nahe, laßt uns allezeit in seiner heiligenden und be= seligenden Ruhe bleiben. Amen.

IV.

Der Dienst der Liebe.*)

1. Joh. 2, 7—11.

Brüder, ich schreibe euch nicht ein neues Gebot, sondern das alte Gebot, das ihr habt von Anfang gehabt. Das alte Gebot ist das Wort, das ihr von Anfang gehöret habt. Wiederum ein neues Gebot schreibe ich euch, das da wahrhaftig ist bei ihm und bei euch; denn die Finsternis ist vergangen, und das wahre Licht scheinet jetzt. Wer da sagt, er sei im Licht, und hasset seinen Bruder, der ist noch in Finsternis. Wer seinen Bruder liebet, der bleibet im Licht und ist kein Ärgernis bei ihm. Wer aber seinen Bruder hasset, der ist in Finsternis und wandelt in Finsternis und weiß nicht, wo er hingehet; denn die Finsternis hat seine Augen verblendet.

Zum erstenmale im neuen Jahre an dieser geweihten Stätte vereinigt, blicken wir auf das geschiedene Jahr zurück, das so schwere Opfer von unserm Volke gefordert hat und vielleicht auch manchem unter uns Wunden geschlagen, die nicht vernarben wollen, und Lasten aufgelegt, die nur mit Mühe getragen werden, aber wir lassen unser Auge nicht auf der Vergangenheit weilen, sondern richten es auf die Gegenwart, dankbar dem Herrn, der uns über die Schwelle des neuen Jahres geführt hat, daß wir von neuem seine Wunder schauen, seine Gnaden erfahren, am Bau seines Reiches arbeiten, in seinem Dienst und für seinen Dienst uns heiligen.

Wir sind in das neue Jahr eingetreten, von Grüßen der Liebe und Freundschaft empfangen und sie erwidernd. Wie viele Worte der Liebe haben wir in diesen Tagen ausgetauscht, wie viele Wünsche für das Wohl unsrer Lieben ausgesprochen, wie viele Wünsche für unser eignes Wohl vernommen! Werden sie in Erfüllung gehen? Meine Teuern, das Geschick unsers Lebens ist ein Gewebe, dessen Fäden unser Gott zu einem wunderbaren Kunstwerk zusammenfügt, und deshalb dürfen wir sorglos, mit kindlichem Vertrauen, in die Zukunft hineinblicken und ihr entgegen gehen. Unser Vater weiß, wessen wir bedürfen, und er giebt es uns nach seiner Weisheit zu seiner Zeit. Aber das Geschick unsers Lebens, sein Wohl und Wehe, ist auch ein Gewebe, dessen Fäden wir

*) In der ersten Hälfte des Januar 1889 gehalten.

zusammenflechten, und, wenn es nicht als ein Kunstwerk der gött=
lichen Güte, als ein Denkmal, in dem sich seine Weisheit offenbart
erscheint, sondern vielmehr als ein verworrenes und mißfarbenes
Zerrbild, dann legt es Zeugnis wider uns ab und klagt uns an,
daß wir eigne, nicht Gottes Wege gegangen sind, Wege des Irrtums,
der Sünde, des Verderbens. Denn der Mensch besitzt die Freiheit,
Gottes Werk an und in seinem Leben zu stören und zu zerstören.
Aber so soll es nicht sein, so soll es nicht sein in diesem
neuen Jahre. Wir geloben es heute, wir wollen Gottes Wege
gehen, wir wollen seine Gebote halten, wir wollen in seinem Lichte
wandeln. Und wohin weisen uns seine Wege? Auf ein Wirken
in der Liebe. Was ist der Inhalt seiner Gebote? Sie fordern
Liebe. Wann wandeln wir im Lichte Gottes? Wenn unser Wandel
ein Wandel in der Liebe ist. So wollen wir uns denn heute von
neuem in den Dienst der heiligen Liebe stellen und uns von neuem
zu demselben verpflichten.

D e r   D i e n s t   d e r   L i e b e

sei der Gegenstand unsrer andächtigen Betrachtung. Wir erwägen,
wie leicht derselbe ist, und doch wie schwer.

1.

Das Gebot der Bruderliebe ist ein leichtes Gebot, denn es
ist ein altes Gebot, das wir von Anfang gehabt, von Anfang
gehört haben. Als wir lebendige Christen wurden, als wir die
frohe Botschaft in unser Herz aufnahmen, daß Gott in Christo
unser Vater sei und uns zu seinen Kindern erwählt habe, daß er
alle Menschen einlade, Kindesrechte in seinem Hause zu gewinnen,
und daß alle, die im Glauben Christo ihr Herz erschließen, mit
uns Kinder Gottes geworden sind, unsre Brüder und Schwestern,
da erkannten wir es auch, daß der Dienst der Bruderliebe Gottes
Gebot an uns sei. Und als wir in unsern Herzen die Vaterliebe
Gottes erfuhren, welche unsre Schuld vergiebt und uns von der
Sünde befreit, als unser ganzes Leben, die Stunden der Freude
und des Schmerzes, uns als ein Gewebe der Liebe des himmlischen
Vaters erschien, der uns zum Sohne zieht, da spürten wir den
Drang der Gegenliebe, die sich in der Bruderliebe erweist. Mit
dem Evangelium zugleich ist das Gebot und die Kraft der Bruder=

liebe in die Welt eingetreten, und wir haben dies Gebot vernommen, und diese Kraft hat sich uns mitgeteilt, seitdem wir der Einladung in das Reich Gottes, in dem er seine Vaterliebe offenbart, gefolgt sind. Das Gebot der Liebe ist ein altes Gebot und deshalb auch ein leichtes Gebot. Denn, meine Lieben, es ist eine Erfahrung aller Erziehung, daß Forderungen, welche der Erzieher von Anfang ausgesprochen, die er immer wiederholt, die er an jedem Tage eingeprägt hat, gleichsam in Fleisch und Blut des Zöglings eingehen; er gewöhnt sich daran, ihnen zu gehorchen, und, je mehr er sich übt, sie zu erfüllen, desto leichter werden sie erfüllt. Freilich ist der Gehorsam, der hier geleistet wird, zuerst ein äußerer, gesetzlicher; Gebotenes wird gethan, Verbotenes wird unterlassen, die Furcht vor Strafe, die Hoffnung auf Lohn bestimmen das Gemüt, aber je länger, desto mehr fangen wir an, die Gebote zu lieben, weil wir ihre Wahrheit, ihr Recht erkennen, und unser Gehorsam streift die Knechtsgestalt ab und wird ein freier, williger. So hat auch das Gebot der Bruderliebe die Herzen gewonnen; es ist ihnen nichts Fremdes geblieben, sie wissen, daß dasselbe eine unerläßliche Forderung des Evangeliums ist, und es findet sich wohl kein Christ, der nicht bezeugte, daß das Gebot der Bruderliebe ein schönes und herrliches, ja das schönste und herrlichste Gebot sei. Und darum ist die Christenheit auch so reich an Werken der Bruderliebe geworden. Wie umfassend und mannigfaltig erscheint das Arbeitsfeld der christlichen Liebesthätigkeit in der Gegenwart! Wer vermöchte alle Fäden in dem großen Liebesnetz zu zählen, das sich in Vereinen aller Art über die leibliche und geistige Not ausbreitet, zu lindern, zu helfen, zu retten! Die barmherzige Liebe tritt in die Hütte des Armen, sie bricht den Hungernden das Brot und kleidet die Nackten; sie sucht die Verlornen, die Verirrten, sie sucht, bis sie gefunden und in das Vaterhaus zurückgeführt hat. Sie wandert auch in die Ferne, überschreitet die Meere und verkündet der Heidenwelt, daß der Gott Himmels und der Erde ihr Vater geworden, daß er seinen eingebornen Sohn gesandt hat, sie zu versöhnen und zu erlösen, daß sie vertrauensvoll wie die lieben Kinder zu ihm beten dürfen, und daß uns im himmlischen Dasein eine Stadt des Friedens und der Seligkeit erbaut ist. Diese Liebe hat die Christenheit gelernt, weil das Gebot der Bruderliebe ein altes Gebot ist, das ihr immer leichter geworden ist.

Freilich, wer dies Gebot im Sinne Gottes erfüllen will, darf sich nicht darauf beschränken, seiner Wahrheit zuzustimmen, und den Gehorsam gegen dasselbe sich abzuzwingen; nur da, wo ein freudiges Herz die Liebe beweist, wo des Bruders Leid als eignes Leid gefühlt wird, wo wir mitleidend auch des Bruders Last mittragen, da ist die Liebe vollkommen geworden, da spiegelt sich in ihr die Liebe Gottes selbst, da wirkt seine Kraft der Liebe in uns fort, da hat sie sich uns mitgeteilt. Denn das ist ja aller Heilswege Gottes Ziel, daß wir lernen, in seiner Liebe zu lieben. Deshalb hat er seinen eingebornen Sohn, Jesum Christum, zu uns gesandt, in dem seine Liebe Fleisch geworden ist. So hat seine Liebe unter uns gewohnt, damit sie in uns wohnen, unsre Kraft werden könne. Ist aber die Liebe Gottes unsre Liebe geworden, lebt sie in uns, dann ist das Gebot der Liebe für uns ein leichtes Gebot, denn in seiner Erfüllung gehorchen wir dem Gesetz des eignen Lebens.

An der Liebe Gottes zu uns ist unsre Liebe zu ihm und zu den Brüdern erwacht. Diese Liebe Gottes ist uns nahe gekommen, wirkend und pflegend, in der Liebe der Seinen. In ihr erkennen wir ihren Ausfluß, ihre Offenbarung. Und sie ist eine Macht geworden in der Welt. „Die Finsternis ist vergangen, oder, wie es genauer zu übersetzen ist, vergeht, und das wahre Licht scheinet jetzt," das ist das Zeugnis des Apostels Johannes. Das Licht der Liebe scheint, und die Finsternis des Hasses, der Zwietracht, der Selbstsucht vergeht. Es ist in Christus und durch Christus in der Welt licht geworden, es wird hier immer lichter. Die dunkeln Schatten weichen, und viele sind schon gewichen. Es ist wohl keiner unter uns, dessen Kindheit nicht das Licht der Liebe in seinen Strahlenglanz gehüllt hätte. Wir gedenken an Vater und Mutter, deren Liebe uns die Hände zum Gebet falten lehrte, deren erziehende Weisheit uns auf den Weg des Heils führte, die in unserm Glück ihr Glück suchte und oft genug schwere Opfer brachte, um des Kindes Herz mit Freude zu erfüllen. Wir gedenken aber auch der treuen Lehrer, welche über unsre Jugend wachten, die uns nicht bloß in hingebendem Eifer mit den Kenntnissen auszustatten suchten, welche den Geist bilden und zu erfolgreicher, gesegneter Wirksamkeit in irdischem Beruf vorbereiten, die sich zugleich die höhere, wichtigste Aufgabe stellten, uns zum

Gehorsam, zur Wahrhaftigkeit, zur Gewissenhaftigkeit zu erziehen. Wir gedenken an fromme und edle Freunde, deren Liebe wie ein Gruß der Liebe Gottes uns erquickte und zu ihr leitete. Wir gedenken der Boten der Liebe Gottes, durch deren Wort Gott uns so oft zugerufen hat: „Ich habe dich je und je geliebet; darum habe ich dich zu mir zugezogen aus lauter Güte" (Jer. 31, 3).

Ja, wir müssen es bekennen, das Licht der Gottesliebe hat uns geschienen, seine Strahlen haben erhellend und erwärmend unser Leben durchleuchtet, in lautrer, frommer Menschenliebe, die sich uns nahte, hat sich uns die Liebe Gottes offenbart. So ist in uns die Liebe erwacht und erstarkt, zuerst sich leise regend ist sie gewachsen, je länger je mehr ist das Gebot der Bruderliebe uns ein leichtes Gebot geworden.

2.

Und dennoch ist es ein schweres Gebot geblieben. Daran erinnert uns der Apostel, wenn er dasselbe ein neues Gebot nennt. Wie schwer muß die Erfüllung der Bruderliebe sein, wenn sie uns neu erscheint, sobald die Aufforderung an uns ergeht, sie unter neuen Verhältnissen zu bewähren, wenn wir dann schmerzlich den Widerspruch fühlen, in dem Gottes Gebot zu unsern natürlichen Neigungen steht, die Fremdheit zwischen Gottes und unserm Willen! Aber ist das Urteil des Apostels wohlbegründet, wurzelt nicht der Zug der Liebe in den Tiefen unsers Gemüts? Gewiß, unser Gott hat das Samenkorn der Liebe in unser Herz gelegt, und wir vermöchten nicht, Liebe zu üben, wenn nicht die Fähigkeit, der Drang, die Kraft der Liebe in uns ruhte. Ein Wirken, an dem die Seele voll und ganz theilnimmt, setzt immer voraus, daß ein tiefes, inneres Bedürfnis derselben darin Befriedigung findet, daß wir einem lebhaft gefühlten Zuge des Gemüts folgen; wir können Gottes Gebote nur dann frei und freudig erfüllen, wenn ein Verlangen unsers Herzens ihnen entgegenkommt.

Aber ist das Samenkorn der Liebe, das Gott in die menschliche Natur hineingelegt hat, als er sie nach seinem Bilde schuf, aufgegangen, hat sie liebliche Blüten, reiche, erquickende Früchte getragen? Wenn wir in die christliche Welt hineinschauen, so antworten wir freudig: Ja. Aber, meine Teuern, ist die christliche

Liebesthätigkeit, ist der duftende Kranz von Liebeswerken, mit dem sie geschmückt ist, das Erzeugnis einer Entwicklung, welche die Menschheit aus ihrer eignen Kraft, frei aus sich erzeugt hat? Auf diese Frage antwortet die Geschichte der vorchristlichen Welt: Nein. Wohin wir auch hier den Blick lenken mögen, den Spuren einer allgemeinen Liebe, die in jedem Menschen den Bruder erkennt, begegnen wir nicht. Wir bewundern die hohe und reiche Bildung der Griechen und Römer, die Werke der Dichtung und Kunst, die jene erzeugten, die vorbildliche Rechtsordnung, welche diese schufen, aber vergeblich suchen wir hier und dort nach den Werken der Bruderliebe. Das Samenkorn der Liebe entfaltet sich nur im engen Kreise des Hauses, der Freundschaft, des Volks. Die Grenzen des Volks sind die Grenzen der Liebe. Zwischen Hohen und Niedern breitet sich eine tiefe Kluft. Dort die Freien, hier die Sklaven. Und der Sklave ist nach dem Urteil des größten Philosophen Griechenlands nur ein beseeltes Werkzeug. Ein trau= riges Los ist ihm beschieden. Aber auch Israel, dem Volk der Offenbarung, blieb die Liebe fremd, die dem Menschen als Menschen gilt, sie umfaßt nur die Genossen des Volks. Auch hier eine scharfe Trennung zwischen Hohen und Niedern. Die Gesetzgebung atmet den Geist der Milde, aber die Wirklichkeit ist oft Spiegel harten Sinnes. „Dem Esel gehört sein Futter, Geißel und Last, also dem Sklaven sein Brot, Strafe und Arbeit", lautet es im Buche Jesus Sirach (23, 25). Um der Bedrückung der Armen willen straft der Prophet Amos Israel. Im Namen des Herrn ruft er aus: „So spricht der Herr: Um drei und vier Laster willen Israels will ich ihrer nicht schonen; darum, daß sie die Gerechten um Geld und die Armen um ein paar Schuhe verkaufen. Sie treten den Kopf der Armen in Kot und hindern den Weg der Elenden" (2, 6. 7). Und aus dem Munde der Pharisäer hören wir das harte Wort hochmütiger Verachtung: „Das Volk, das nichts vom Gesetz weiß, ist verflucht" (Joh. 7, 49).

Die Menschheit ohne Christus ist die Menschheit ohne Bruder= liebe. Die Dornen der Selbstsucht haben die Entwicklung des Samenkorns der Liebe, das Gott in das Menschenherz gelegt hat, niedergehalten und hätten es erstickt, wenn uns nicht in Christus die Liebe Gottes erschienen wäre und im Menschengeist den Geist der Liebe geweckt und ihm den Sieg über die Selbstsucht verliehen hätte. Das Gebot der Bruderliebe war ein neues Gebot, und die Kraft der Bruderliebe eine neue Kraft. Aber neu und schwer bleibt das Gebot der Bruderliebe auch für die christliche Welt. Blicken wir hinein in ihre Geschichte, ach, ihre Blätter enthalten so viele, Entsetzen erregende Zeugnisse von der Macht der Lieblosigkeit, des Hasses, der Grausamkeit, der Unduldsamkeit und der Verfolgung um des Glaubens willen, daß wir beschämt fragen: War es möglich, daß eine christliche Gesellschaft diese Sünden beging und duldete? Aber zeigen sich nicht auch in der Gegenwart, in unsrer Mitte, dunkle Bilder, die schwere Anklagen erheben! Es vergeht kein Tag, an dem uns nicht Thatsachen berichtet werden, die uns bezeugen, wie weit wir davon entfernt sind, das Reich der Bruderliebe gegründet zu haben. Ach, und wir erfahren fast nur die Sünden, welche die bürgerliche Obrigkeit straft. Aber wie groß ist ihre Zahl! Fast in jeder Stadt erhebt sich ein Gefängnis, in dem schwere Sünden gegen die Bruderliebe gesühnt werden. Und, wenn die Gefängnisse zu uns reden, die Lebensläufe der Gefangnen, ihre Vergangenheit, ihre Gegenwart, auch ihre Zukunft sich uns offenbaren würden, dann müßten wir unser Haupt verhüllen und uns trauernd fragen: Leben wir wirklich in einer Gemeinschaft, die sich zu Christus bekennt?

Und nun blicken wir in das eigne Herz, um uns selbst zu richten. Ist doch auch noch hier die Finsternis eine so große Macht! Wie oft sündigen wir wider die Liebe in Neid und Mißgunst, in Bitterkeit und Zorn, in hartherzigem und engherzigem Richten! Wie oft verschließen wir unser Herz, gehen gleichgültig vor dem Lazarus vorüber, der vor unsrer Thür liegt, bleiben träge zurück, wo wir in hingebender Liebe dienen sollten. Wie schwer wird es uns, Opfer zu bringen, die niemand sieht und belohnt, wie schwer, uns selbst zu verleugnen! Wieviel zerrüttete Ehen, wieviel Kälte und Gleichgültigkeit in den Ehen, wieviel gestörte und zerstörte Freundschaften! Weshalb? Weil das Opfer der Selbstverleugnung so schwer ist, weil wir unser eignes Ich, das wir über alles lieben, nicht einschränken wollen. Das Gebot der Bruderliebe ist ein schweres, aber auch ein unerläßliches Gebot. Der Apostel Paulus, der Herold des Glaubens wie kein andrer Apostel, bezeugt: Wenn ich mit Menschen- und mit Engel-Zungen redete und hätte der Liebe nicht, so wäre ich ein tönendes Erz oder eine klingende Schelle. Und wenn ich weissagen könnte, und wüßte alle Geheimnisse und alle Erkenntnis und hätte allen Glauben also, daß ich Berge versetzte und hätte der Liebe nicht, so wäre ich nichts" (1. Kor. 13, 12).

Betrügen wir uns nicht! Kein Christentum ohne Liebe! Kein rettender Glaube, der nicht die Liebe in seinem Schoße trägt. Was im Glauben beginnt, muß in der Liebe fortgesetzt und vollendet werden. Im Glauben werden wir, in der Liebe bleiben wir Christen. Wenn die Liebe nicht dem Glauben folgt, so schwindet auch der Glaube. Ein Glaube ohne Liebe giebt Ärgernis. Die Kinder der Welt sehen Glaube ohne Liebe, nehmen Anstoß und bleiben ferne. Ein Glaube ohne Bruderliebe ist verderbliche Selbsttäuschung. Wir wähnen, im Licht zu sein, und wandeln in Finsternis. Die Finsternis hat die Augen verblendet; wir wissen nicht, wohin wir gehen. Die Lieblosigkeit, der Haß hat uns vom Weg des Heils entfernt, wir spüren es nicht, daß wir den rechten Pfad verlassen haben und in Gefahr uns befinden, unsre Seele zu verlieren. Wir wissen nicht, wohin wir gehen.

Das Gebot der Liebe ist ein schweres und doch ein unerläßliches Gebot. Pflegen wir deshalb in uns die Kraft der Liebe, welche der heilige Geist uns geschenkt hat! Werden wir nicht müde, uns in den Dienst der Liebe zu stellen und ihre Werke zu thun! In der Übung der Liebe wächst die Kraft der Liebe. Aus der Finsternis der Gleichgültigkeit und des Hasses in das Licht der Liebe, sei unsre Losung! Ein langer und beschwerlicher Weg, denn von Natur sind wir Kinder der Finsternis, und nur die befreiende Gnade macht uns zu Kindern des Lichts. Ein langer Weg und ein hohes Ziel! Deshalb ist kein träges Ausruhen, kein müßiger Stillstand gestattet. Immer neue Aufgaben werden der Bruderliebe gestellt, zumal in der Gegenwart. Die Liebesarbeit entfaltet sich zu einer Vielseitigkeit und gewinnt einen Umfang, daß wir fürchten, die Kräfte möchten versagen. Die Bruderliebe ist ein schweres Gebot. Und doch ein leichtes Gebot! Denn das Verlangen des Herzens kommt ihm entgegen, und die Kraft Christi wohnt bei uns. Seine Kraft ist in den Schwachen mächtig (2 Kor. 12, 9). Und mit jedem Sieg in seiner Kraft wächst unsre Freudigkeit, wächst unsre Stärke.

Wir haben ein neues Jahr begonnen. Die Liebe unsers Gottes hat uns aus dem alten in das neue Jahr geführt. Wie sollen wir ihm danken? Der Apostel Johannes giebt uns die Antwort. Er ruft uns zu: „Lasset uns ihn lieben, denn er hat uns erst geliebet!" (1. Joh. 4, 19). „Ihr Lieben, hat uns Gott also geliebet, so sollen wir uns auch untereinander lieben" (1. Joh. 4,4). Amen.

V.
Die Heiligung der Lebensstufen.

1. Joh. 2, 12—17.

Lieben Kindlein, ich schreibe euch, daß euch die Sünden vergeben werden durch seinen Namen. Ich schreibe euch Vätern, denn ihr kennet den, der von Anfang ist. Ich schreibe euch Jünglingen, denn ihr habt den Bösewicht über=wunden. Ich schreibe euch Kindern, denn ihr kennet den Vater. Ich habe euch Vätern geschrieben, daß ihr den kennet, der von Anfang ist. Ich habe euch Jünglingen geschrieben, daß ihr stark seid und das Wort Gottes bei euch bleibet und den Bösewicht überwunden habt. Habt nicht lieb die Welt noch was in der Welt ist. So jemand die Welt lieb hat, in dem ist nicht die Liebe des Vaters. Denn alles, was in der Welt ist (nämlich des Fleisches Lust und der Augen Lust und hoffärtiges Leben) ist nicht vom Vater, sondern von der Welt. Und die Welt vergehet mit ihrer Lust; wer aber den Willen Gottes thut, der bleibet in Ewigkeit.

1. Die Heiligung der Kindheit.

Das Evangelium ist das Wort Gottes an alle und für alle Menschen. Es wendet sich an jedes Volk und an jede Zeit, es gilt Männern und Frauen, es redet zu jeder Lebensstufe. Es will sich in das Kinderherz einsenken, es will dem Jüngling und der Jungfrau die Rüstung geben, um den Versuchungen, die an sie herantreten, siegreich zu widerstehen; es will uns, wenn wir die Höhe des Lebens erreicht haben, die Heilswege Gottes deuten. Das Evangelium will der Begleiter auf der Pilgerschaft unsers Erden=lebens werden und jeden Abschnitt desselben weihen, es will das irdische Leben im Lichte des Evangeliums erhellen. Es ist so reich, daß es grade die Gabe uns spenden kann, deren wir in jeder

Entwicklungsstufe bedürfen. Immer das gleiche, unveränderliche Gotteswort, erscheint es doch in wechselnden Gestalten. Wir vernehmen immer dieselbe Stimme unsers himmlischen Vaters, die uns seinen gnädigen und heiligen Willen kundthut, aber sie wandelt ihre Sprache, sie läßt sich zum Kinde herab und ruft ihm mit mildem, und doch ernstem Tone zu: „Gieb mir, mein Sohn, dein Herz" (Sprüchw. 23, 26); sie mahnt, der treue, ja der treueste Freund, die Jugend: „Kämpfe den guten Kampf des Glaubens" (1. Tim. 6, 12); sie weist, ein zuverlässiger Wegweiser, den gereiften Mann, den die Rätsel des zeitlichen Lebens zu verwirren drohen, auf die himmlische Wahrheit, welche sie löst, und führt ihn zu dem, der gesprochen hat: „Ich bin der Weg, die Wahrheit und das Leben" (Joh. 14, 6). Es giebt keine Lebensstufe, die des Evangeliums entraten könnte; es giebt keine Lebensstufe, der das Evangelium nicht heiligende Kräfte darreichte.

Indem sich nun unsre Betrachtung, den Worten des Apostels folgend, der Heiligung der Lebensstufen zuwendet, verweilen wir zuerst bei der

Heiligung der Kindheit

und vergegenwärtigen uns, wie sie in dem Kindessinn begründet ist, der in unbegrenztem Vertrauen dem himmlischen Vater naht und in freudigem Gehorsam ihm dient.

1.

Der Apostel Johannes gedenkt der Kinder in der Gemeinde. Gewiß, es sind nicht die Glieder derselben, die ihrem Alter nach zu den Unmündigen gehörten, an welche er sich wendet. Sie hätten noch nicht die tiefsinnigen, gedankenreichen Worte seines Sendschreibens zu verstehen vermocht. Wir erkennen vielmehr in ihnen die Neubekehrten, die erst vor kurzem die Taufe empfangen hatten. An sie richtet der Apostel Johannes, damals schon ein Greis, mit väterlicher Liebe seine Worte. Wie neugeborne Kinder erscheinen sie ihm, er selbst betrachtet sich als ihren geistlichen Vater. Hatte er doch gewiß viele unter ihnen unterwiesen, zur Taufe vorbereitet, getauft. Durch ihn waren sie zur Neugeburt in Christo geführt worden. So weiß er sich mit ihnen durch das zarteste Band verknüpft und redet zu ihnen aus der Fülle eines väterlichen, von innigster Liebe durchdrungenen Herzens.

Aber in diesen neubekehrten Gliedern der Gemeinde, die in so vielen Beziehungen noch geistlich unmündig waren, obwohl sie schon ein höheres Lebensalter erreicht hatten, spiegelt sich uns das Bild der Kinder der christlichen Gemeinden, die auch ihrer natürlichen Entwicklung nach noch zu den Unmündigen gehören; und, was der Apostel jenen sagt, gilt auch diesen. So ist uns sein Wort eine Wegweisung zu christlicher Kindererziehung, und geheiligt erscheint uns die Kindheit, die seiner Mahnung gefolgt ist. Es ist nur ein kurzes, aber ein inhaltreiches und bedeutungsvolles Wort, in das sie sich zusammenfaßt: „Ihr kennet den Vater". Dann ist das Kindesleben geheiligt, wenn es im Vertrauen und Gehorsam der Liebe mit dem himmlischen Vater verbunden ist. Dann hat die Erziehung ihr Werk vollbracht, wenn es Kindessinn gegen Gott in die Herzen der Kinder gepflanzt hat.

Kindessinn ist Vertrauen. Ein Kind blickt vertrauend auf Vater und Mutter. Die Not, der Kampf, die Arbeit des Lebens bleiben ihm fremd; die Sorge für das tägliche Brot, für Kleidung und Nahrung, liegt ihm fern. Es weiß, daß die Eltern ihm alles geben, wessen es bedarf. Es weiß, daß Vater und Mutter ihm darreichen werden, wessen es zu seines Leibes Nahrung und Notdurft nicht entraten kann, und ihm gern alle Freuden bereiten, nach denen es sich sehnt, wenn ihre bessere Einsicht es gestattet, und wenn ihre Mittel es erlauben. Es kennt seinen Vater, es kennt seine Mutter, es weiß, daß ihr Herz in treuester, hingebendster Liebe für ihre Kinder schlägt, daß sie lieber selbst darben würden, damit ihre Kinder nicht darben, daß der Kinder Freude ihre Freude ist. Und deshalb wenden sich die Kinder vertrauensvoll mit allen ihren Wünschen und Begehrungen an Vater und Mutter. Sie haben in ihr Herz hineingeschaut, das zu jedem Opfer für sie bereit ist. Sie vertrauen ihnen, denn sie haben ihre Liebe erfahren. Von dem ersten Augenblicke ihres Lebens an hat die Liebe der Eltern die Schritte der Kinder geleitet und über ihnen gewacht. Die Kinder haben die Luft der Liebe eingeatmet, und so ist vertrauende Gegenliebe in ihr Herz gezogen. Liebe ist die Seele des Kindeslebens. An der zuvorkommenden Liebe der Eltern erwacht die Liebe der Kinder. Kinder müssen in der Luft und im Licht der Liebe atmen, sonst können sie nicht gedeihen. Wie die Pflanzen vertrocknen, denen Luft und Licht entzogen wird, so schwindet auch der Kindessinn, wo die Liebe fehlt. Die Hilflosigkeit der Kinder ist auf die zuvorkommende und entgegenkommende Liebe gewiesen. Jedes Kind ist eine stumme und doch so beredte Bitte: Habt mich lieb; und, wenn ein Menschenherz noch nicht völlig für die Liebe erstorben ist, so vernimmt es diese Bitte und öffnet ihr das Herz. Wir sind zu Kindern freundlich, wie hart und streng wir auch vielleicht Erwachsenen begegnen. So naht sich auch ein rechtes Kind, ein Kind mit Kindessinn, mit vertrauendem, liebendem Herzen allen Menschen. Es erwartet von ihnen eine ähnliche Liebe, wie es von Vater und Mutter erfahren hat, und ist ihnen deshalb freundlich zugeneigt.

Aber es ist auch willig, sich dem himmlischen Vater zu nahen, und es ist leicht, in ihm liebendes Vertrauen auf Gott zu wecken, ihm den Vater zu zeigen. Das ist die Aufgabe christlicher Er= ziehung. Sie ist Erziehung zum Gebet. Sie lehrt, bittend und dankend die Herzen und Sinne zu Gott erheben, der der rechte Vater ist über alles, was da Kinder heißt im Himmel und auf Erden (Eph. 3, 15), von dem alle gute und alle vollkommene Gabe kommt (Joh. 1, 17), zu Gott, welcher der Hüter Israels ist, der nicht schläft noch schlummert, der unsern Fuß nicht gleiten läßt und uns vor allem Übel behütet (Pf. 121). Sie lehrt, in allen Gaben der Menschen, welche die Seele des Kindes erquicken, Gaben Gottes erkennen, in aller menschlicher Fürsorge Gottes Für= sorge erblicken, der die Herzen der Menschen lenkt wie Wasserbäche, in allem Sichtbaren den unsichtbaren Gott und Vater schauen, der Wolken, Luft und Winden giebt Wege, Lauf und Bahn. Ein Kindesherz soll das Herz des himmlischen Vaters suchen und gewiß sein, es zu finden. Dies vermag es freilich nur, wenn es sieht, daß auch Vater und Mutter zum himmlischen Vater aufschauen, daß auch sie zu ihm beten, daß auch sie ihm vertrauen. Das Kind muß wissen, daß, wenn es in Gegenwart seiner Eltern sein Morgen= oder Abendgebet spricht, diese mit ihm beten. Es muß es erfahren, daß Vater und Mutter mit Dank gegen Gott ihre Speise nehmen, daß sie die Glieder des Hauses versammeln zur Andacht aus Gottes Wort und sich mit ihnen vor Gott beugen. Am Gebets= leben der Eltern erwacht und bildet sich das Gebetsleben der Kinder, vertrauender Kindessinn zu Gott entsteht und entfaltet sich im Kindesgemüt, wenn er sich im Leben der Eltern offenbart.

Nicht vor allem Lehre und Mahnung, nein, Leben, in Gott, vorbildlich wirkend, ruft auch das Kind zum Leben in Gott. Nur Leben erzeugt Leben. Wenn wir den himmlischen Vater kennen, werden ihn auch unsre Kinder erkennen; ist er uns fremd, so wird er auch unsern Kindern fremd bleiben. Wir wollen unsern Kindern den Vater zeigen, aber nicht auch den Sohn?

Meine Lieben, wir kennen nur den Vater, wenn wir den Sohn kennen. „Wer mich siehet, spricht der Heiland, der siehet den, der mich gesandt hat" (Joh. 12, 45). Wer den Vater nicht in Christo gefunden hat, wird auch seine Spuren in der Natur und Geschichte und in den Geschicken des eignen Lebens nicht erkennen. Denn darin offenbart sich auch dem natürlichen Sinn unendliche Macht und Weisheit, aber seine Vaterliebe und Vatertreue bezeugt uns nur Jesus Christus. Hier erschließt sich das Herz der ewigen Liebe, welche dem Verlornen nachgeht, bis sie es findet, in nächtliche Tiefen hinabsteigt, um zu seligem Licht emporzuführen. Niemand kennt den Vater, der nicht den Sohn kennt, und deshalb führen wir die Kinder zum Sohn, daß er ihnen den Vater zeige.

Wir führen sie an die Krippe zu Bethlehem, und sie folgen uns so gern. Wie freudig stimmen sie ihre Weihnachtslieder an, wir lauschen ihnen mit bewegtem Herzen, lassen uns in das irdische Paradies der eignen Kindheit zurückführen und blicken ahnungsvoll zu dem himmlischen Paradiese auf, das uns bereitet ist. Wie strahlt der Kinder Angesicht, wenn sie vor dem Kerzenglanz des Christbaums stehen! Entzückt sie nur die Freude an den Gaben der Menschen? Nein, das Kindesgemüt fühlt ein heiliges Geheimnis, das die irdische Feier umgiebt; sie fühlt es, daß die Liebe des Vaters, die der Menschheit den eingebornen Sohn geschenkt, das hohe Fest bereitet hat.

Die Kinder kennen den Vater, denn sie kennen den Sohn. Freilich in das Allerheiligste dringt ihre Erkenntnis nicht ein, und wir sollen sie nicht in Tiefen zu führen suchen, die kindlicher Erfahrung unzugänglich bleiben muß. Das Verständnis für das Geheimnis des Kreuzestodes des Heilands ist dem Kindesgemüt noch nicht geöffnet, die Strahlen der Ostersonne und der Glanz, der vom Herrn der Herrlichkeit, der zur Rechten des Vaters erhöht ist, ausgeht, sie werden nur wie aus weiter Ferne sein Herz berühren, nur die Ahnungen einer Liebe, deren Größe menschlicher Geist nicht ermißt, werden es bewegen und die Stimme der Dankbarkeit und der Anbetung wecken. Gewiß, nur wenige Worte des Heilands wird der Kindesgeist erkennend sich aneignen, aber die wenigen, deren Sinn sich ihm erschlossen hat, senken sich in das Gemüt und werden der Ausgangspunkt einer heiligen Bewegung. Und die Wunder des Herrn, mögen die Worte, die sie begleiten und deuten, keinen Wiederhall finden, reden doch die Sprache der Güte und Barmherzigkeit, die das Kind freudig vernimmt. Und wenn Jesus Christus dem Kindesherzen nur in der Gestalt des Kinderfreundes erschiene, der segnend seine Hände auf ihr Haupt legt und ihnen das Himmelreich verheißt (Mark. 10, 13—16), in diesem einen Zeugnis der Heilandsliebe enthüllte sich ihnen doch sein ganzes, von unendlicher Liebe erfülltes Herz. Ja, unsre Kinder können den Sohn sehen in seiner himmlischen Herrlichkeit voll Gnade und Wahrheit, und im Sohne den Vater, die ewige Liebe, die um das Vertrauen des Kindes wirbt und zu ihm spricht: Gieb mir, mein Sohn, dein Herz (Sprüchw. 23, 26). Und so wollen wir unsre Kinder zu Jesu Christo führen, daß sie in ihm den Vater sehen und auch von ihnen gesagt werden könne: Sie kennen den Vater.

2.

Aber laßt es uns auch nicht vergessen, daß sie nur dann den Vater kennen, wenn sie ihn als die heilige Liebe erkannt haben. Gott ist die heilige Liebe. Er liebt unsre geistige, für die Ewigkeit geschaffene und zu ihr berufene Seele, unser wahres Ich, aber deshalb haßt er alles in uns, was uns von dem Weg des Heils zurückhält, die Trägheit, die Genußsucht, den Hochmut, die Selbstsucht, mit einem Worte, die Sünde. Gestattete uns Gott, die Wege zu gehen, die unserm natürlichen Menschen gefallen, ließ er uns nicht seinen Zorn wider die Sünde erfahren, dann liebte er uns nicht. Dann möchten wir vielleicht auf Erden viele Tage zeitlichen Glücks genießen, aber wir büßten das höchste, ewige Gut ein; dann möchten wir vielleicht die ganze Welt gewinnen, aber wir verlören unsre Seele. Dann würde das Ende unsers Erdenlebens das Ende unsers Lebens überhaupt werden, der Tod ein Untergang, auf den kein Aufgang folgte. Aber unser Gott hat uns für ein ewiges Leben geschaffen, er liebt uns mit einer heiligen Liebe, die uns für die Ewigkeit gewinnen will, und deshalb muß er gegen die Sünde in uns streiten, damit wir uns von ihr abwenden und seinem heiligen Willen zuwenden. Seine heilige Liebe nötigt ihn, Schweres, ja Schwerstes uns aufzuerlegen, uns zu züchtigen, damit wir das Joch der Sünde ablegen, damit er uns einst eine himmlische Krone geben könne. Er unterläßt nichts, um zum Gehorsam gegen seine Gebote zu führen.

So ist es denn auch unsre Aufgabe, als die Stellvertreter Gottes, unsern Kindern den himmlischen Vater als die heilige Liebe zu zeigen und sie zum Gehorsam gegen ihn zu erziehen. Alle Erziehung ist Erziehung zum Gehorsam gegen die Eltern. Im Gehorsam gegen sie sind alle Kindespflichten beschlossen, wie alle Kindersünden in der Sünde des Ungehorsams gegen sie enthalten sind. Aller Erziehung Anfang ist Erziehung zum Gehorsam. Wird er nicht willig geleistet, so muß er durch Strafe erzwungen werden. „Wer seinen Sohn lieb hat, der züchtiget ihn bald" (Sprüchw. 13, 24), sagt die heilige Schrift. Wer den Ungehorsam seiner Kinder duldet, wer sich weichlich der Strafe enthält, liebt sein Kind nicht, liebt nicht die Seele, nicht das wahre Selbst des Kindes, er liebt nur, was an ihm vergänglich ist. Nur, wenn unsre Erziehung zum Gehorsam führt, weckt sie im Kinde das Bewußtsein, daß in der Welt eine heilige Liebe waltet, die so stark und mächtig ist, daß sie sich selbst nicht den Schmerz erspart, dem Kinde Schmerz zu bereiten, um sein ewiges, unsterbliches Ich zu bewahren und zu retten. Der Ernst der heiligen Liebe Gottes muß sich im Ernst der elterlichen Liebe spiegeln. Aber im Ernst darf die Liebe nicht schwinden. Kinder sollen es fühlen, daß nicht die Willkür und Laune gebietet, daß wir allein im Namen eines höhern Rechts, als es das Recht des Eigenwillens ist, daß wir im Namen des Rechts der Liebe Gehorsam fordern. Sie sollen es erkennen, daß wir nur da Gehorsam verlangen, wo ihr eignes Heil und das Heil der Gemeinschaften, denen sie angehören, Haus und Schule, es gebieten. Deshalb soll auch alle Züchtigung eine maßvolle und besonnene sein, aus der Liebe entsprungen, und nicht aus der Leidenschaft, die das Eigne sucht. Eine Hoheit himmlischen Ursprungs soll der Eltern und Lehrer Erziehungswert umschweben, damit sie auch den Kindern als Stellvertreter

Gottes, als Zeugen, Boten und Diener seiner heiligen Liebe erscheinen.

Weil es nun heilige Liebe ist, ein Spiegel der heiligen Liebe Gottes, in deren Namen Eltern und Lehrer befehlen, so suchen sie auch nicht knechtischen, sondern kindlichen Gehorsam. Ein frommes Kind ist gehorsam im Vertrauen der Liebe. Nicht immer können wir unsern Kindern die Gründe aufweisen, auf denen dieses Gebot, jenes Gebot ruht, aber kindlicher Sinn glaubt den Eltern, auch wenn es nicht sieht, nicht einsieht. Auch für die Erziehung gilt es: Zuerst nur Glaube, dann die guten Werke, zuerst der Glaube an die heilige und weise Liebe der Eltern, an ihr Wort, dann der Gehorsam unter dasselbe. Vertrauender Glaube ist die Wurzel kindlichen Gehorsams. Kinder sollen die Wege gehen, die ihr Vater sie führt, im Gehorsam des Glaubens und der Liebe, denn sie kennen den Vater. So werden sie zum Gehorsam gegen den himmlischen Vater erzogen, der seine Menschenkinder auch oft dunkle Wege gehen läßt, ohne ihnen zu sagen, weshalb er ihnen das Licht der Freude entzogen hat. Aber Gottes Kinder gehen die gewiesene Bahn, gehorsam im Vertrauen der Liebe, denn sie kennen den Vater. Aber nicht auch den Sohn? So fragen wir von neuem und antworten wiederum: Daß unser Gott, unser heiliger Vater, die Liebe ist, das hat uns sein eingeborner Sohn offenbart. In Christo sehen wir die heilige Liebe Gottes, welche gegen die Sünde kämpft, sie bis in ihre verborgensten Tiefen verfolgt, sie vernichtet; wir sehen sie, wie sie den eingebornen Sohn zum Opfer bringt, damit die Ketten der Sünde gesprengt werden; wir sehen sie, eine Siegerin über das Reich der Sünde, das Reich Gottes errichten, das Reich des Gehorsams, in dem die Kinder Gottes durch Vertrauen, durch Liebe, durch Erfüllung der Gebote Gottes ihre Kindschaft bewähren. So wollen wir unsre Kinder zum Sohne führen, daß sie in ihm den Vater sehen, die heilige Liebe, die Gehorsam fordert und Kraft zum Gehorsam giebt, die ihnen bezeugt, daß der Übel größtes die Sünde und Schuld ist, aber der Güter größtes die Befreiung von der Schuld und Sünde, die Gemeinschaft mit dem Vater, die Rettung der Seele für das ewige Leben.

Unsrer Erziehung Ziel sei die Wegweisung zum Vater, dessen Züge wir im Angesichte Jesu Christi schauen, unsrer Erziehung Segen, daß das Wort unsern Kindern gelte: Sie kennen den Vater. Amen.

VI.

Die Heiligung der Lebensstufen.

1. Joh. 2, 12—17.

2. Die Heiligung der Jugend.

Selig, in dem Herrn Geliebte, die Jünglinge, zu denen der Apostel die hohen Worte sprechen konnte: „Ihr habt den Bösewicht überwunden, ihr seid stark, und das Wort Gottes bleibet bei euch"; selig die Eltern, deren Söhnen dies Ruhmeszeugnis ausgestellt werden durfte; selig die Gemeinden, deren Jugend sich unter den Versuchungen des Lebens so siegreich bewährt hatte. Möchte doch der Apostel ein Recht haben, auch im Blick auf unsre Jugend ihr dies Lob zu erteilen! Aber wir müßten die Augen verschließen und mit Bewußtsein trügerischen Bildern Raum geben, wollten wir die Hoffnung hegen, der Apostel vermöchte, in unsre Mitte tretend, mit derselben Freudigkeit unsre Jugend begrüßen, die ihn damals erfüllte, als er sein Auge auf die Jünglinge der ihm befohlenen Gemeinden richtete.

Freudig freilich und dankbar erkennen wir es an, daß sie auch unter uns nicht fehlen, die Jünglinge, die ihren Weg un= sträflich gehen, die mit Jugendfreude und Jugendlust den Gehorsam gegen Gottes Wort, die Nachfolge Jesu Christi, die Treue gegen Gott und die Reinheit des Wandels vereinigen; freudig und dank= bar bezeugen wir es, daß ihre Schar nicht gering ist. Aber auf wie viele fällt unser Blick, die den Versuchungen, die an sie heran= treten, erliegen, denen der Siegespreis entgeht; wie viele, welche den Reizen der zur Sünde lockenden Begierde folgen, welche den schäumenden Becher der Weltlust bis auf den letzten Tropfen leeren und einen verwüsteten Leib, eine leere, ermattete Seele als einziges Erbe davontragen; wie viele, welche auf die Zeit, die nach Gottes Willen die schönste hätte sein sollen, nur mit bittrer Reue zurück= schauen! Denn das Gotteswort bleibt ewig wahr: „Wer auf sein Fleisch säet, der wird von dem Fleisch das Verderben ernten. Wer aber auf den Geist säet, der wird von dem Geist das ewige Leben ernten" (Gal. 6, 8). Ach, meine geliebten, teuern Jünglinge, die

ihr in dieser Stunde hier erschienen seid, daß es mir vom Geiste
Gottes gegeben würde, den Stachel seines Wortes tief in eure
Herzen zu senken, daß die Gefallenen sich wieder aufrichten, die
Schwankenden Festigkeit gewinnen, die Gefestigten mit neuer Kraft
in den Kampf gehen, die Siegeskrone zu erlangen!

Die Jugend ist der Frühling des Lebens. Es schmückt sie
ein wunderbarer Reiz. Vor dem jugendlichen Geist liegt die Welt
im holden Dämmerschein, und ahnungsvoll blickt er auf die Herrlichkeit, welche das Leben ihm zu verheißen scheint. Die Jugend
ist der Frühling des Lebens, die schönste, aber auch die gefahr-
vollste Zeit. Wie viele Saatkörner, die der Landmann ausstreut,
gehen nicht auf; wie viele Blüten des Gartens fallen ab oder
werden vom Frost zerstört! Ach, es giebt auch so viele Jünglinge,
die dieser Frühlingssaat, dieser Frühlingsblüte gleichen; welche die
Hoffnungen, die an sie geknüpft wurden, täuschen; so viele Jünglinge, deren Wege, statt zu Licht und Klarheit zu führen, in Nacht
und Dunkel enden. Die Jugend ist die schönste, die gefährdetste,
aber auch die bedeutungsvollste Lebensstufe. Darum wollen wir
alle, als Wegweiser die einen, als willig folgende die andern, auf
das ernste Wort des Apostels hören, das heute zu uns redet.

Die Heiligung der Jugend,

dies ist sein Inhalt. Aber er weist auch der Jugend den Weg,
den sie gehen soll. „Habt nicht lieb die Welt und was in der
Welt ist," so lautet seine Mahnung. Die Weltüberwinding ist
die Aufgabe, die der Jugend gestellt ist; in der Weltüberwindung
offenbart sie die Heiligung des Lebens. Es ist eine zwiefache
Gestalt, in der uns nach den Worten des Apostels die Weltüberwindung erscheint, in dem Sieg des Geistes über das Fleisch und
in dem Sieg des Willens Gottes über die eigne Willkür.

1.

Wenn der Apostel uns warnt: Habt nicht lieb die Welt und
was in der Welt ist, so wird wohl niemand unter uns ihn so miß-
verstehen, als habe er über den Weg der Freude an der Schöpfung
Gottes die Inschrift stellen wollen: Verbotener Weg. Davon ist
er weit entfernt. Die Welt, von der er uns zurückhält, ist nicht
die Natur, die Gottes Herrlichkeit offenbart; ist nicht das Gebiet,

auf dem sich die Kräfte entfalten, mit denen Gott selbst den Menschen ausgestattet hat; ist nicht die Wissenschaft, in der wir Gottes Gedanken nachdenken; nicht die bildende Kunst, in der wir die Schönheit darstellen und genießen, deren Gestalten im Blick auf die sichtbaren Werke Gottes in unsrer Seele entstehen; nicht die Musik, in der die unaussprechbaren Regungen des Gemüts doch in der Sprache der Töne laut werden; nicht die Dichtung, in welcher der Menschengeist des Lebens Lust und Leid in ergreifenden Worten bezeugt oder seine Kämpfe, Niederlagen und Siege, dies wunderbare Gewebe von Freiheit und Notwendigkeit, diese erschütternden und zugleich erhebenden Geschicke, als eine versöhnende Wirklichkeit gestaltet und anschaut; nicht die Freundschaft, welche verwandte Gemüter vereinigt, eine Quelle edler Erquickung, reicher Segnung; nicht die frohe, heitere, unschuldige Geselligkeit, in der wir neue Frische zu des Lebens Arbeit, neue Kraft zu des Lebens Last gewinnen; nein, die Welt, die wir überwinden sollen, hat keinen Raum im ewigen Schöpfungsplan unsers Gottes, ist nicht sein Werk, ist nicht ein Glied in seines Reiches Bau, sondern die widergöttliche Schöpfung des Menschen, welche Gottes Schöpfung entstellt, stört und zu zerstören sucht. Die sündige Menschheit hat in Gottes Welt eine eigne Welt hineingebaut, in Gottes Reich ein eignes Reich gegründet, Gottes Gaben mißbrauchend, sich mit ihnen eine eigne Herrlichkeit geschaffen. Hier ist die Welt, gegen die wir kämpfen, über die wir siegen sollen, die Welt der Fleischeslust und der Augenlust.

Eine Welt der Augenlust! Durch die Sinne, und vor allem durch die Augen wird das Begehren in unsrer Seele geweckt, durch die Sinne spiegelt sich die sichtbare Welt in ihr, reizt und lockt, weckt Lust und Verlangen, die Güter, welche jene in sich schließt, und die Genüsse, welche sie darzubieten vermag, zu gewinnen. Freilich erkennen wir auch hierin eine göttliche Ordnung; wir gehören dieser Welt an, die wir mit unsern Sinnen wahrnehmen; unser natürliches Leben schöpft die Kraft des Bestehens aus den Gaben, welche diese Welt uns gewährt, und das Begehren nach ihnen folgt daher einem unbezwinglichen, unaustilgbarem Gesetz. Wir begehren, wessen wir bedürfen. Aber, meine Lieben, was ein Gut ist und uns zusteht, kann ein Fluch für uns werden und ein verbotener Weg, die Welt der Sinne zu einer Welt der Augen-

luft. Alle vergänglichen Güter sind unser Eigentum, die ganze
Welt der Sinne steht uns offen, wenn wir in dieser nicht unsre
Heimat, in jener nicht den Frieden unsers Herzen suchen; und alle
vergänglichen Güter sind uns Reizungen zur Sünde, und die ganze
Welt der Sinne wird uns Quelle des Verderbens, wenn wir hier
unser höchstes Gut, hier unsre Freude, hier unsern Frieden suchen.
Dann folgen wir der Augenlust, dann auch der Fleischeslust, dann
wenden wir uns zu dem hin, das nicht vom Vater ist. Das ist die
Frage, die wir beantworten müssen, um den Weg zu erkennen, auf
dem wir wandeln, wo ist dein Gott, wo ist dein höchstes Gut, dein
Schatz, deines Verlangens Ziel. Danach entscheidet es sich, ob unsre
Pfade aufwärts oder niederwärts führen.

Diese Frage, die an uns alle gerichtet ist, gilt euch, teure
Jünglinge, vor andern. Wo ist euer höchstes Gut? Liegt es in
den vergänglichen Genüssen, in denen ihr doch verschmachtet vor
Begierde, liegt es in der Welt, die eure Augen sehen, eure Ohren
vernehmen, eure Hände ergreifen, und deren Herrlichkeit doch so
schnell dahinschwindet; in ihren Reizen, die so flüchtig an euch
vorüberziehen und das Herz leer lassen; opfert ihr Zeit und Kraft
dem Gott dieser Welt, der euch durch Verheißungen täuscht, die
unerfüllt bleiben; der euch ein Glück vorspiegelt, das er nicht zu
gewähren vermag; der euch ein Verderben bereitet, in dem ihr eure
Seele verliert? Er verspricht euch Freude, und nach kurzem Rausch
der Lust erwacht ihr zu herbem Schmerz; er verspricht euch Genüge, und er macht euch elend; er ladet ein zu Ehre und Reichtum, und ihr gewinnt Armut und Schande. Ach, glaubt ihm nicht,
er ist ein Lügner von Anfang; er ruft euch zu: Ihr werdet sein
wie Gott, Herrscher der Welt, von ihren Gütern gesättigt, und er
treibt euch aus dem Paradiese der Unschuld. Kämpfet gegen ihn,
streitet und sieget. Der Kampf ist groß, die Versuchungen sind
zahlreich, denn das Verlangen nach sichtbaren Gütern bewegt das
jugendliche Herz, in reizvollen Farben erscheint ihm das Bild dieser
Welt. Desto dringender und lauter muß der Schlachtruf erschallen:
Seid männlich und stark, überwindet den Bösewicht, bleibt nicht
zurück im ernsten Kampf. Christen sind Streiter. Aber ist dem
Kampf unsre Kraft gewachsen, ist der Siegespreis unerreichbar?
Meine Teuren! Dann ist die Niederlage gewiß, dann ist sicher die
Schlacht verloren, wenn wir auf unsre natürliche Kraft vertrauen

wir dürfen allein auf Sieg hoffen, wenn der heilige Geist in uns
ein neues Leben hervorgebracht hat, ein Leben der Freiheit, ein
Leben der Kraft. Nur wer ein höheres Leben in sich trägt, kann
die Sklavenketten abschütteln, mit welchen die Welt uns fesselt,
kann das niedere Leben in uns, das Leben der Lust und Begierde,
zügeln, unterwerfen. Es ist ein tiefes und wahres Wort: Wer
nicht gehoben wird, der sinkt. Nur, wenn eine höhere, edle, heilige
Freude uns bewegt, wird die Macht niedrer Lust gebrochen; nur,
wenn wir Bürger einer unsichtbaren Welt geworden sind, stehen
wir nicht mehr im Dienste der Kräfte dieser sichtbaren Welt.
Nur, wenn wir geistige Schätze in uns tragen, die nicht vergehen;
wenn wir reich an ewigen Gütern geworden sind, die uns bleiben,
tragen wir den Sieg über Fleischeslust und Augenlust davon. Und
sind uns nicht diese Geistesgüter in reicher Fülle geschenkt worden;
sind wir nicht in eine himmlische Welt aufgenommen, zu Kindern
im Vaterhause Gottes durch unsern Heiland Jesum Christum be=
rufen, und sind die Schätze dieses Vaterhauses nicht unser Erbe!
Ist uns nicht die Herrlichkeit vollkommenen gottmenschlichen Lebens
in Jesu Christo offenbar geworden, so daß wir in ihm zugleich in
das Angesicht unsers himmlischen Vaters und in das Angesicht der
reinen, nach dem Ebenbilde Gottes geschaffenen Menschheit schauen!
Ist uns nicht sein Wort geblieben, in dem die Schätze himmlischer
Weisheit verborgen sind, einer Weisheit, so schlicht und einfach,
daß auch kindlicher Einfalt der Schlüssel des Verständnisses nicht
fehlt; und doch so reich und tief, daß auch der gereifte Geist
immer vor neuen Rätseln steht! Ist uns nicht das Auge geöffnet
für die Herrlichkeit des Reiches Gottes, eines Reiches, in dem
Menschen Gottes geboren werden, jeder ein eigentümlicher Spiegel
der Fülle Gottes, die uns in Christo offenbar geworden, jeder in
seiner Entwicklung eine neue, eigentümliche Bezeugung der wunder=
baren, rettenden und erziehenden Leitung, durch welche Gottes Liebe
und Weisheit das Leben der Seinen gestaltet! Hat sich nicht unser
Blick erschlossen, um im Weltgang der Völker beides zugleich zu er=
kennen, Gottes Gerichte und Gottes Erbarmen! Können wir nicht
im Buch der Natur lesen, da die Himmel die Ehre Gottes und die
Feste seiner Hände Werk verkündiget! Erfahren wir nicht die Kräfte
der Welt der Liebe, in die wir versetzt sind, die im Haus, in der
Schule, in der Freundschaft uns erquickt!

Meine Lieben! Die Jugendzeit ist die Lebensstufe, auf der diese unsichtbaren, geistigen Mächte mit einer fast unwiderstehlichen Gewalt in das Menschenherz einziehen und über dasselbe die Herrschaft gewinnen wollen. Die Jugend ist nicht bloß die Zeit schwerer Versuchungen, sie ist auch die auserwählte Stätte für die Herrschaft der geistigen Mächte, die Zeit der Begeisterung für höchste Ziele, für höchste Aufgaben. O, gebt euch, teure Jünglinge, in den Dienst dieser geistigen Mächte, sie verklären das irdische Leben, wie hütende Schutzengel halten sie euch vom Verderben zurück und rufen euch zum himmlischen Heiligtum.

2.

Aber noch eine zweite Aufgabe stellt der Apostel der nach Heiligung strebenden Jugend. Er warnt sie vor hoffärtigem Leben; einer Gefahr, die grade sie bedroht. Denn nur zu leicht folgt sie der Neigung, über ihre leiblichen Kräfte und ihre irdischen Güter verschwenderisch zu verfügen, im Vertrauen auf die Fülle geistiger Gaben, in deren Besitz sie sich befinde, die treue, hingebende Arbeit zu versäumen, ohne welche jene doch unfruchtbar bleiben. Die Versuchung tritt an sie heran, die Schranken, welche das erwachte Freiheitsgefühl zügeln wollen, zu überschreiten und dem Gebot der Selbstverleugnung sich zu entziehen. Und sie vorzüglich ist der Gefahr ausgesetzt, von leeren, nichtigen Truggebilden sich täuschen zu lassen, in der Entwicklung äußeren Glanzes ihre Befriedigung zu suchen, etwas scheinen zu wollen, das doch die Wirklichkeit nicht bestätigt. Schein, nicht Sein ist so oft die Losung.

Alle diese Versuchungen, meine Teuern, entspringen dem Mißbrauch der Freiheit, und er liegt der Jugend so nahe. Denn die Jugend ist die Zeit der Freiheit. Der Jüngling verläßt das Vaterhaus, das ihn bis dahin behütete; die Schranken, in welche seine Ordnungen ihn einschlossen, hemmen nicht mehr seinen Fuß. Er ist frei geworden, Herr seiner Thätigkeit, Herr seiner Zeit; nur die Gesetze des bürgerlichen Lebens bilden die Grenzen, die ihn zurückhalten. Aber diese Grenzen geben Raum genug, der Sünde zu dienen und in ihrem Dienst zu Grunde zu gehen, Raum genug, die Freiheit zu mißbrauchen und in die Willkür der Begierde zu verwandeln. Es ist eine große Gefahr, die der Jugend droht; und mit bangem, zagendem Herzen entlassen Vater und

Mutter ihren Sohn auf die Bahn der Freiheit, in das versuchungs=
reiche Leben. Wird er in den Kämpfen, die es ihm auferlegt, den
Sieg davontragen oder ihnen unterliegen? Und doch, wie große
Gefahren auch drohen, wir können unsre Jugend vor ihnen nicht
zurückhalten, die Freiheitsprobe kann ihr nicht erspart bleiben.
Denn zur Freiheit ist sie berufen, und der Gebrauch der Freiheit
kann nur in der Freiheit gelernt werden. So entlassen wir unsre
Söhne zur Freiheit, begleitet von unsern Fürbitten. Ach, meine
geliebten Jünglinge, vergeßt es nicht, daß, wenn ihr auch fern vom
elterlichen Hause weilt, die Gedanken eurer Eltern, Gedanken der
Liebe und des Gebets, euch umschweben, wie heilige schützende
Engel euch begleiten. Sie mögen euch in der Stunde der Ver=
suchung vor Augen stehen.

Zur Freiheit seid ihr berufen, gebraucht sie, aber mißbraucht
sie nicht. Niemand soll dies euch mit Recht so wertvolle Gut an=
tasten, es bleibe euch verbürgt, aber entstellt die Freiheit nicht zur
Willkür der Begierde; gedenket daran, daß die Freiheit nicht ohne
das Gesetz und nicht wider das Gesetz ist. Ihr seid frei, aber doch
dem Willen Gottes unterworfen, der durch sein Wort, durch die
Ordnungen, die das Leben der christlichen Welt regeln, und durch
die Hüter derselben sich euch offenbart. Ihr seid frei, und doch
verantwortlich vor Gott, der euch fragt, ob ihr treue Haushalter ge=
wesen seid, eifrig gearbeitet habt mit den Pfunden, die er euch gewährt,
mit den frischen Kräften Leibes und der Seele, oder ob ihr sie in
Trägheit vergraben, in Genußsucht vergeudet habt. Ihr seid frei
und doch verantwortlich euern Eltern, deren Liebe euch diese er=
quickende, reiche Jugendzeit bereitet hat, und die nur den einen
Lohn von euch verlangt: Mißbraucht nicht eure Freiheit. Ihr seid
frei und doch verantwortlich euerm Volke, das zu seinem Dienst
euch ruft, in den ihr mit reinem, unverdorbenem Herzen, mit einer
frischen, von sündiger Lust nicht zerstörten leiblichen Kraft eintreten
sollt, der einen arbeitstüchtigen Sinn und einen kenntnisreichen
Geist fordert.

Ihr seid frei, und in der Freiheit werdet ihr der euch ver=
liehenen Kraft inne, aber bewahrt euch in dem Selbstgefühl zugleich
die Demut. Demut und Bescheidenheit sind der Jugend Schmuck.
Erhaltet ihn euch nicht bloß euern Lehrern gegenüber, wie ihr es
allezeit, und wir bezeugen es mit Freuden, thut, sondern auch im

Verkehr untereinander. Wie viele Zwistigkeiten, welche Jünglinge, die zu freundschaftlicher Verbindung berufen sind, trennen, würden nicht entstehen oder entstanden leicht schwinden, wenn mit dem Selbstgefühl, welches die eigne Ehre schützt und schätzt, auch die Demut und Bescheidenheit geeint wären, welche ebenso ein übereilt gesprochenes Wort verzeihen, wie sie es zurücknehmen, wenn sie ihre Zunge nicht gehütet hatten.

Noch einmal sei es gesagt, bewahrt eure Freiheit, aber entstellt sie nicht zur Willkür der Begierde, bewahrt eure Freiheit, aber unterwerft sie dem Willen Gottes. „Habt Gott vor Augen und im Herzen und hütet euch, daß ihr in keine Sünde williget und thut wider Gottes Gebot" (Tob. 4, 6). Bewahret eure Freiheit, werdet nicht Knechte eurer Begierde. Gott dienen, sagt Augustinus, ist die Freiheit, und die heilige Schrift bezeugt: „Wer Sünde thut, der ist der Sünde Knecht" (Joh. 8, 34). Der erste Schritt auf dem Wege der Sünde ist frei, der zweite nicht mehr. Mit jeder sündigen That wächst der Sünde Macht. Sie verstrickt uns in ihr Netz, wir werden ihre Gefangenen; wir erfahren den Fluch der bösen That, daß sie fortzeugend Böses muß gebären. Wir müssen der Sünde dienen. Wir glauben, frei zu sein, und haben doch unsre Freiheit verloren. Darum bleibet in der Freiheit, bewahrt und verteidigt sie gegen die Versuchungen der Sünde. Ihr seid zur Freiheit geboren, Kinder Gottes, Erlöste Jesu Christi.

Meine Lieben! Die Jugend ist die Zeit des Kampfes, ihr ziemt es nicht, zu zagen, feige zu fliehen, träge zu unterliegen. Der Jugend ziemt Tapferkeit, Stärke, männlicher Sinn. So tretet muthig in den Kampf ein! Will die Lust des Fleisches und der Augen euch hinabziehen, blickt auf zur Herrlichkeit des Reiches Gottes, der geistigen Welt, zu der ihr berufen seid; blickt auf unsern Herrn und Heiland Jesum Christum, der uns zuruft: Mir nach; höret auf die Stimme aus dem himmlischen Heiligtum: „Sei getreu bis in den Tod, so will ich dir die Krone des Lebens geben" (Offenb. 2, 10), auf die apostolische Mahnung: „So jemand auch kämpfet, wird er doch nicht gekrönet, er kämpfe denn recht" (2 Tim. 2, 5). Tretet mit Mut und Tapferkeit der Versuchung entgegen, lasset euch nicht durch lockende Stimmen täuschen, die euch Freiheit verheißen und in die Knechtschaft führen. Eure Wegweisung sei das Wort der Wahrheit: „So euch nun der Sohn frei machet, so seid ihr recht frei" (Joh. 8, 36); eure Losung jene Warnungsrufe, die wie aus einem Munde die Apostel Paulus und Petrus an uns richten: „Sehet zu, daß ihr durch die Freiheit dem Fleische nicht Raum gebet" (Gal. 5, 13). „Als die Freien, und nicht als hättet ihr die Freiheit zum Deckel der Bosheit, sondern als die Knechte Gottes" (1. Pet. 2, 16). Seid stark, lasset das Wort Gottes bei euch bleiben und überwindet den Bösewicht. Denn die Welt vergeht mit ihrer Lust; wer aber den Willen Gottes thut, der bleibet in Ewigkeit. Amen.

VII.

Die Heiligung der Lebensstufen.

1. Joh. 2, 12—17.

3. Die Heiligung des Alters.

Der Apostel Johannes, der ein Wort für Kindheit und Jugend hat, spricht auch ein Wort der Mahnung zu den Vätern, zu den gereiften Männern, zum müden Alter. „Ihr kennet den, der von Anfang ist", ruft er ihnen zu. Ihr habt, will er sagen, Jesum Christum erkannt und in ihm das Wort, das im Anfang war, ihr habt in ihm den gefunden, von dem wir bezeugten: „Im Anfang war das Wort, und das Wort war bei Gott, und Gott war das Wort" (Joh. 1, 1).

Es ist die höchste Stufe der Erkenntnis Jesu Christi, die der Apostel Johannes bei den Vätern der Gemeinde voraussetzt. Zu ihnen hegt er das Vertrauen, daß sich das Bild des Heilands immer mehr in ihrem Gemüte in seiner vollkommenen Herrlichkeit offenbart, bis sich in ihrem Geiste alles Menschliche in seiner Er= scheinung als Spiegel göttlicher Hoheit und Gnade enthüllt hat. Er ist dessen gewiß, daß die Väter der Gemeinde in Christus das ewige Wort Gottes erkennen, das Wort der unendlichen Liebe, durch welches die Welt geschaffen wurde und nun wiederhergestellt, das Wort, in dem sich Gott seiner Menschheit voll und ganz er= schlossen, in dem er zum letzten mal zu ihr geredet hat. Und weil sie in Christus den gefunden haben, der von Anfang ist, so ist er ihnen aller Menschheitsgeschichte Mittelpunkt und Ziel geworden, in dem ihr volles Leben, volle Genüge, volle Seligkeit und voller Frieden, volle Wahrheit und volle Heiligungskraft geschenkt ist. Dies haben sie erkannt, weil er ihnen der Grund geworden ist, auf dem ihr eignes Leben ruht, der Wegweiser, dem sie folgen, die Kraft, aus der sie schöpfen. Sie haben in ihm den König des Reiches Gottes, den Versöhner und Erlöser erblickt, haben ihm als dem Friedefürsten willig das eigne Herz geschenkt, seinem Dienst sich geweiht. In Christi Persönlichkeit und Christi Werk hat sich ihnen des himmlischen Vaters Wesen und Werk offenbart. Sie haben es erfahren, daß sie bei Gott sind, wenn sie bei dem Sohne sind, in das Herz des Sohnes schauend, haben sie in das Herz Gottes selbst geschaut, und so haben sie nicht nur infolge von Belehrung und Überlieferung, sondern vermöge eignen Erlebens die höchste Stufe der Erkenntnis Jesu Christi erreicht und in ihm den gesehen, der von Anfang ist. In dieser Erkenntnis ist ihnen aber ein Ewigkeitsblick zu teil geworden, der ihrem irdischen Leben eine himmlische Verklärung verliehen, in dem sie eine neue Kraft zur Heiligung gewonnen haben. Die vollkommene Erkenntnis Christi schließt himmlische Kräfte zur Heiligung des Alters in sich. Dies haben die Völker jener Gemeinden erfahren, an welche der Apostel Johannes sein Sendschreiben richtete, dies können und sollen die Väter unsrer Gemeinden erfahren. So sei denn

Die Heiligung des Alters durch die vollkommene Erkenntnis Christi

der Gegenstand unsrer andächtigen Betrachtung. Wir erwägen, wie diese Erkenntnis unser Alter heiligt, seine Lust und sein Leid, seine Arbeit und seinen Frieden.

1.

Meine Lieben! Je weiter unser Leben fortschreitet, und je mehr wir uns der Grenze nähern, die unserm irdischen Dasein gesteckt ist, desto mehr sind wir geneigt, erinnernd in die Vergangenheit zurückzuschauen. Unser zeitliches Wirken hat das Arbeitsfeld gefunden, von dem wir voraussetzen, es werde uns bleiben, bis uns die Stunde des Feierabends schlägt, oder bis wir in die himmlische Welt gerufen werden. Wünsche und Hoffnungen, unter andern

Verhältnissen unser Leben zu gestalten, bewegen uns nicht mehr;
und, wenn sie noch von Zeit zu Zeit auftauchen, so schwinden sie
doch bald. Sie ziehen durch unsre Seele flüchtigen Fußes, ohne
sie lebhafter zu erregen. Wir haben uns daran gewöhnt, unser
zeitliches Ziel als erreicht zu betrachten. Und ist wieder eine
Reihe von Jahren verflossen, so bewegen wir den Gedanken in
unserm Herzen, die Werkstätte unsrer Arbeit zu verlassen und unser
Erdenleben in Stille und Zurückgezogenheit zu beschließen. Und
was wir kommen sahen, bald ist es eingetreten, die Stunde, die
uns zum Feierabend ruft, hat geschlagen. Wir sind nun in der
Stille. Was geschieht, wir erleben es teilnehmend mit, aber der
Ton der Ereignisse klingt an unser Ohr, als käme er aus der
Ferne. Wir begleiten die Geschicke der Völker und die Thaten der
Menschen bald mit freudigen, bald mit schmerzlichen Gefühlen, aber
der Gedanke, daß wir nicht berufen sind, an der Lösung der Auf=
gaben mitzuwirken, welche die Gegenwart stellt, hält das Gemüt
von lebhafterer Bewegung zurück. Nur die Wege, welche die Unsern
beschreiten, erfüllen das Herz hier mit Bangigkeit und Trauer, dort
mit hoher Freude. Aber nicht selten befremdet es uns auch, mit
welchem Gleichmut, mit welcher Stumpfheit, oder um ein milderes
Wort zu wählen, mit welcher geringen Erschütterung ein hohes
Alter schmerzliche Geschicke naher Angehöriger aufnimmt und trägt.
Für sich selbst begehrt es wenig. Die Hoffnung schweigt, der Blick
richtet sich nicht mehr in eine zeitliche Zukunft, desto lieber und
häufiger weilt der Geist in der Vergangenheit. Die Hoffnung ist
von der Erinnerung abgelöst. Lust und Leid des Erdenlebens
klingen in gedämpften Tönen wieder. Ereignisse, deren wir lange
nicht gedachten, Persönlichkeiten, die nicht mehr auf dieser Erde
weilen, Bilder aus verklungnen Tagen erwachen zu neuem Leben in
unserm Bewußtsein, wie in einem Spiegel erscheint in der Seele
das abgeschlossene Leben. Wir halten mit ihm Zwiesprache. Was
sagt es uns, was sagen wir ihm? Blicken wir auf einen in Gott
geheiligten Wandel zurück, dann erscheint uns unser Erdengang als
ein herrliches Denkmal der göttlichen Barmherzigkeit und Güte.
Wir vernehmen die Stimme des Herrn: „Ich habe dich je und je
geliebet, darum habe ich dich zu mir gezogen aus lauter Güte"
(Jer. 31, 3). Unser Leben ist uns zu einem Zeugnis von dem
geworden, der von Anfang war, von dem Gott, dessen Gnade uns

in Jesu Christo offenbar geworden ist, der durch Lust und Leid zu unserm Herzen geredet hat.

Lust und Leid ziehen sich durch jedes Menschenleben hindurch. Auch da, wo der Blick auf viele dunkle Tage zurückschaut, haben doch sonnige Stunden nicht gefehlt, und wer viele lachende Fluren durchschritten hat, mußte doch auch durch dunkle Thäler wandern. Wir sind durch Lust und Leid erzogen worden. Leidenszeiten haben sich für uns in Segenszeiten verwandelt, denn wir erkannten in ihnen unsers Gottes Weckruf: Erhebet eure Herzen von der Erde zum Himmel, von der Zeit zur Ewigkeit, vom Vergänglichen zum Unvergänglichen, kehret ein aus dem Weltgetriebe und schaffet eurer Seelen Seligkeit mit Furcht und Zittern (Phil. 2, 12). Alles Kreuz schließt reichen Segen in sich, es ist gleichsam ein verkörpertes Gotteswort. Seine ernste Mahnung: „Die Welt vergeht mit ihrer Lust" (Joh. 2, 17), seine tröstende Verheißung: „Die Leiden dieser Zeit sind nicht wert der Herrlichkeit, die an uns soll geoffenbaret werden" (Röm. 8, 18). So wächst und reift unter dem Kreuz der geistliche Mensch; wir lernen Geduld und Ergebung; Vertrauen, Zuversicht und Hoffnung erstarken. Wir werden in der zukünftigen Welt heimisch und ahnen ihre Herrlichkeit. So sind Kreuzeswege Führungen zu dem, der von Anfang ist, und ein geheiligtes Alter blickt dankbar auf sie zurück.

Aber gesegnet sind auch die Wege, über die Gottes Barmherzigkeit Freude und Erquickung gebreitet hat. Denn, wenn es auch keinem Zweifel unterliegt, daß in den Zeiten, in denen wir auf ebener, von heiterem Licht beschienener Straße wandern, die Versuchung an uns herantritt, unsers Gottes zu vergessen und den vergänglichen Gütern der Welt zu dienen, so ist es doch ein schwerer Irrtum, hier nur Versuchungen, nicht auch Segnungen zu sehen. Gott zieht uns auch durch irdische Erquickungen, durch zeitliche Güter zu sich. Auch Tage der Freude bringen Früchte der Ewigkeit hervor. Vergängliche Gaben, aus Gottes Hand empfangen, bergen unvergängliche Güter in sich. Irdisches wird Himmlisches, Zeitliches Ewiges, wenn die Liebe Gottes geschaut und erfahren wird, die sich darin verbirgt zugleich und offenbart. Wenn wir, von Krankheit genesend, neue Kraft zurückkehren fühlten, wie jauchzte dann unser Herz auf zu dem Herrn unserm Gott und brachte ihm Opfer freudigsten Dankes! Wenn nach lange vergeblichem Harren doch endlich innig gehegte Wünsche sich erfüllten, dann beugten wir uns vor der überschwänglichen Gnade Gottes und bekannten mit Jakob: „Ich bin zu gering aller Barmherzigkeit und aller Treue, die du an deinem Knechte gethan hast" (1. Mos. 32, 10). Mußten wir viele Tage durch ein dunkles Thal wandern, aber heraus= tretend erreichten wir grüne Auen und frische Wasser, dann sprachen wir mit Petrus: Herr, gehe von mir hinaus! ich bin ein sündiger Mensch (Ev. Luk. 5, 8). Tage der Freude besitzen demütigende Kraft. Sie bezeugen uns die unendliche Barmherzigkeit unsers Gottes und unsre Unwürdigkeit zugleich. Unser Herz wird mit Vertrauen zum Vaterherzen Gottes erfüllt; in kindlicher Zuversicht befehlen wir dem Herrn unsre Wege und hoffen auf ihn, er wird es wohl machen (Ps. 37, 5).

So leuchten dem geheiligten Alter, das der vergangenen Tage gedenkt, auch wie strahlende Gestirne die Zeiten der Freude. Es erkennt in ihnen Offenbarungsstätten der Gnade Gottes, die empor= zog zu himmlischer Herrlichkeit, empor zu dem, der von Anfang ist, zu der ewigen Liebe und ihrem ewigen Mittler.

Das Leben eines Menschen, der den gefunden hat, der von Anfang ist und in Jesus Christus uns erschienen, ist ein Kunst= werk der erziehenden Gnade Gottes. Licht und Schatten, Freud und Leid ist in jedem Leben wunderbar gemischt; hier sind es hellere, dort dunklere Farben, in denen die Weisheit des Herrn das Bild ausgeführt hat, je nach den besonderen Anlagen, die ent= faltet, nach den besonderen Aufgaben, die gelöst, nach den beson= deren Versuchungen, die überwunden werden sollten. Aber immer erkennt ein geheiligtes Alter in dem seinem Abschluß entgegen= gehenden Lebensweg ein Denkmal der göttlichen Güte und bekennt mit dankbarem Herzen: „Lobe den Herrn, meine Seele, und, was in mir ist, seinen heiligen Namen! Lobe den Herrn, meine Seele, und vergiß nicht, was er dir Gutes gethan hat" (Ps. 103, 1. 2).

2.

Aber ein geheiligtes Alter schaut mit dem Ewigkeitsblick auch auf des Lebens Arbeit und Frieden. Es blickt auf des Lebens Arbeit! Zur Arbeit sind wir berufen, in ihr finden wir Befrie= digung. Ihr belastendes Übermaß drückt nieder, aber angemessen unsrer Kraft, erfüllt sie mit Lust. Arbeit ist Gottes Gebot, aber auch Gottes Gabe. Arbeit ist unsre Pflicht, der wir uns nicht entziehen dürfen, aber auch unser Recht, das wir mit Freude aus= üben. Alle großen Männer im Reiche Gottes waren treue, eifrige, hingebende Arbeiter. Das Leben unsers Heilandes war eine große Arbeit zur Rettung der Menschheit. „Ich muß wirken die Werke des, der mich gesandt hat, so lange es Tag ist; es kommt die Nacht, da niemand wirken kann", so bezeugt er selbst (Ev. Joh. 9, 4). Rastlos arbeitet er im Werk der rettenden Liebe, hier an den klein= gläubigen Jüngern, dort an seinem im Weltsinn versunkenen Volk. Er denkt nicht an sich, nur an des Vaters Willen, an der Seinen Heil, an das himmlische Reich, seine Grundlegung, seinen Bau. In dieser Arbeit verzehrt sich seine Seele. Und die Nachfolge der Apostel wird auch Nachfolge in der Arbeit. Ein Paulus darf be= kennen: „Ich habe viel mehr gearbeitet denn sie alle" (1. Kor. 15, 10). Und wo immer ein Menschenherz sich entschließt, in den Dienst Jesu einzutreten, da gelobt es auch, für ihn zu wirken, an seinem Reich zu bauen. Das Arbeitsfeld liegt für den einen hier, für den andern dort, die Kraft ist hier größer, dort geringer, aber gleich sei die Treue. Die Treue entscheidet über des Arbeiters Wert. Auch zu dem Knecht, der nur zwei Zentner empfangen, aber sie treu ver= waltet hatte, spricht sein Herr: „Ei du frommer und getreuer Knecht, du bist über wenigem getreu gewesen; ich will dich über viel setzen; gehe ein zu deines Herrn Freude" (Matth. 25, 23). Und die Verheißung unsers Gottes ruft uns zu: „Sei getreu bis in den Tod, so will ich dir die Krone des Lebens geben" (Offenb. 2, 10).

Ein geheiligtes Alter blickt auf die Arbeit des Lebens zurück mit dankbarem Herzen. Denn es ist etwas großes, für Gott, für sein Werk, in seinem Namen arbeiten zu dürfen. Ehrt es uns, im Dienst eines hohen Herrn, im Dienste des Königs zu stehen, fällt ein Abglanz seiner Hoheit und Würde auf unser Thun, wie hoch werden wir nun gestellt, da der König aller Könige, der Herrscher über alle Welt, uns nicht für zu gering hält, sein Werk in unsre Hände zu legen! Und wie groß ist das Arbeitsfeld, das den Seinen zugewiesen ist! Jede Arbeit, die das zeitliche oder ewige Wohl des Nächsten fördert, seinen Geist erquickt, bereichert, heiligt, seine leib= liche Kraft bewahrt oder wiederherstellt, Hindernisse auf seinem Wege forträumt, seine Bahn ebnet, Strahlen der Freude auf sie hinleitet, jede Arbeit, die wertvollen Zwecken des Menschen dient, kann und soll als Stein in das Bauwerk des göttlichen Geistes eingefügt werden. Kein solcher Dienst ist so niedrig, daß er vom Bauherrn müßte zurückgewiesen werden; er wird durch Demut, Gehorsam, Treue und Glauben geadelt und verklärt. So darf ein geheiligtes Alter dankbar bekennen: Auch meine Arbeit ist nicht vergeblich gewesen, auch sie hat Gottes Werk gefördert, auch sie hat Gott angenommen. Wohl mischt sich vielleicht in den Ton des Dankes auch die Klage: Gering nur war der Erfolg meiner Arbeit, oder die Stimme des Vorwurfs: Wie oft war ich lässig, wie oft suchte ich meine, nicht Gottes Ehre; aber Lob und Dank werden mächtiger und lassen diese Laute verhallen. Hatten wir einen harten Acker zu bestellen, der trotz aller Mühe im Schweiße des Angesichts nur spärlich Frucht trug, wir wissen, daß in dem großen Haushalt Gottes auch auf die kleine Ernte unsers Ackers gerechnet war. Sind wir oft träge gewesen oder eifrig, aber im Eifer um die eigne Ehre, wir wissen, im Selbstgericht der Buße erfahren wir Vergebung. Denn unser Herr und Gott ist unser Vater, gnädig und barmherzig. In Christo haben wir ihn erkannt als die Liebe, die Mitleid mit unsrer Schwachheit hat, die des Reuigen Schuld zudeckt, ihn nicht anschaut, wie er ist durch sich selbst, sündig, elend, ohnmächtig, sondern, wie er ist in Christo, und wie er in ihm wird. So dürfen wir, wenn auch gedemütigt und beschämt, doch dankbar auf unsre Erdenarbeit zurückschauen. Dankbare Freude an vollbrachtem Lebenswerk bleibt des geheiligten Alters unentreißbares Gut.

Aber auch als eine Stätte des Friedens erscheint ihm das nun mit schnellem Schritte seinem Ziele entgegeneilende zeitliche Leben; als eine Stätte des Friedens trotz der Kämpfe, die mit dem Erdengange unauflöslich verbunden waren. Denn leben heißt kämpfen, als Christ leben heißt, eifrig, heißt, unablässig kämpfen. Nur wenigen ist es beschieden, auf den Kampf um die äußeren Bedingungen des irdischen Lebens verzichten zu dürfen, auf vielen lastet schwer die Sorge um das tägliche Brot. Aber auch da, wo das Erdenglück zu wohnen scheint, findet Leid und Kummer Eingang und fordert viel Geduld, viel Entsagung, viel Selbstverleugnung. Eigne Trübsal muß ergeben getragen, der Unsern Schmerz mit getragen werden. Kämpfende, betende Liebe ringt um der Kinder Rettung und Bewahrung. Die Versuchung der Welt-

sünde, der die Begierde des Fleisches willig begegnet, soll über=
wunden werden. Unser Leben ist eine Stätte des Kampfes und
doch auserwählt zu einer Stätte des Friedens. Denn wir atmen
Friedensluft mitten in den Stürmen der Welt, wenn unser Herz
in dem ruht, der von Anfang ist, in unserm Gott und Erlöser,
wenn wir dem Heiland folgen, der in der heißesten Kampfesarbeit
und in der dunkelsten Leidensnacht doch in des Vaters Schoß sein
Haupt niederlegte. Mag es sein, daß wir nur in seltenen ge=
weihten Stunden sprechen: „Bin gleich wie ein stilles Meer, voll
von Gottes Preis und Ehr",*) nur in seltenen geweihten Stunden
auf die Höhe des Berges der Verklärung steigen, die Welt und
uns selbst vergessen, um im Anschauen der Herrlichkeit Gottes aus=
zuruhen. Mag es sein! Wir wissen, daß wir nicht zu seligem
Genuß, sondern zu Arbeit und That berufen sind. Sechs Tage
Arbeit und ein Tag Sabbatsruhe ist nach Gottes Willen unsre
Lebensordnung. Wir wissen, daß die Stunden heiliger Erhebung,
himmlischer Erquickung uns geschenkt werden, zu erneuter Arbeit
erneute Kraft zu gewinnen. Aber der Friede Gottes, der höher
ist denn alle Vernunft (Phil. 4, 7), der Friede, den Jesus Christus
uns gegeben und gelassen hat (Joh. 14, 27), ist mehr als diese
Sabbatsruhe, mehr als dies selige Genießen, das dem einen häufiger,
dem andern seltener zu teil wird, das dieser ersehnt und, wenn
er es erlangt hat, mit vollen Zügen in sich aufnimmt, in dem
jener eine überschwängliche Gnade erkennt, auf die er kaum zu
hoffen wagte, der Friede Gottes ist ein höheres Gut. Wir besitzen
es, wenn die Gewißheit der Gotteskindschaft in Christo das Herz
erfüllt, so daß wir allezeit rufen können: Abba, lieber Vater
(Röm. 8, 15), wir haben es gewonnen, wenn wir bekennen dürfen,
auch zu mir hat mein Gott und Vater gesprochen: Deine Sünde
ist dir vergeben; es ist unser eigen geworden, wenn wir uns auf
allen Wegen, wie rauh und dunkel sie auch sein mögen, von der
Vaterhand Gottes geleitet wissen; wir spüren die beseligende Kraft
des Friedens in Gott, wenn wir in allen Arbeiten und Kämpfen,
wie sehr sie uns beugen, in der Erkenntnis reichen Trost schöpfen,

---

*) Schluß des Liedes: „Meine Seele senket sich hin in Gottes Herz und
Hände" von Joh. Jos. Winkler, geb. 1670 in Buckau, Prediger zu Magdeburg;
Preuß. Feldprediger, Konsistorialrat zu Magdeburg, gest. 1722.

daß wir Kämpfer und Arbeiter Gottes sind, für ihn streiten, zu seines Reiches Wachstum schaffen und wirken; wir fühlen des Friedens Macht und Stärke, wenn wir in den Tagen, da wir die Last des Kreuzes tragen, mit dem Psalmisten sprechen können: „Gott legt uns eine Last auf, aber er hilft uns auch" (Pf. 68, 20) Dieser Friede will uns in unsre Arbeiten und Kämpfe folgen, wir können ihn in dem heißesten Streit, in den dunkelsten Stunden erfahren. Deßhalb soll und kann unser Leben beides zugleich sein, eine Stätte des Kampfes und eine Stätte des Friedens. Und ein geheiligtes Alter schaut mit dem Ewigkeitsblick, welches dasselbe auszeichnet, auf die Vergangenheit zurück und erkennt in ihr einen Weg, den es in der Kraft himmlischen Friedens zurückgelegt hat. Das Kreuz, das getragen werden mußte, die Opfer, die gefordert wurden, die Entsagung, die geübt, das Ziel, das erreicht werden mußte, die dunklen Thäler, durch welche die Wanderung führte, die Hoffnung, die nicht erlosch, die Treue im Glauben, in der Liebe, in der Heiligung, dieser Bau christlicher Lebensgestaltung, er ruhte auf der Friedensmacht, welche die Gnade Gottes in das Herz gesenkt hatte. Ohne sie wäre Mut und Freudigkeit gewichen, ohne sie hätte sich Ohnmacht und Verzagtheit, die unter der Last zusammenbricht, oder Ungeduld und Trotz, welche träge und willkürlich abschütteln, was Gott auferlegt, der Seele bemächtigt. Nun aber habt ihr, teure Väter und Mütter in den Gemeinden des Herrn, in langem Leben das Wesen heiliger Friedenslüfte gespürt und es erfahren, daß der Friedensfürst, der von Anfang ist, euch immer nahe gewesen ist. Durch ihn wurde euer Leben ein Leben des Friedens in einer Welt des Kampfes.

Und so seid ihr uns, die wir noch nicht die Stufe eines höheren Alters erreicht haben, Führer und Vorbilder, zu denen wir aufschauen, denen wir folgen. Euer Leben erscheint auch uns als ein Denkmal der göttlichen Gnade und als eine Offenbarung der göttlichen Herrlichkeit. Ihr predigt uns beides, die Vergänglichkeit aller sichtbaren, die Unvergänglichkeit aller unsichtbaren Güter. Ihr lehrt uns, ewige Güter suchen, Güter, die bleiben. Segen geht von euch aus. Einem gesegneten Tag ist ein gesegneter Abend gefolgt. Euer Erdentag hat sich geneigt, aber der Anbruch eines neuen himmlischen Tages ist nahe gekommen. Der Weg ist nicht mehr lang, aber vielleicht recht schwer. Die Last gebrechlichen

Alters drückt nieder. Aber Gottes Gnade giebt die Kraft, auch schwere Last zu tragen. Sein heiliger Friede weiche nicht von euch, sein himmlischer Trost halte euch aufrecht. Und wenn ihr aus der streitenden zur triumphierenden Gemeinde gerufen werdet, möge das Simeonsbekenntnis das letzte Wort, wenn auch nicht der Lippen, so doch eures Geistes werden: „Herr, nun lässest du deinen Diener im Frieden fahren, denn meine Augen haben deinen Heiland gesehen, welchen du bereitet hast vor allen Völkern, ein Licht zu erleuchten die Heiden, und zum Preis deines Volks Israel" (Ev. Luk. 2, 29—32). Amen.

VIII.

Der Weltgang des Reiches Gottes.

1. Joh. 2, 18—23.

Kinder, es ist die letzte Stunde; und, wie ihr gehöret habt, daß der Widerchrist kommt, und nun sind viele Widerchristen geworden; daher erkennen wir, daß die letzte Stunde ist. Sie sind von uns ausgegangen, aber sie waren nicht von uns; denn, wo sie von uns gewesen wären, so wären sie ja bei uns geblieben; aber, auf daß sie offenbar würden, daß sie nicht alle von uns sind. Und ihr habt die Salbung von dem, der heilig ist, und wisset alles. Ich habe euch nicht geschrieben, als wüßtet ihr die Wahrheit nicht; sondern ihr wisset sie und wisset, daß keine Lüge aus der Wahrheit kommt. Wer ist ein Lüger, ohne der da leugnet, daß Jesus der Christ sei? Das ist der Widerchrist, der den Vater und den Sohn leugnet. Wer den Sohn leugnet, der hat auch den Vater nicht.

Es ist eine freudige, festliche Stimmung, welche die christliche Gemeinde in diesen Tagen erfüllt. Die frohe Botschaft, Christ ist erstanden und hat die Macht des Todes besiegt, klingt in unsern Herzen fort als Friedensgruß aus der himmlischen Welt, und wir blicken zu ihr empor und zu dem Heiland, der in königlicher Herr= lichkeit zur Rechten des Vaters sitzt, als ewiger Hohepriester uns vor ihm vertritt und aus dem himmlischen Heiligtum uns den heiligen Geist sendet, daß er Licht und Kraft uns werde auf unsrer Pilgerschaft durch diese Welt. In diese freudige Stimmung klingt unser Textwort wie ein fremder Ton hinein, ruft eine schmerzliche Bewegung in unserm Gemüt hervor. Denn es zeigt uns den großen Zwiespalt, den tiefen Riß, der durch die christliche Welt hindurchgeht, hier die Gläubigen, welche die Salbung des heiligen Geistes empfangen haben, dort den Widerspruch, der sich gegen das Evangelium erhebt, der von Männern ausgeht, welche der christlichen Gemeinde angehörten, es läßt uns in den Entwicklungsgang der Welt hineinschauen, wie er hier das Wachstum des Reiches Gottes zum ewigen Heil der Menschheit, wie er dort das Werden des Reiches der Sünde zum Verderben aller, die sich von ihm fesseln lassen, in sich schließt. Wir sehen, wie die Weltgeschichte das Weltgericht ist und einer letzten Entscheidung entgegengeht. So werden ernste Gedanken in unsrer Seele geweckt, die den Geist der Freude zu verscheuchen drohen. Die festliche Stimmung, in welche uns diese Tage versetzen wollen, scheint gefährdet. Aber, wir wollen sie nicht weichen lassen, wir wollen sie festhalten. Die Betrachtung der Worte des Apostels Johannes, die heute zu uns reden, steht im Einklang mit der Festfreude, die das Osterfest in uns hervorgerufen hat. Ist dieselbe doch nicht die Freude an einem Erbe, das zu stillem, seligen Genießen einladet, sondern die Freude an einem Gut, das nur im Kampf erworben, im Kampf bewahrt werden kann. Osterfeier ist Siegesfeier, Feier des größten Sieges, der je errungen wurde, des Sieges über Sünde, Schuld, Tod. Und dieser Sieg verpflichtet zum Kampf, kräftigt zum Kampf, ermutigt zum Kampf. Wer diesen Sieg im Glauben sich aneignet, erfährt es, daß das christliche Leben die unauflösliche Vereinigung von Siegesfreude und Entschlossenheit zum Streite ist, zwischen Frieden in Gott und Abwehr der Versuchungen der Welt, zwischen Bauen am Reiche Gottes und Fernhalten der Feinde, die seine Mauern zerstören wollen, zwischen Sammeln und Sichten. So bleibe unerschüttert die Stimmung der Freude und des Friedens, ungestört das festliche Gefühl, das unsre Seele bewegt, wenn wir jetzt in die Kämpfe hineinschauen, die dem

Weltgange des Reiches Gottes

beschieden sind. Unser Blick richtet sich auf die Feinde, denen der Kampf gilt, und auf die Siege, die in ihm errungen werden.

1.

Die schmerzliche Erfahrung, welche der Apostel Johannes in unsern Textesworten bezeugt, war eine Erfüllung der Weissagung des Herrn, die er im Gleichnis vom Unkraut unter dem Weizen ausgesprochen hat. Es war Wirklichkeit geworden, was hier im Zukunftsbilde der Heiland geschaut hatte, aus den Reihen der Christen selbst waren Widerchristen hervorgegangen. „Sie sind von uns ausgegangen, sagt der Apostel, aber sie waren nicht von uns." Und diese Erfahrung, welche der apostolischen Kirche beschieden war, ist in keiner Zeit der Gemeinde des Herrn erspart geblieben. Widerchristentum hat sich immer, bald diese, bald jene Gestalt annehmend, in der Christenheit gebildet und ist zur versuchenden und verführenden Macht geworden. In die entstellten und mißbrauchten Wahrheiten des Christentums gekleidet, Finsternis im Gewande des Lichts, hat es das Evangelium bestritten. Hier fesselte die trügerische Verheißung einer höheren, himmlischen Weisheit, hier verbarg sich die Willkür fleischlicher Begierde in der Losung der Freiheit und übte verderblichen Reiz, dort mischte sich der Eifer, das Reich Gottes zu bauen, mit Grausamkeit und liebloser Härte und verwandelte den Gottesstaat der Wahrheit und des Geistes, der Freiheit und der Liebe, in ein Reich, das Zwang und Gewalt, Furcht und Schrecken zusammenhielt. Die Geschichte der Gemeinde des Herrn zeigt uns das Walten widerchristlicher Mächte, die mit dem Namen heiliger, ehrwürdiger Tugenden geschmückt, den Bau des Reiches Gottes gehindert haben.

Aber, meine Teuern, wenn wir die schwere Beschuldigung des Widerchristentums erheben, hüten wir uns, daß wir nicht einen ungerechten Richterspruch fällen. Der Apostel Johannes giebt uns eine Wegweisung für unser Urteil. Nicht die ungläubigen Juden und Heiden sind ihm Widerchristen, obwohl sie leugnen, daß Jesus der Christ ist. Sie haben die Wahrheit des Evangeliums noch nicht erkannt und erfahren; wenn sie gegen den Heiland kämpfen, so gilt ihnen doch die Fürbitte des Gekreuzigten: „Vater, vergieb ihnen, denn sie wissen nicht, was sie thun" (Ev. Luk. 23, 34). Auch der Zweifelnde, der angefochtene Christ mit seiner bangen Klage: „Ich glaube, lieber Herr, hilf meinem Unglauben" (Ev. Mark. 9, 24), mit seiner dringenden Bitte: „Ich lasse dich nicht du segnest mich denn" (1. Mof. 32, 26), ist kein Feind Christi, kein Widerchrist, sondern auf dem Wege zu ihm. Aber auch da, wo wir deutlichen Spuren des Widerchristentums begegnen, müssen wir unterscheiden, ob dasselbe mit vollem Bewußtsein gepflegt und vertreten wird, oder bald mehr, bald weniger unbewußt sich der Seele bemächtigt; ob es Raum gewinnt in einzelnen Persönlich= keiten, die sich dadurch von der Gemeinde des Herrn trennen, oder, ob diese selbst in größerem oder geringerem Maße seinen Ver= suchungen erliegt. Der Apostel Johannes richtet den Blick nur auf bestimmte Gestalten des Widerchristentums, wie sie in seiner Zeit sich gebildet hatten, und umfaßt nicht das ganze Gebiet seiner Herrschaft. Er weist darauf hin, daß da, wo der Glaube an Jesus als den Christ verlassen und bekämpft wird, antichristliche Mächte walten.

Nur da, wo einst der Boden des Evangeliums betreten war, wo die Seele hier geweilt hatte, nur aus der christlichen Gemeinde selbst kann das Antichristentum hervorgehen. Nur ein getaufter Christ, der die Wahrheit des Evangeliums kennt, der seine Wir= kungen in der Gemeinde Jesu erfahren hat, kann ein Widerchrist werden. Ein Widerchrist verläßt die Gemeinde des Herrn, sagt sich von ihr los, wie sie sich von ihm lossagt, sei es, daß diese Scheidung durch eine äußere, wahrnehmbare Handlung besiegelt, sei es, daß ohne eine solche die Trennung eingetreten ist. Aber ein Widerchrist verläßt nicht nur die Gemeinde des Herrn, er bekämpft auch die Wahrheit des Evangeliums, er verkündet eine andre, neue Botschaft und sucht für sie die Geister zu gewinnen. Jesus ist nicht der Christ, so lautet die Losung, welche im widerchristlichen Lager ausgegeben wird. So stehen sich zwei Heerscharen gegen= über; Jesus ist der Christ, so erschallt hier der Ruf, Jesus ist nicht der Christ, so hören wir dort das Feldgeschrei erklingen.

An der Frage, ob Jesus der Christ sei oder nicht, scheiden sich die Geister. Von ihrer Beantwortung hängt das Heil der Seele ab, der Friede des Herzens, die Hoffnung des Gemütes. Ist Jesus der Christ, oder sollen wir eines andern warten? Ist Jesus der Weg, die Wahrheit und das Leben, ist er die Erfüllung aller Weissagung und Sehnsucht, das ewige und deshalb das letzte Wort Gottes an die Menschheit, seine vollkommene Offenbarung, deren Herrlichkeit und Kraft nie erschöpft wird; ist er es, zu dem wir sprechen dürfen: „Herr, wohin sollen wir gehen? Du hast Worte des ewigen Lebens. Und wir haben geglaubet und erkannt, daß du bist Christus, der Sohn des lebendigen Gottes" (Ev. Joh. 6, 68. 69)? Ist er es, bei dem wir volle Genüge finden? Oder sollen wir die Kraft und Freudigkeit unsers Lebens aus andern Quellen schöpfen? Aus einer Weltweisheit, die immer unvollendet bleibt, die, wie weit sie auch fortschreitet, doch das Gebiet des Geschaffenen nicht zu überschreiten vermag, deren Erkennen nur ahnungsvoll, mit unsicherem Tasten, nach dem ewigen Licht sich ausstreckt, die so erfolgreich ist, wenn sie das Gebiet des Sichtbaren erforscht, und die bei allem Suchen so wenig findet, wenn sie das Reich des Unsichtbaren zu beschreiten unternimmt? Oder sollen wir die Kraft und Freudigkeit unsers Lebens von der Hand der Dichter und Künstler erwarten, welche durch die Täuschung des schönen Scheins uns auf flüchtige Stunden über den Druck des Erdenlebens erheben, damit wir ihn hernach desto schmerzlicher empfinden? Oder sollen wir die Kraft und Freudigkeit unsers Lebens im Genuß der vergänglichen Erdengüter suchen, die uns, kaum ergriffen, fliehen, welche die unersättliche Begierde reizen, aber nicht befriedigen, die ein Glück verheißen, das sie nie gewähren, die, als höchste Ziele verfolgt, nur Leere und Öde im Gemüt und die Anklage und Verurteilung des Gewissens zurücklassen? Oder dürfen wir hoffen, die Kraft und Freudigkeit des Lebens in einer rastlosen Arbeit zu gewinnen, die uns keine Stunde der Erhebung und Erholung gestattet, die, ohne Freiheit und ohne fröhlichen Sinn vollbracht, den Stempel der Knechtschaft an ihrer Stirn trägt? Oder endlich, sollte eine klug berechnete Mischung, der Wechsel von Arbeit und Genuß, die Ablösung der einen Thätigkeit durch die andere die Befriedigung zu gewähren vermögen, nach der die Seele hungert und durstet? Als wenn das Ungenüge ausbleiben könnte, wenn wir in einem doch sich immer wiederholenden Kreislauf aus verschiedenen Quellen schöpfen, von denen keine das Wasser des Lebens bietet! Früher dem einen, später dem andern, jedem nach nicht zu langer Zeit würde die Erkenntnis aufgehen: Es ist alles ganz eitel.

Meine Teuren! Weltweisheit, Dichtung und Kunst, Arbeit und Genuß sind Gaben Gottes, Güter, die wir pflegen sollen und dürfen, die, im Lichte der Ewigkeit angeschaut, von ihrer Sonne bestrahlt, uns erquicken, die, vom heiligen Geiste geweiht, in den

Dienst des Reiches Gottes gestellt, unserm Erdenleben Reichtum und Fülle geben. Aber sollen sie einen Ersatz für die Gemeinschaft mit Gott bilden, einen Ersatz für die Gemeinschaft des Reiches Gottes, das in Jesu Christo gegründet ist, erkennen wir in ihnen höchste Güter, dann verwandeln sie sich in widerchristliche Mächte, die uns um unser ewiges Heil betrügen. Nein, meine Lieben, Jesus ist der Christ, dies Bekenntnis allein giebt uns Kraft, Freudigkeit, Frieden. Denn allein in Jesu Christo erkennen wir die Vaterliebe Gottes, in ihm die Vaterhand Gottes, die sich nach uns ausstreckt. Wer den Sohn leugnet, leugnet auch den Vater, nur wer den Sohn gefunden, hat auch im Sohn den Vater gefunden. Den Gott der Macht erkannten auch wohl ahnungsvoll Edle und Weise unter den Heiden; vor dem Gott der Heiligkeit, Erhabenheit und Weisheit beugte sich anbetend das Volk Israel; aber das Innerste, das Herz Gottes, seine unendliche Liebe hat uns allein Jesus Christus erschlossen. In ihm spüren wir den Herzschlag Gottes, eine Liebe ohne Maß, eine Barmherzigkeit ohne Grenzen, eine heilige Gnade ohne Schranken, die uns das Höchste giebt, den heiligen Geist, und uns zum Höchsten führt, zur vollkommenen Gemeinschaft mit sich.

Wer in Christus seinen Gott und Vater gefunden hat, ist gegen das Blendwerk antichristlicher Scheinherrlichkeit geschützt, ihre versuchende Stimme verführt ihn nicht, ihre verlockende Losung besitzt für ihn keinen Reiz. Mag das Antichristentum vor ihm seine Erdenschätze ausbreiten und ihm einen Himmel auf Erden verheißen, er spricht mit dem Psalmisten: „Wenn ich nur dich habe, so frage ich nichts nach Himmel und Erde", und allem Hohn und Spott tritt er mit dem Bekenntnis und Gelübde entgegen: „Wenn mir gleich Leib und Seele verschmachtet, so bist du doch, Gott, allezeit meines Herzens Trost und mein Teil" (Ps. 73, 25. 26).

Die Gemeinde Jesu Christi, welche in ihm ihren Frieden und ihre Kraft gefunden hat, triumphiert über das Antichristentum, und ihr Kampf gegen dasselbe wird zum Sieg.

2.

Zum Siege ist die Gemeinde Jesu Christi berufen, Siegeskraft wohnt ihr ein, denn ihre Glieder haben die Salbung und wissen alles. Wie Priester und Könige Israels, auch auserwählte Orte im Lande der Verheißung, mit Salböl geweiht, so in den Dienst Gottes gestellt und dem Gebrauch zu irdischen Zwecken entnommen wurden, so sind auch alle, welche auf den Namen des dreieinigen Gottes getauft sind, durch die Taufe zu Kindern und Dienern Gottes berufen, aus dem vergänglichen Wesen dieser Welt heraus= gehoben und in die Gemeinschaft des heiligen Geistes versetzt, der sie umwandelt und erleuchtet. Und nach dem Maße des buß= fertigen Glaubens, der sich von der Sünde ab und Gott in Christo zuwendet, nach dem Maße der treuen Nachfolge des Heilandes, des Eifers in der Heiligung, die den guten Kampf kämpft, der Bruder= liebe, die sich selbst verleugnet, der hingebenden Arbeit am Bau des Reiches Gottes, breitet sich die erleuchtende Kraft des heiligen Geistes in unserm Geiste aus, empfangen wir die Salbung und werden zum Tempel Gottes umgeschaffen, in dem er wohnt und wirkt. Wer diese Salbung besitzt, weiß alles, was sich auf sein Heil in Zeit und Ewigkeit bezieht. Es mag ihm vieles unbekannt bleiben, was den Blick in diese sichtbare Welt erhellt, er mag im Wissen irdischer Dinge, in dem Verständnis ihres Zusammenhangs von vielen übertroffen werden, und dennoch hat er gewonnen, was keine Forschung der Wissenschaft, wie umfassend ihr Gebiet sei und wie sorgfältig ihre Arbeit, ihm zu geben vermag. Denn, wer die Salbung hat, kennt den heiligen Gott der Liebe, den himmlischen Vater, er kennt den Heiland, in dem der Vater seine vergebende und erneuernde Gnade uns mitteilt. Er kennt den Weg, der zur himmlischen Heimat führt. Er kennt des Erdenlebens höchste Zwecke und letzte Ziele. Er ist heimisch in der unsichtbaren Welt. Und wer in ihr heimisch ist, weiß sich freilich als einen Gast auf Erden, aber als einen Gast in seines Vaters Haus und deshalb nicht als Fremdling. Auch dies zeitliche Leben ist ihm vertraut, er findet in ihm seinen Weg, den Weg, den Gott ihm gewiesen hat. Er spricht: „Dein Wort ist meines Fußes Leuchte und ein Licht auf meinem Wege" (Pf. 119, 105). Er hat die Salbung und weiß alles. Er weiß es sicher und zuversichtlich, denn sein Wissen ruht nicht auf schwankender, dem Irrtum ausgesetzter Forschung mensch= licher Weisheit, sondern auf dem Grunde des göttlichen Worts, das ihm der heilige Geist auslegt. Gewiß, es bleiben auch hier viele Rätsel, die wir nicht lösen können, wir sehen jetzt durch einen Spiegel in einem dunkeln Wort (1. Kor. 13, 12), aber hell und klar bleibt der Ratschluß unsers Gottes, in dem wir Frieden finden, hell und klar der Weg, den wir wandeln sollen. Gewiß, die Salbung des heiligen Geistes kann uns nicht vor verderblichem Irrtum schützen, wenn wir dem Hochmut und der Selbsttäuschung der Schwärmerei verfallen und in lebhaften religiösen Erregungen unsers Innern die Stimme Gottes zu vernehmen meinen, — „prüfet die Geister, ob sie von Gott sind", mahnt der Apostel Johannes (1. Joh. 4, 1), prüfet vor allem den eignen Geist — aber wir sollen nicht eigne Wege gehen, uns über die Gemeinde erheben, sondern in ihr bleiben und an der Erkenntnis der Brüder die eigne Erkenntnis berichtigen und klären. Denn die Salbung des heiligen Geistes ist der Gemeinde Jesu Christi verheißen, und sie gilt ihren Gliedern nur, wenn sie in der Gemeinde und mit ihr leben, gebend und empfangend.

In dieser Salbung des heiligen Geistes ist uns nun aber auch die zuverlässige Wegweisung gegeben, um christliche Wahrheit und widerchristlichen Irrtum zu unterscheiden. Wie verführerisch auch die Gestalt erscheinen mag, in der dieser uns naht, wie täuschend das Gewand, in welches sie sich hüllt, mag es in Worten des Evangeliums sich verbergen, mag es durch wohlklingende Losungen locken, wir haben die Salbung und in ihr die Gabe zuverlässiger Unterscheidung und Scheidung. Wir wissen, da ist Widerchristentum, wo Christenmund leugnet, daß Jesus der Christ ist, das letzte, vollkommene Wort Gottes an die Menschheit; wo Christenmund der frohen Botschaft von dem Heil in Christo die friedlose Botschaft von einem Heil außer Christus entgegenstellt. Die Salbung des heiliges Geistes, in der wir wissen, daß Gott Jesu Christo einen Namen gegeben hat, der über alle Namen ist (Phil. 2, 9), verleiht Schärfe und Klarheit des Blicks, um zu erkennen und auszuscheiden, was von dem Heiland abführt und zum Widerchristlichen verführt. Kraft dieser Salbung erforscht und prüft die Gemeinde des Herrn die Zeichen der Zeit, wird sie inne, ob die Wogen des Widerchristentums hoch gehen, und ihr mehr wie sonst die Mahnung gilt: „Wachet und betet, daß ihr nicht in Versuchung fallet. Der Geist ist willig, aber das Fleisch ist schwach" (Mark. 14, 38), erfährt sie, ob die Macht des Widerchristentums geschwächt, und, wenn auch nicht gebrochen, so doch gedämpft ist. Sie erkennt die Zeiten, in denen das Evangelium Triumphe

feiert, aber auch die Zeiten, in denen es bedrängt wird, die
letzten Zeiten.

Es giebt in der Geschichte der Welt letzte Zeiten, Wendepunkte
in der Entwicklung der Völker, da ein Zeitalter zu Grabe geht,
und ein neues Zeitalter anbricht. Und mit diesen letzten Zeiten
in der Geschichte der Völker sind oft verflochten auch letzte Zeiten
in der Geschichte des Reiches Gottes, in denen sich widerchristliche
Gewalten kräftig regen und die Macht des Evangeliums über die
Herzen der Menschen zu vernichten suchen, da sich die alten Formen
auflösen, in denen die Gemeinde des Herrn bisher das ewige und
unveränderliche Wort der Wahrheit dargeboten hat, da aber auch
aus der unerschöpflichen Quelle der göttlichen Offenbarung neue,
vollkommnere Gestalten des Lebens in Gott und der Erkenntnis
desselben erzeugt werden. In solchen Zeiten ruft die widerchristliche
Welt: Das Christentum ist tot, seine Gewalt ist zerstört, kein
Hosiannah wird ferner dem Sohne Gottes entgegen gerufen werden.
Aber siehe, wie der Gekreuzigte vom Tode erstanden, als der Auf=
erstandene zur himmlischen Herrlichkeit erhöht ist und zur Rechten
Gottes sitzt, der König seiner Gemeinde, der sie zum Triumph über
die ihm feindliche Welt führt, so offenbart er grade in solchen
Zeiten der Versuchung seine Herrschermacht und bezeugt sich macht=
voll als den Einen, der allein Wahrheit, Gerechtigkeit und Friede,
Vertrauen und Hoffnung, Vergebung der Sünden, Erlösung und
ewiges Leben spendet.

Eine solche letzte Zeit war gekommen, als Johannes die Worte
schrieb, der wir uns jetzt in andächtiger Betrachtung zugewandt
haben. Jerusalem war zerstört, die Weissagung des Herrn in Er=
füllung gegangen, die Macht der jüdischen Feindschaft war gebrochen,
nur ohnmächtiger Haß geblieben. Nun war es vor aller Christen
Augen offenbar geworden, daß die Heidenwelt der Acker werden
sollte, in den die Christen den Samen des göttlichen Worts zu
senken berufen waren. Eine alte Zeit war vergangen, eine neue
angebrochen. Aber auch das römische Weltreich, in dessen Grenzen
sich das Evangelium entfalten sollte, trug den Keim des Todes in
sich, schon war die Axt an seine Wurzeln gelegt. Wie glanzvoll
es auch erschien, sein Todesurteil war doch gesprochen. Mochten
auch noch Jahrhunderte vergehen, bis die innere Auflösung, die sich
schon jetzt vorbereitete, ihr Ziel erreicht hatte, die Gemeinde des

Herrn erblickte kraft der Salbung des heiligen Geistes im Anfang des Endes die letzte Stunde und las die verhängnisvolle Schrift: „Gezählet und vollendet, gewogen und zu leicht gefunden, zerteilet" (Daniel 5, 25—28). In dieser Welt der Auflösung blieb die Gemeinde Jesu Christi siegesgewiß, im Gefühl ewiger Lebenskraft, aber doch vor den Gefahren bangend, welche die Vollendung der Geschicke Roms auch ihr bereiten mußte. Wie konnte sie ihnen begegnen? Wenn sie in der Wahrheit des Glaubens, in der Reinheit der Liebe und in der Zuversicht der Hoffnung blieb, wenn sie als eine in Glaube, Liebe, Hoffnung verbundne unauflösliche Lebensgemeinschaft sich bewahrte. Aber dieser Grund, auf dem allein sie ruhen und sich erbauen konnte, wurde jetzt bedroht. Heidnischer und jüdischer Geist drang in die christlichen Gemeinden ein, vermischte sich mit christlichen Gedanken, fälschte die christliche Erkenntnis der Wahrheit und beraubte die christliche Lebensführung hier durch Gesetzesdienst der Freiheit, dort durch Zügellosigkeit des Heiligungsernstes. Die Christenheit wurde zu einem großen, gefahrvollen, verhängnisvollen Kampf berufen. Es handelte sich für sie um Sein oder Nichtsein, es handelte sich darum, ob sie das Salz der Wahrheit rein erhalten werde oder die Religion des Geistes durch trübe Mischung mit den Religionen des Naturdienstes entstellen. Es war eine letzte Stunde gekommen, eine Stunde heißen Ringens mit widerchristlichen Gewalten.

Meine Teuern, es sind viele letzte Stunden in der Geschichte des Reiches Gottes diesen gefolgt, und vielleicht trägt auch unsre Zeit dieses Siegel. Auf dem Gebiet der Erkenntnis christlicher Wahrheit fürchten wir keine Erschütterung, die den festen Grund gefährdet, auf dem die Gemeinde Jesu Christi ruht. Mögen immer neue Formen gesucht und gefunden werden, das Geheimnis des Glaubens vollkommen auszusprechen und zu deuten, langsam bleibt der Gang, auf den die christliche Wissenschaft gewiesen ist. Irrtümliches wird hier berichtigt, Unbegründetes ausgeschieden, was treuer Forschung sich nicht bewährt, verlassen. Im Austausch und in der Beurteilung werden die Gedanken geprüft, und nur, was die Feuerprobe besteht, wird erhalten. So wandelt sich allmählich die Gestalt christlicher Erkenntnis, aber unverändert bleibt das ewige Evangelium. Es fällt dahin, was ihm widerspricht. Denn „einen andern Grund kann niemand legen, außer dem, der gelegt

gelegt ist, welcher ist Jesus Christus" (1. Kor. 3, 11). Und die
Christenheit sammelt sich immer von neuem um die Losung:
„Jesus Christus, gestern und heute, und derselbe auch in Ewigkeit"
(Hebr. 13, 8). Sie vertraut auf die Gabe des heiligen Geistes,
auf die Salbung, die Geister zu prüfen, ob sie von Gott sind
(1. Joh. 4, 1). Aber große Veränderungen bereiten sich auf andern
Gebieten des Reiches Gottes vor. Aus der Enge in die Weite, das
ist die Wegweisung, der wir in der Gegenwart folgen müssen. Es
wachsen die Aufgaben, die christlicher Liebesthätigkeit gestellt sind. Sie
muß die Kluft füllen, die Armut und Wohlstand trennt, damit nicht
Bitterkeit und Haß einen Brand entzünden, der das Gebäude der
bürgerlichen Gesellschaft zerstört. „Aus der Enge in die Weite",
auch die Missionsarbeit richtet an uns diese Mahnung. Das
Innere Afrikas erschließt sich der Verkündigung des Evangeliums,
weiter öffnen sich die Pforten Ostasiens. Immer umfassender wird
das Arbeitsfeld der Mission. „Aus der Enge in die Weite", das
ist aber auch eine Aufforderung zu innerer Einheit, die lauter als
früher gegenwärtig erschallt. Gewiß, wir dürfen nicht preisgeben,
was uns zum Heiligtum geworden ist, auch der Unterschied der
Parteien in der Christenheit ruht nicht in der Willkür; jede, die
den Boden des Evangeliums bewahrt, trägt ein größeres oder ge-
ringeres Maß der Wahrheitserkenntnis und deshalb auch der Be-
rechtigung in sich, und auch im Kampf der Parteien liegt ein
Segen beschlossen. Aber nur dann ererben wir ihn, wenn wir mit
dem weiten Blick der Liebe auch die Arbeit am Reiche Gottes
erkennen und anerkennen, die jenseits der Grenzen des eignen
Lagers geschieht, wenn wir von einander lernen, miteinander und
für einander beten, das Gemeinsame pflegen, uns tragen und dulden,
in der Geschiedenheit doch die Einheit erblicken und zur Gemeinschaft
der Arbeit uns vereinigen. —

Entfremdet dem Glauben, gleichgültig gegen alle Fragen, welche
das Ewige und Unsichtbare berühren, aber durch mannigfache Beziehungen mit uns verbunden, auch der äußeren Gemeinschaft der
Christenheit angehörig, wenden sich viele Kinder unsrer Zeit,
vielleicht ihre größere Zahl, ausschließlich irdischen Bestrebungen
zu, den Arbeiten, die sie fordern, der Lust, die sie gewähren. Vergeblich, sie durch die Predigt zu gewinnen, sie bleiben unsern Gottes-
diensten fern. Nur die Predigt der That, die Predigt treuer,

hingebender, opferwilliger Liebe, kann sie zu Gott, zum Heilande führen. Nur die weit blickende, zur Einheit sich sammelnde Liebes= arbeit der Christenheit überwindet die Welt. Zu ihr wird die Christenheit in der Gegenwart durch laut redende Zeichen von Gott gerufen. Ein neuer Schritt in dem Weltgang des Reiches Gottes soll gethan werden, eine neue Wendung steht bevor, eine letzte Stunde in den Weltzeiten hat geschlagen.

Aber es giebt auch letzte Stunden im Leben des einzelnen Christen, entscheidende Stunden, in denen eine Entwicklungsstufe in die Vergangenheit zurückweicht, um einer neuen Raum zu geben. Euch hat sie geschlagen, teure Jünglinge, die ihr das schützende Dach des väterlichen Hauses verlassen habt, und jetzt, nicht mehr von Vater= und Mutterhand geleitet, in die Welt eingetreten seid und nach eigner Entschließung und zu eigner Verantwortlichkeit euer Leben gestalten sollt. Von wie vielen Seiten dringen sie an euch heran, die widerchristlichen Versuchungen, die euch von der Wahrheit des Glaubens zur Lüge des Unglaubens zu verführen suchen; wie lockend klingen euch die Stimmen, die den irdischen Genuß als des Lebens höchstes Gut preisen, die Aufforderungen, Gottes Geboten und heiligen Ordnungen, Sitte und Zucht, Wort Gottes und Gewissen, die gebietend und verbietend der zügellosen Begierde entgegentreten, den Gehorsam zu versagen! Es giebt letzte, entscheidungsvolle Stunden im Leben der Jugend. Aber sie bleiben auch nicht aus für den Weg des gereiften Mannes. Das Leben des Christen ist ein Leben des Kampfes. Alte Versuchungen kehren wieder, neue entstehen. Zweifel und Anfechtungen erschüttern die Seele. Die Frage des Täufers: „Bist du, der da kommen soll, oder sollen wir eines andern warten" (Ev. Matth. 11, 3) wird laut. Die Rätsel der Welt verwirren das Gemüt, und wir stehen in Gefahr, den Faden des Glaubens zu verlieren, der durch die vielen, sich kreuzenden Wege sicher hindurchführt. Der Glaube an die Vorsehung Gottes, der Fröm= migkeit fester Grund, wird bedroht. Und es kommt auch die Zeit, da der schmale Weg mit seinen Opfern und Selbstverleugnungen uns zu rauh und zu schwer, und der breite Weg so reizvoll er= scheint. Es giebt auch letzte, entscheidungsvolle Stunden im Leben des gereiften Mannes, die, siegreich bestanden, zu einer neuen höheren Stufe der Gemeinschaft mit dem Herrn uns erheben, die aber, Zeugen unsrer Niederlage, uns des ewigen Erbes berauben. Meine Lieben! Der Weltgang des Reiches Gottes und der Lebens= weg des einzelnen Christen bedingen einander. Siegeszeiten des Reiches Gottes ebnen die Bahn, Zeiten des Niederganges erschweren den Weg des Heils. Aber jeder Christ, der im ernsten Kampfe siegt, bereitet auch der Gemeinde des Herrn einen aufsteigenden Weg; und jeder Christ, welcher der Versuchung erliegt, hemmt den Sieg des göttlichen Reiches. Deshalb beten wir: Dein Reich komme zu uns, durch uns! Amen.

IX.

Die bleibende Gemeinschaft mit dem Herrn.

1. Joh. 2, 24—29.

Was ihr nun gehöret habt von Anfang, das bleibe bei euch. So bei euch bleibet, was ihr von Anfang gehöret habt, so werdet ihr auch bei dem Sohne und Vater bleiben. Und das ist die Verheißung, die er uns verheißen hat, das ewige Leben. Solches habe ich euch geschrieben von denen, die euch verführen. Und die Salbung, die ihr von ihm empfangen habt, bleibet bei euch, und dürfet nicht, daß euch jemand lehre, sondern wie euch die Salbung allerlei lehret, so ist es wahr und ist keine Lüge; und wie sie euch gelehret hat, so bleibet bei demselbigen. Und nun, Kindlein, bleibet bei ihm, auf daß, wann er geoffenbaret wird, daß wir Freudigkeit haben und nicht zu Schanden werden vor ihm in seiner Zukunft. So ihr wisset, daß er gerecht ist, so erkennet auch, daß. wer recht thut, der ist von ihm geboren.

Es zieht sich durch die Geschichte der Menschheit die Klage hindurch, daß unser Leben ein stetes Sterben in sich schließe. Und in der That, wohin wir unser Auge richten, überall finden wir eine Bestätigung dafür, daß diese Klage nur zu sehr begründet ist. Mit jedem Jahre verwandelt sich der Schauplatz unsers Daseins und Wirkens. Je älter wir werden, je mehr sich der Zeitraum ausdehnt, den wir durchschritten, desto mehr unausgefüllte Lücken, desto mehr unersetzliche Verluste zeigen sich dem in die Vergangen= heit zurückschauenden Auge. Wie viele haben diese Erde verlassen, die wir mit innigster Liebe umfaßten und stets umfassen werden! Hier Vater und Mutter, unsrer Kindheit treuste Pfleger, vielleicht auch durch Gottes Gnade unsrer Jugend Hüter und gereiften Alters nie sich versagende Berater und Tröster, dort teure Freunde, die mit uns hofften, strebten, wirkten, deren Vorbild uns stärkte, deren freundlicher Zuspruch in schwerer Stunde uns aufrecht hielt. Und so mancher unter uns hat in das Dunkel des Grabes senken müssen, was ihm ein teuerstes auf Erden war, und es schien ihm, daß die Sonne seines Lebens zur Rüste gegangen sei. Und, wenn es wahr ist, daß das Leben in unserm Leben die Liebe ist, so ist es auch wahr, daß das Scheiden derer, die wir lieben, für uns ein Sterben bedeutet.*)

Aber ein Sterben birgt auch unser Leben in sich infolge der Wandlungen, denen die Kräfte unsers Leibes und unsers Geistes unterworfen sind. Wohl zeigt die Entwicklung unsers Lebens bis zum gereiften Alter das Bild einer aufsteigenden Linie, die Rüstig= keit und Leistungsfähigkeit unsers Körpers erscheint in stetem Wachs= tum begriffen, die Vermögen unsers Geistes entfalten sich immer reicher und kräftiger, wir wandeln siegesgewiß unsre Bahn. Aber haben wir die Mittagshöhe erreicht, so steigen wir bergab. Wir mögen uns eine kürzere oder längere Zeit darüber täuschen, denn langsam, kaum bemerkbar erfolgt der Abstieg, und die einen durften noch auf der Höhe weilen, während die andern schon niederwärts sich wenden mußten. Aber schließlich müssen es sich alle bekennen, daß die körperlichen Kräfte sinken, der Widerstand gegen die Mächte, welche sie bedrohen, geringer wird, und die angestrengte Arbeit sich belastend auf die Schultern legt. Und auch das geistige Leben verliert seine Spannkraft, die Frische des Gefühls schwindet, die Entschlossenheit des Handelns weicht, der Thätigkeitsdrang erlischt. Noch, bevor wir dem Tode anheimfallen, spüren wir seine Macht.

*) Ambrosius in der Gedächtnisrede an seinen Bruder Satyrus: „In jenem Leibe, der nun entseelt vor mir liegt, ist das schönere Wirken meines Lebens, so wie in dem Leibe, den ich noch trage, dein reichlicherer Teil lebt." Schleiermacher in den Monologen: „Wohl kann ich sagen, daß die Freunde mir nicht starben; ich nahm ihr Leben in mich auf, und ihre Wirkung auf mich geht nirgends unter: mich aber tötet ihr Sterben. Mein Wirken in ihm hat aufgehört, es ist ein Teil des Lebens verloren. Durch Sterben tötet jedes liebende Geschöpf, und wem der Freunde viele gestorben sind, der stirbt zuletzt den Tod von ihrer Hand, wenn ausgestoßen von aller Wirkung auf die, welche seine Welt gewesen, und in sich selbst zurückgedrängt, der Geist sich selbst verzehrt" (IV. Aussicht).

Wir können es nicht leugnen, das Menschenleben schließt ein Sterben in sich.

Aber, Geliebte, dennoch mitten in dieser Welt des Vergehens ist den Christen eine unvergängliche Herrlichkeit bereitet, mitten in dieser Welt der Veränderlichkeit und des Wechsels ist uns ein bleibendes Gut gewährt, mitten in dieser Welt des Todes genießen wir die Fülle ewigen Lebens. Es bleibt uns die Gemeinschaft mit unserm Gott und Heiland. Himmel und Erde mögen vergehen, sie bleibt; alle mögen uns verlassen, sie bleibt; die Rüstigkeit und Gesundheit unsers Körpers, die Frische und Lebhaftigkeit unsers Geistes, sie mögen schwinden, die Gemeinschaft mit unserm Gott und Heiland bleibt. Das ist der herrliche, unendlich reiche Trost, den uns heute der Apostel Johannes darbietet. Ihm folgend, laßt uns

Die bleibende Gemeinschaft mit dem Herrn

zum Gegenstand unsrer andächtigen Betrachtung wählen. Wir ver= gegenwärtigen uns den sichern Grund, auf dem sie ruht; die beseligende Kraft, die sie in sich schließt, die heilige Frucht, die aus ihr erwächst.

1.

Unsre bleibende Gemeinschaft mit dem Herrn ruht auf sicherem Grunde. Er selbst hat sich uns geoffenbart. Unser Gott und Vater hat uns sein Angesicht gezeigt, sein innerstes Wesen, seine unendliche Liebe, uns in seinem eingebornen Sohne Jesu Christo vollkommen enthüllt. Wer ihn sieht, sieht den Vater, sein Wort ist Gottes Wort, sein Werk ist Gottes Werk. Und sein Wort und Werk ist durch die von ihm berufenen Apostel und durch apostolische Männer, die sich an sie anschlossen, verkündet, sein heiliges Lebens= bild von ihnen gezeichnet worden. So ist durch ihr Wort die Gemeinde Jesu Christi gegründet worden. Und dies Wort ist nicht verklungen, sondern redet noch zu uns in der neutestament= lichen Schrift, welche die apostolische Predigt enthält. Sie ist der untrügliche Maßstab, an dem wir alle Verkündigung des Evangeliums prüfen; sie ist der Quell, aus dem wir schöpfen, um volle Gewißheit der ewigen Wahrheit zu gewinnen. Wir hören in ihr die Predigt der Apostel, wir sitzen zu ihren Füßen und lauschen ihrer Rede.

Und wir spüren es, sie besitzt dieselbe Kraft, die ihr einwohnte, als sie zuerst vernommen wurde. Der leuchtende Glanz, der das Bild des Gottes- und Menschensohnes umfließt, das sie gezeichnet haben, spiegelt sich in unsrer Seele, und wir erkennen und bekennen mit Luther:

> Das ew'ge Licht geht da herein,
> Giebt der Welt ein neuen Schein,
> Es leucht wohl mitten in der Nacht
> Und uns des Lichtes Kinder macht.

Wir werden es inne, hier und hier allein liegen die Wurzeln unsrer Kraft, hier ist die Stätte der Versöhnung und der Erlösung, hier ist Anfang, Mitte und Ziel für unsre Wiedergeburt, Erneuerung und Heiligung, hier finden wir ewigen, himmlischen Frieden. Aber im Wort der Apostel wird uns nicht nur das Bild Jesu Christi vor Augen gestellt, es wird uns auch sein Lebenswerk gedeutet. Wir erblicken in ihm aller Weissagung Erfüllung, aller göttlichen Offenbarung letztes Wort, des Heilsratschlusses Gottes Vollendung und rufen mit dem Apostel: „O welch eine Tiefe des Reichtums, beides, der Weisheit und Erkenntnis Gottes! Wie gar unbegreiflich sind seine Gerichte und unerforschlich seine Wege!" (Röm. 11, 33). Aber das Wort Gottes in neutestamentlicher Schrift zeichnet nicht nur das Bild des Heilandes und deutet sein Werk, es ist nicht nur Zeuge der Wahrheit und Wegweiser zu ihr, es ist auch das Werkzeug, durch welches Gottes Gnade unser Heil, unsre Wiedergeburt und Bekehrung, unsre Erneuerung und Heiligung vollbringt. Es ist Gnadenmittel. Durch das Wort Gottes in neutestamentlicher Schrift und durch jegliche Predigt des Evangeliums, die ihr folgt, redet Gott selbst zu uns. Das Wort Gottes ist eine geweihte Stätte, über welche geschrieben ist: „Ziehe deine Schuhe aus von deinen Füßen, denn der Ort, da du auf stehest, ist ein heiliges Land" (2. Mos. 3, 5). Hier finden wir Gemeinschaft mit unserm Gott.

Darum wollen wir bei dem Worte Gottes bleiben, es gern hören und lernen, wir wollen uns in dasselbe versenken, es soll die Speise werden, die den geistigen Menschen in uns nährt; es soll der Same werden, der, hineingepflanzt in unser Inneres, ein neues Leben in uns erzeugt; es soll der Wegweiser werden, dem wir auf der Pilgerschaft durch diese Welt folgen. Mit dem

Pſalmiſten wollen wir ſprechen: „Dein Wort iſt meines Fußes
Leuchte und ein Licht auf meinem Wege" (Pſ. 119, 105). Und
die Mahnung des Apoſtels Johannes, die heute an uns ergeht,
wollen wir beherzigen: „Was ihr nun gehöret habt von Anfang,
das bleibe bei euch. So bei euch bleibet, was ihr von Anfang
gehöret habt, ſo werdet ihr auch bei dem Vater und Sohne
bleiben."

Siehe da den ſichern Grund, auf dem unſre bleibende Gemeinſchaft mit dem Vater ruht. Sie iſt nicht gegründet auf die
Gedanken menſchlicher Weisheit, die ſo trügeriſch iſt und ſo oft in
die Irre führt, nicht gegründet auf ſchwankende Gefühle, die, gleich
den Meeresfluten, dem Wechſel von Flut und Ebbe, von Hoffen
und Verzagen, von Fülle und Leere, unterworfen ſind, ſie iſt
gegründet auf das Wort Gottes, das wir im Glauben aufgenommen
haben und feſthalten, in dem unſer Erkennen die Wahrheit, unſer
Wollen die Kraft, den Weg der Gerechtigkeit zu gehen, unſer
Fühlen Frieden und Seligkeit findet.

2.

Unſre bleibende Gemeinſchaft mit dem Herrn, der das ewige
Leben und die ewige Liebe iſt, ſchließt die Kraft ewigen Lebens in
ſich. „Das iſt die Verheißung, die er uns verheißen hat, das
ewige Leben." O eine köſtliche Verheißung! Mitten in einer
Welt der Vergänglichkeit und des Todes dürfen wir uns des Be-
ſitzes ewigen Lebens getröſten. Unſer äußrer Menſch ſchwindet
dahin und wird in der raſtloſen Arbeit des irdiſchen Daſeins auf-
gezehrt; ſo manche Gefühle, Neigungen und Beſtrebungen, die ſich
durch den Zuſammenhang mit dieſem zeitlichen Leben in uns gebildet haben, werden zerſtört, je mehr ſich dieſer Zuſammenhang
lockert, aber wir tragen einen innerlichen Menſchen in uns, der
von Tage zu Tage erneuert wird. Alle Trübſal, die uns trifft,
alles Kreuz, das ſich auf unſre Schultern legt, Schmerzen, unter
denen unſer Herz blutet, Kummer, der uns niederbeugt, alles, was
die natürliche Lebenskraft lähmt, es vermag die Entwicklung des
ewigen Lebens der Kinder Gottes nicht zurückzuhalten, Gottes
Gnade verwandelt es gleichſam in milden Regen und warmen
Sonnenſchein, unter deren Einfluß ſich der verborgene Menſch in
uns aufrichtet und wächſt, Blüten und Früchte trägt. Es wächſt

in uns der Glaube, daß wir hier keine bleibende Stadt haben, sondern die zukünftige suchen (Heb. 13, 14), sehnsuchtsvoll heben sich die Flügel unsrer Seele und schwingen sich zu dem himmlischen Jerusalem empor, da wir Gott und den Heiland vollkommener schauen und mit allen wieder vereinigt werden sollen, mit denen wir hier Hand in Hand wandelten. Es wächst in uns die Liebe zu den Brüdern, heller wird das Auge, milder der Sinn, weiter das Herz, hilfreicher die Hand. Je mehr wir die Macht der Sünde in und über uns erkennen, je mehr wir uns selbst richten, desto bereiter werden wir zum Verzeihen, desto lieber verzichten wir darauf, zu richten, je mehr wir uns bewußt werden, daß wir als Glieder am Leibe Jesu Christi ein jeder mit eigentümlicher Gabe ausgerüstet und zu eigentümlicher Aufgabe für den Bau des Reiches Gottes berufen sind, der eine durch diese, der andre durch jene Erkenntnis der himmlischen Geheimnisse ausgezeichnet, aber ein jeder nur mit beschränktem Blick in den Ratschluß Gottes hineinschauend, desto geneigter und williger werden wir, in den Unterschieden der Erkenntnis der himmlischen und heiligen Wahr= heit nicht trennende Mauern, sondern Spieglungen des ewigen Lichts zu erkennen. Und je umfassender die Betrachtung aller Leiden wird, die auf unsern Brüdern lasten, aller in das Ver= derben führenden Irrgänge, auf denen so viele unter ihnen dahin gehen, dem Abgrund entgegen, desto eifriger strecken wir unsre Hand aus, zu helfen und zu retten. Es wächst in uns der Glaube und die Liebe. Und wo Glaube und Liebe, da ist auch Seligkeit und ewiges Leben. Unglaube ist auch Unseligkeit. Ein armer, elender Mensch, der nur dies vergängliche Erdenleben kennt und sein nennt, das ihm doch unter den Händen zerrinnt. Glaube und Seligkeit sind ebenso unzertrennlich miteinander verbunden wie Unglaube und Unseligkeit. Und nicht minder steht Liebe und Seligkeit in unlöslichem Zusammenhange. In der Liebe entfalten sich alle Kräfte unseres Gemüts; wenn die Liebe das Herz erfüllt, erwachen alle Keime des innersten Lebens, es weht Frühlingsodem, und Sommerwärme erquickt. Aber in der Lieblosigkeit, in der Selbst= sucht, erstarrt das Herz, verengt sich der Sinn, es weichen Freude und Friede, Bitterkeit, Haß und Neid erheben das Haupt, wir spüren die Macht des Todes. Unglaube und Selbstsucht sind Todesmächte, Glaube und Liebe beseligende Lebensmächte.

3.

Hüten wir uns aber vor dem Irrtum, daß Bleiben in der Gemeinschaft mit dem Herrn gewähre uns nur die Fülle freudiger Gefühle, den Reichtum innerer Erquickungen, die uns auf unsrer zeitlichen Pilgerschaft begleiten sollen. Nein, eine wertvollere Frucht soll uns aus ihr erwachsen. Unser Gott ist ein heiliger Gott. „Heilig, heilig, heilig ist der Herr Zebaoth, alle Lande sind seiner Ehre voll", rufen die Seraphim (Jes. 6, 3), und ihr Wort klingt in dem Ruf des Sehers des neuen Bundes fort: „Heilig, heilig, heilig ist Gott der Herr, der Allmächtige, der da war und der da ist und der da kommt" (Offenb. 4, 8). Er hat sich uns in Jesu Christo als die Liebe offenbart, aber als die heilige Liebe. Und deshalb, meine Teuern, wenn wir mit unserm Gott in bleibender Gemeinschaft stehen, wenn wir auf ihn hinschauen als den Quell unsers Lebens, aus dem wir Gnade um Gnade schöpfen, auf den Wegweiser, dem wir folgen, auf den Herrn, dessen unverbrüchlichem Gesetz wir Gehorsam geloben; wenn wir auf ihn schauen in demütiger Beugung und in ernstem Selbstgericht, in kindlichem Vertrauen und in kindlichem Gehorsam, dann wächst aus unsrer Gemeinschaft mit Gott die Ähnlichkeit mit ihm hervor. Das göttliche Ebenbild, durch die Sünde entstellt, wird gereinigt und erneuert, die Züge eines Kindes Gottes treten wieder hervor, wir werden neu geboren. Trugen wir bis dahin nur das Gepräge von Kindern der Welt, wie Geburt, Umgebung, Erziehung es uns aufgedrückt hatten, bald unschön, bald edler gestaltet, so zeigen sich nun in uns die heiligen Züge unsers himmlischen Vaters, wie matt und unvollkommen auch immer ihr Bild in uns sein mag. Und aus Gott geboren, wie können wir anders als seinen heiligen Willen erfüllen! Daran erkennen wir, ob wir aus Gott geboren sind, daß wir recht thun, daß wir nicht als Knechte, sondern als freie, dankbare Gotteskinder an seinem Reiche bauen und die Werke des Reiches Gottes, die Werke selbstverleugnender, barmherziger Liebe, die Werke einer Gerechtigkeit, die vor Gott gilt, vollbringen. Wo Leben, da ist auch Liebe, und, wo Liebe, da ist auch Werk und That.

Als selige Gotteskinder, die an ihrer eignen Heiligung und am Bau des Reiches Gottes arbeiten, blicken wir nun aber auch

getrost auf den letzten Tag unsers Erdenlebens, auf den großen
Augenblick, an dem wir dies zeitliche Dasein verlassen, um in die
Ewigkeit einzugehen. So lange wir noch in jugendlichen Jahren
stehen, pflegt der Gedanke an Sterben und Tod nur flüchtig an
uns heranzutreten, das irdische Ziel unsers Lebens scheint noch in
weiter Ferne zu liegen, des zeitlichen Daseins Lust und Arbeit
fesseln uns zu sehr, als daß wir ernster dem Tode in das Ange=
sicht zu schauen geneigt sein könnten. Aber, je älter wir werden,
je näher wir dem letzten Lebenstage kommen, desto weniger können
wir uns dem Gedanken an unser Scheiden aus dieser Welt ent=
ziehen. Wir wissen, der Tod ist unentfliehbar, und wir können
mit einer gewissen Wahrscheinlichkeit berechnen, wie lange wir noch
unsre irdische Pilgerfahrt fortzusetzen hoffen dürfen. Mit welchen
Gefühlen sollen wir ihrem Ziele entgegenschauen? Mit denselben
Gefühlen, mit denen die Christenheit der ersten Jahrhunderte die
Wiederkunft des Herrn und Heilandes Jesu Christi erwartete.
Mit den Gefühlen der Freudigkeit und des Freimuts, mit dem
Gefühl der Gewißheit, nicht zu Schanden zu werden vor seinem
Gericht.

Meine Lieben! Der Tod ist ein Bote des Schreckens für alle
Menschenkinder, die auf dem breiten Weg der Sünde wandeln,
nicht Gott vor Augen, nicht das Gewissen als Wegweiser, nicht
den Heiland zur Seite haben, denn der Tod führt sie in das Ge=
richt, und wie sollen sie in ihm bestehen! Er ist ein Bote des
Schreckens für die Kinder der Welt, die im irdischen Genuß, in
vergänglicher Lust, ihr Genüge suchten, die dem Gedanken an Gott
und Ewigkeit sorglich aus dem Wege gingen, in denen der innere
Mensch des Geistes in tiefen Schlummer gesunken, wenn nicht
erstorben war. Und nun entreißt ihnen der Tod alles, woran ihr
Herz hing, sie müssen es verlassen, um nie zu ihm zurückzukehren.
Und die vollkommenen Güter des Reiches Gottes, zu deren seligem
Besitz die scheidenden Kinder Gottes berufen werden, diese Güter,
die allein in der geistigen, himmlischen Welt gewonnen werden
können, sie haben für die Kinder der Welt keinen Wert und
Reiz, sie sind ihnen fremd und können deshalb von ihnen nicht
ergriffen werden.

Aber die Kinder Gottes gehen dem Tode mit Freudigkeit und
Freimut entgegen; nicht mit krankhafter Sehnsucht, als wäre das

Erdenleben von Gott verlassen und nicht auch eine Offenbarungs=
stätte seiner Herrlichkeit, aber mit der frohen Zuversicht, auf eine
höhere Stufe des Lebens in Gott erhoben zu werden. Wir blicken
dem Tode nicht mit Furcht entgegen, denn wir wissen, daß unsre
Schuld gesühnt und unsre Sünde vergeben ist; nicht mit Furcht,
denn wir sind in guter Zuversicht, daß, der in uns angefangen
das gute Werk, der wird's auch vollführen bis an den Tag Jesu
Christi (Phil. 1, 6); nicht mit Furcht, denn auch der Tod kann
uns nicht scheiden von der Liebe Gottes, die in Christo Jesu ist,
unserm Herrn (Röm. 8, 38. 39). Nicht mit Furcht, aber freilich
mit heiligem Ernst. Denn auch die Kinder Gottes werden in ein
Gericht eintreten müssen, Rechenschaft ablegen für die Verwaltung
der Pfunde, die ihnen anvertraut waren, Rechenschaft für Wort
und Werk. Auf wie viele Fragen werden wir dann nicht zu ant=
worten vermögen, wie viele Beschämung wird unsrer warten! Und
wenn wir als Begnadigte aus dem Gericht hervorgehen werden, es
wird uns sein, als seien wir durch eine Feuertaufe hindurch=
gegangen zu seliger Lebensvollendung. Denn sie ist unser Erbe,
sie kann uns nicht genommen werden. Sie ist die himmlische Frucht
unsrer bleibenden Gemeinschaft mit dem Herrn. Amen.

X.

Die unvergängliche Herrlichkeit des christlichen Lebens.

1. Joh. 3, 1—3.

Sehet, welch eine Liebe hat uns der Vater erzeiget, daß wir Gottes
Kinder sollen heißen! Darum kennet euch die Welt nicht, denn sie kennet ihn
nicht. Meine Lieben, wir sind nun Gottes Kinder, uns ist noch nicht
erschienen, was wir sein werden. Wir wissen aber, wenn es erscheinen wird,
daß wir ihm gleich sein werden; denn wir werden ihn sehen, wie er ist. Und
ein jeglicher, der solche Hoffnung hat zu ihm, der reiniget sich, gleichwie er
auch rein ist.

Das Leben in der Gemeinschaft mit Jesu Christo schließt viele
Opfer in sich. Es fordert Selbstverleugnung und Weltverleugnung.

Viele Genüsse, die sich die Kinder der Welt gestatten, sind den Kindern Gottes verboten. Lautet jener Losung: Folge deinen Neigungen, laß dir keine Freude entgehen, ergreife alle Gaben, die das Gastmahl des Lebens darbietet, so vernehmen diese die ernste Mahnung: Kreuzigt euer Fleisch samt den Lüsten und Begierden (Gal. 5, 24), trachtet am ersten nach dem Reiche Gottes und seiner Gerechtigkeit (Matth. 6, 33), und erquicket euch nur an den zeitlichen Gütern, die euer Gott euch darreicht, die ihr, weil er sie euch giebt, mit reinem Gewissen euer nennen dürft. So scheint das Leben der Kinder Gottes arm, das Leben der Kinder der Welt reich zu sein. Aber, blicken wir in das Innere und Verborgene, welch andres Bild zeigt sich uns! Dort bei äußerem Reichtum innere Armut, hier bei äußerer Armut innerer Reichtum, dort eine vergängliche Herrlichkeit, die sich in Elend verwandelt, hier eine vergängliche Niedrigkeit, die von einer unvergänglichen Herrlichkeit verklärt wird, dort ein Genießen, aber im Genießen ein Verschmachten vor Begierde, hier ein Entsagen, aber im Entsagen ein seliges Genießen ewiger Güter. Auf diese unvergängliche Herrlichkeit des christlichen Lebens lenkt heute der Apostel unsern Blick. Denn es zeigt uns dasselbe als ein Leben im Glauben, als ein Leben in der Hoffnung, als ein Leben in der Heiligung.

1.

Es ist ein Leben im Glauben. Denn es ruht auf einem unsichtbaren Gut. Wir heißen und wir sind Kinder Gottes, in dieser Glaubensgewißheit wurzelt unser inneres und höheres Leben. Blicken wir auf den sichtbaren Verlauf unsers irdischen Daseins, so zeigt er uns nur unsre Zugehörigkeit zu dieser sichtbaren Welt. Unser Ursprung weist uns auf sterbliche Menschen, unser Ziel ist das Grab. Wir sind den Gesetzen der Natur unterworfen, wir wachsen und nehmen zu an Alter, an leiblicher und geistiger Kraft, wir erreichen die Mittagshöhe, dann spüren wir allmählich ein Sinken der Kräfte, wir altern, endlich werden wir zu Staub und Asche. Dazwischen liegt die Arbeit des Lebens, bald durch unsre natürliche Ausstattung und die Verkettung der Umstände gefördert oder gehemmt; dazwischen liegen Kämpfe, schwere und viele bei den einen, leichtere und wenige bei den andern, Kämpfe mit den Mächten, die unsre Gesundheit hier, unsre Erfolge dort bedrohen. Eine Kette unberechenbarer Zufälle, unentrinnbarer Notwendigkeit umgiebt unsern Weg, wir können sie nicht überschreiten, ein unentfliehbares Gesetz gebietet uns. So erscheint die Gestalt unsres Lebens, wenn wir sie nur mit dem sinnlichen Auge betrachten. Daher klagt der alttestamentliche Dichter: „Der Mensch, vom Weibe geboren, lebt kurze Zeit und ist voll Unruhe, gehet auf wie eine Blume und fällt ab, fleucht wie ein Schatten und bleibt nicht" (Hiob 14, 1. 2). Und der Psalmist stimmt in die Klage ein und ruft: „Unser Leben währet siebzig Jahre und wenn's hoch kommt, so sind's achtzig Jahre, und, wenn's köstlich gewesen ist, so ist's Mühe und Arbeit gewesen, denn es fähret schnell dahin, als flögen wir davon" (Ps. 90, 10).

Aber, meine Lieben, in einem andern Lichte erscheint unser Erdenleben, wenn wir es nach der Wegweisung des Evangeliums betrachten. Denn dann erkennen wir uns als Bürger einer unsichtbaren Welt, die dem Geschick der Vergänglichkeit entnommen ist, einer Welt, in der nicht die Gesetze der sichtbaren Natur, sondern die Gebote des Geistes, der Gerechtigkeit und der Freiheit walten, einer Welt, deren Herrscher unser Vater im Himmel ist, in der wir nicht bloß Bürger, sondern zugleich seine Kinder sind. Es ist der Glaube, der uns diese Herrlichkeit der unsichtbaren Welt enthüllt. Was kein leibliches Auge zu sehen, was kein leibliches Ohr zu hören vermag, das sieht das Auge, das vernimmt das Ohr des Geistes. Dem Glauben ist die Wirklichkeit der unsichtbaren Welt so gewiß, ja gewisser als die Wirklichkeit dieser sichtbaren Welt. Der Christ lebt mehr in jener als in dieser, jene ist ihm seine Heimat, diese nur ein vorübergehender Aufenthalt. Aber, weil nur die Augen des Glaubens die unsichtbare Welt schauen und den König, der in ihr herrscht, deshalb bleibt sie den Kindern der Welt verborgen.

Doch dürfen wir nicht meinen, daß unsre Zugehörigkeit zu diesem unsichtbaren Reich zu der geistigen Naturausstattung gehört, mit der wir in diese irdische Welt eintreten, und daß es nur der Öffnung unsrer Glaubensaugen bedürfe, um in Gott unsern Vater und in uns seine Kinder zu erkennen. Wohl ist es wahr, daß wir nach dem Ebenbilde Gottes geschaffen, auch die Anlage in uns tragen, uns zu Kindern Gottes zu entfalten, aber das Ebenbild Gottes in uns ist durch die Sünde getrübt und gestört, der

Dienst des Vergänglichen hat die Herrschaft über die Seele ge=
wonnen. Und deshalb ist die Aufnahme in das unsichtbare Gottes=
reich, in welchem der zuvorkommenden Vaterliebe Gottes die dank=
bare Gegenliebe seiner Kinder antwortet, eine Gabe, ein freies Ge=
schenk der Barmherzigkeit Gottes. „Sehet, sagt der Apostel, welch
eine Liebe hat uns der Vater erzeiget, daß wir Gottes Kinder
sollen heißen.“ Nicht von Natur sind wir Kinder Gottes, sondern
wir werden es aus Gnaden. Durch seinen eingebornen Sohn,
unsern Herrn Jesus Christus, versetzt uns der himmlische Vater in
sein unsichtbares Liebesreich, versöhnt uns, die ihm feindlich und
fremd waren, mit sich, zerreißt die Ketten, mit denen gefesselt wir
im Diensthause der Vergänglichkeit ein unseliges Leben führten,
befreit uns von der Herrschaft der Sünde und erhebt uns zu der
Herrlichkeit der Kinder Gottes. Und dies große Werk der Um=
schaffung wirkt die Gnade Gottes in uns, indem sie uns zur That
des Glaubens ruft und Kraft verleiht. Es ist der Glaube und
nur der Glaube, der in Jesu den Christ, den eingebornen Sohn
Gottes voll Gnade und Wahrheit erkennt; es ist der Glaube, der
über ihm den Himmel offen sieht und die Engel Gottes hinauf=
und herabfahren auf des Menschen Sohn (Ev. Joh. 1, 51); es ist
der Glaube, der in seinem Tode die Sühne für unsre Schuld, in
seiner Auferstehung den Grund unsrer Hoffnung erkennt und zu
dem zur Rechten Gottes Erhöhten als zu unserm König und Hohe=
priester aufschaut. In diesem Glauben nahen wir uns Jesu, in
der gewissen Zuversicht, daß er und er allein uns helfen, er allein
uns retten kann, in diesem Glauben bleiben wir bei Jesu, in dem
festen Vertrauen, daß er uns in der Gemeinschaft mit dem himm=
lischen Vater und in der Zugehörigkeit zur himmlischen Bürger=
schaft erhalten werde. So wird unser Leben zu einem Leben im
Glauben.

2.

Aber unser Leben ist auch ein Leben in der Hoffnung. In
der Hoffnung vollendet sich der Glaube. Im Glauben ist uns eine
selige Gegenwart bereitet, der Hoffnung ist eine selige Zukunft
verbürgt. Auch hier wieder ein großer Unterschied zwischen den
Kindern Gottes und den Kindern der Welt. Hier ist der Zu=
kunftsblick eng begrenzt, er reicht nicht über das Grab hinaus.

Den einen erlischt das Leben, wenn im Tode die Augen sich
schließen, den andern fehlt die Gewißheit, ob im Tode der Faden
des Lebens zerreißt oder nur für unsre Sinne sich verbirgt, des=
halb schauen sie bei fortschreitendem Alter nicht über die Gegen=
wart hinaus, nur wehmütig auf die schönen entschwundnen Stunden
der Vergangenheit zurück. Sie haben keine ewige Zukunft, nur
eine Vergangenheit, die nicht wiederkehrt, nur eine Gegenwart, die,
kaum gekommen, wieder von uns geht. Und die Kinder Gottes? Sie
haben keine ewige Zukunft hier, aber selige, ewige Zukunft dort. Nicht
eine Zukunft, von der wir Güter erwarten, die uns bis dahin fern und
fremd gewesen. Was unsrer wartet, besitzen wir schon, aber es ist noch
verhüllt und verborgen, es ist noch nicht offenbar. „Es ist noch nicht
erschienen, was wir sein werden, wir wissen aber, wenn es erscheinen
wird, daß wir ihm gleich sein werden," sagt der Apostel. Als Kinder
Gottes sind wir schon jetzt unserm himmlischen Vater verwandt,
sind gleichen Wesens mit ihm. Das durch die Sünde gestörte
Ebenbild Gottes hat Jesus Christus durch seinen heiligen Geist
wieder hergestellt, das verdunkelte wieder erhellt. Der heilige Geist
Gottes wirkt in unserm Geiste und wandelt ihn um, daß er ihm
ähnlich werde. Seine Liebe, Barmherzigkeit, Gerechtigkeit und
Lauterkeit spiegeln sich in uns. Aber wie weit sind wir doch davon
entfernt, daß nur Gottes Bild in uns sich offenbart! Das Bild
der Sünde, des Weltsinnes, der Selbstsucht, der Ungerechtigkeit,
der Unlauterkeit, wie deutlich tritt es in uns hervor, wie scharf
ausgeprägt sind in unserm Wesen die Züge ungöttlichen Geistes!
Wir erschrecken oft vor uns selbst, wir möchten zweifeln, ob Gottes
Geist in uns lebt; wir seufzen mit dem Apostel Paulus: „Ich
elender Mensch, wer wird mich erlösen von dem Leibe dieses
Todes?" (Röm. 7, 24). Aber der Apostel Johannes tröstet uns
und ruft uns zu: „Es ist noch nicht erschienen, was wir sein
werden; wir wissen aber, wenn es erscheinen wird, daß wir ihm
gleich sein werden. Wir werden herankommen zum Mannesalter
Jesu Christi (Eph. 4, 13); der in uns angefangen hat das gute
Werk, der wird es auch vollführen bis an den Tag Jesu Christi"
(Phil. 1, 6). Dahin schwinden wird der alte Mensch, der durch
Lüste in Irrtum sich verderbet (Eph. 4, 22), auferstehen wird der
neue Mensch, der nach Gott geschaffen ist in rechtschaffener Ge=
rechtigkeit und Heiligkeit (Eph. 4, 24). Wir werden reines Herzens

werden, und die Verheißung des Herrn wird sich an uns erfüllen: „Selig sind, die reines Herzens sind, denn sie werden Gott schauen" (Matth. 5, 8). Wir werden ihn sehen, wie er ist. Das Erbe vollkommener Erkenntnis soll uns zu teil werden. Wir erkennen und schauen ja freilich schon Gott hier auf Erden im Angesichte Jesu Christi, und diese Erkenntnis ist eine wahrhaftige; und im Lichte Jesu Christi erblicken wir Gott, wie er sich offenbart in den Werken der Natur, in der vorsehungsvollen Leitung der menschlichen Geschicke, in den Wegen, auf denen er die Seinen führt. Aber doch, wie viele Rätsel bleiben ungelöst, wieviel Dunkel bleibt unerhellt. „Denn unser Wissen ist Stückwerk" und „wir sehen jetzt durch einen Spiegel in einem dunkeln Wort" (1. Kor. 13, 9. 12). Wie oft rufen wir, nicht lobpreisend, sondern klagend: „Wie gar unbegreiflich sind seine Gerichte und unerforschlich seine Wege!" (Röm. 11, 33). Aber dann werden wir nur anbetend bekennen und preisen: „Halleluja! Heil und Preis, Ehre und Kraft sei Gott, unserm Herrn!" (Offenb. 19, 1). Alles Dunkle wird erhellt, alles Siegel gelöst sein. In allen Wegen Gottes werden wir seine unendliche Liebe und seine unendliche Weisheit erkennen. Und wie wir schon hier auf Erden, je mehr wir Gott erkennen, ihn auch desto inniger lieben und in der Liebe von neuem mit ihm vereinigt werden und ihm ähnlicher, so werden wir auch in der seligen Ewigkeit, weil wir Gott dann vollkommen erkennen werden, ihn auch vollkommen lieben und in der vollkommenen Liebe ihm gleich werden. Ist es doch schon so unter den Menschen, die durch Liebe miteinander verbunden sind! Weil sie sich lieben, geben sie sich einander zu erkennen, offenbaren sich, und aus dieser Selbstoffenbarung des einen für den andern quillt neue Kraft der Liebe, entspringt eine innigere Gemeinschaft, in der sie einander immer ähnlicher werden. So wird sich auch in der vollkommenen Liebe Gottes die vollkommene Erkenntnis Gottes erschließen, und aus der vollkommenen Erkenntnis die vollkommene Liebe Gottes hervorgehen.

3.

Es ist eine unendliche Herrlichkeit, auf welche der Apostel unsern Blick richtet, eine unendliche Seligkeit, die er unser hoffendes Herz ahnen läßt. Wir möchten uns von diesem Bilde nicht trennen, wir möchten unsre Seele ganz in das Gefühl versenken, einer so beseligenden Zukunft entgegenzugehen. Aber der Apostel führt uns wieder in die Gegenwart mit ihren Aufgaben, Arbeiten und Kämpfen zurück. Er, der in die inneren Tiefen des Gemüts, in die verborgene Herrlichkeit des christlichen Lebens uns hineinschauen läßt, fordert doch zugleich von uns die Bewährung in der That. Was verborgen ist, soll sichtbar hervortreten, unsre Hoffnung soll nicht bloß ein Genuß sein, an dem wir uns erquicken, sondern zugleich eine Quelle der Kraft, des Wirkens, der That. Und welche Aufgabe ist uns hier gestellt? „Ein jeglicher, sagt der Apostel, der solche Hoffnung hat zu ihm, der reiniget sich." Der Israelit, der im Tempel vor dem Angesicht Gottes erscheinen wollte, mußte sich zuvor durch leibliche Waschungen reinigen. So wurde abgebildet, daß nur Gott schauen kann, wer reines Herzens ist. Und wir, die wir im Glauben allezeit vor Gottes Augen wandeln wollen und uns der Hoffnung getrösten, daß wir Gott sehen werden, wie er ist, wir sollten es unterlassen, unsre Reinigung als unsre stete und unerläßliche Aufgabe zu erkennen! Der Apostel ermahnt uns nicht dazu, er vergegenwärtigt uns, was wir thun müssen. Wir können nicht anders. Die Hoffnung, die in uns ist, treibt uns dazu. Wir vermögen ja nicht, im Glauben und in der Hoffnung zu Gott als unserm Vater aufzuschauen, welcher der Heilige Israels ist, wenn wir uns nicht heiligen. Ohne Heiligung entfernen wir uns von Gott und errichten eine Scheidewand, die uns sein Angesicht verbirgt. Daher bleibt Heiligung des Christen Beruf. Sein Leben ist ein Leben in der Heiligung. Eine große und schwere Aufgabe, die sich durch unsern ganzen Erdenwandel hindurchzieht! Denn von Natur sind wir unheilig, unser Wesen muß umgeschaffen werden, damit es heilig und Gott wohlgefällig werde. Unser Dichten und Trachten, unser Wollen und Begehren muß eine völlige Umwandlung erfahren. Wir suchen von Natur das Irdische, es ist uns das höchste Gut; wir suchen von Natur uns selbst, sind unwahrhaftig und unlauter, und nun sollen wir lernen, am ersten nach dem Reiche Gottes zu trachten, in der Liebe uns selbst zu verleugnen, wahrhaftig und lauter zu werden, nach dem Ewigen zu begehren. Eine große Aufgabe! Gewiß, der heilige Geist will sie in uns vollbringen, aber durch uns, nicht ohne uns. Es bedarf unsrer vollen Kraft, der hingebendsten Gewissenhaftigkeit und Treue, damit das Werk der Heiligung vollendet werde. Wir dürfen nicht rasten, jeder Tag soll ein Tag der Heiligung werden. Wollen wir ermüden, dann stehe uns immer vor Augen die Hoffnung, die uns erfüllt, der Siegespreis, der unsrer wartet. Und daß wir uns nicht das Ziel zu niedrig stecken, uns nicht damit beruhigen, daß wir diese oder jene Sünde abgelegt haben, richtet der Apostel unsern Blick auf Jesum Christum. Wir sollen uns reinigen, gleichwie er rein ist. An Jesu Christo sollen wir uns messen und beurteilen. Und, wenn diese Selbstbeurteilung zur Selbstverurteilung wird, so daß wir klagend rufen: „Herr, gehe von mir hinaus, ich bin ein sündiger Mensch" (Ev. Luk. 5, 8), so sollen wir dennoch, in der Buße gedemütigt, aber im Glauben aus Gnaden erhöht, immer von neuem dem Heilande nahen. Er stößt uns nicht zurück, er ruft uns in seine Nachfolge. Mir nach, spricht Christus, unser Held. Er hat uns ein Vorbild gelassen, daß wir sollen nachfolgen seinen Fußtapfen (1. Pet. 2, 21). Und in der Nachfolge Jesu, in der Gemeinschaft mit ihm, gewinnen wir auch die Kraft der Heiligung. „Wer mir nachfolget, spricht der Herr, der wird nicht wandeln in Finsternis, sondern wird das Licht des Lebens haben" (Ev. Joh. 8, 12).

Meine Lieben! Die menschlichen Gemeinschaften, in deren Mitte wir stehen, ziehen uns in die Höhe oder in die Tiefe, sie reinigen oder beflecken uns. Jeden Menschen umgiebt gleichsam eine geistige Luft, die alle, welche in seine Nähe kommen, spüren, hier eine Luft, die stärkt und erquickt, dort eine Luft, die vergiftet und tötet. Der Geist, der den Heiland umgiebt, die Geistesluft, die von ihm ausgeht, ist heilig, in seiner Nähe atmen wir die Luft des heiligen Geistes, in seiner Nähe fühlen wir die reinigende, heiligende Kraft, die er uns mitteilt. Hier allein in der Menschheit weht heiliger Geist! Darum laßt uns bei dem Herrn, in seiner Nähe, bleiben, laßt uns auf ihn schauen! Unsre starke Glaubenshand werd in ihn gelegt gefunden! Dann wird unser Leben ein Leben in der Heiligung werden. Darum beten wir:

Jesu, geh voran
Auf der Lebensbahn;
Und wir wollen nicht verweilen,
Dir getreulich nachzueilen;
Führ uns an der Hand,
Bis in's Vaterland.

Ordne unsern Gang,
Jesu, lebenslang.
Führst du uns durch rauhe Wege,
Gieb uns auch die nöt'ge Pflege;
Thu' uns nach dem Lauf
Deine Thüre auf. Amen.

XI.

Christen sündigen nicht.

1. Joh. 3, 4—10.

Wer Sünde thut, der thut auch Unrecht; und die Sünde ist das Unrecht. Und ihr wisset, daß er ist erschienen, auf daß er unsere Sünden wegnehme, und ist keine Sünde in ihm. Wer in ihm bleibet, der sündiget nicht; wer da sündiget, der hat ihn nicht gesehen noch erkannt. Kindlein, lasset euch niemand verführen. Wer recht thut, der ist gerecht, gleichwie er gerecht ist. Wer Sünde thut, der ist vom Teufel; denn der Teufel sündiget von Anfang. Dazu ist erschienen der Sohn Gottes, daß er die Werke des Teufels zerstöre. Wer aus Gott geboren ist, der thut nicht Sünde, denn sein Same bleibet bei ihm und kann nicht sündigen, denn er ist von Gott geboren. Daran wird es offenbar, welche die Kinder Gottes und die Kinder des Teufels sind. Wer nicht recht thut, der ist nicht von Gott, und wer nicht seinen Bruder lieb hat.

Das Bild des christlichen Lebens, das uns hier der Apostel Johannes vor Augen stellt, weicht sehr von den Vorstellungen ab, in denen wir dasselbe zu erblicken und uns zu vergegenwärtigen pflegen. Uns erscheint es als ein Kampf, in dessen Verlauf bald Siege errungen, bald Niederlagen erlitten werden, als eine Entwicklung, in der freudigem, selige Hoffnungen weckendem Aufschwung ein Stillstand, ein Rückgang, eine Lähmung der innern Kraft folgt, als ein Weg, an dessen Ziel freilich die unendliche Barmherzigkeit Gottes einen überschwänglichen Gnadenlohn uns bereitet hat, dessen einzelne Abschnitte uns aber mehr von diesem Ziel zu entfernen, als ihm näher zu führen scheinen. Ist doch der Grundton unsrer Selbstbekenntnisse nicht der Siegesruf des Apostels Paulus: „Ich lebe, doch nun nicht ich, sondern Christus lebet in mir. Unser Keiner lebt ihm selber, unser Keiner stirbt ihm selber. Leben wir, so leben wir dem Herrn" (Gal. 2, 20. Röm. 14, 7. 8), sondern wir sind vielmehr geneigt und dazu gestimmt, mit dem Zöllner an unsre Brust zu schlagen und zu seufzen: „Gott, sei mir Sünder gnädig" (Ev. Luk. 18, 13). Wir gleichen Wandrern, die lange, ja die meiste Zeit ihrer Pilgerschaft, durch enge Thäler gehen, eine dumpfe Luft einatmen und nur selten hohe Berge be= steigen, auf denen reine, stärkende Winde wehen. Wir scheuen die Mühe, welche das Erklimmen der Höhen fordert. Ganz anders der Apostel Johannes. Die Berge sind seine Heimat, er kann ohne ihre Luft und ohne ihr Licht nicht leben, nur selten steigt er zu den Niederungen hinab — ein sündiger Erdenpilger, auch ein Johannes, kann die dunklen Thäler nicht vermeiden —, aber nur, um sobald, als er es vermag, eine neue Höhe zu ersteigen. So kann es uns nicht befremden, daß wir heute aus seinem Munde ein Wort vernehmen, so kühn und so hoch, daß wir es aus eignem Antrieb wahrlich nicht auszusprechen wagen möchten, aber auch so herrlich und verheißungsvoll, daß wir, wenn auch mit Befangenheit des Gemüts, doch mit seliger Freude es mit ihm bezeugen müssen, das Wort, das uns so tief niederbeugt und doch so hoch erhebt:

Christen sündigen nicht.

Laßt uns betrachten, wie der Apostel dies gewaltige Wort be= gründet. Es sind drei für einen jeden Christen unwidersprechliche Wahrheiten, auf die er uns hinweist. Die Sünde ist das Unrecht, so lautet die erste; Christus ist erschienen, auf daß er die Sünden hinwegnehme, die andere; Christen sind von Gott geboren, die dritte.

1.

Die Sünde ist das Unrecht, sagt der Apostel, die Gesetzlosigkeit, die Gesetzwidrigkeit, und, wer die Sünde thut, thut das Unrecht. Die Sünde ist der Widerspruch gegen das heilige Gesetz Gottes, gegen das heilige Gesetz der Vollkommenheit und Liebe, das in seinem Reiche herrschen soll. Wer Sünde thut, sagt sich von diesem Gesetz los. Er stellt seine selbstische Begierde als das Gesetz, dem er folgen will, gegenüber. Er kann nicht von Herzen beten: „Dein Reich komme, dein Wille geschehe", denn in seinem innersten Gemüte trachtet er danach, daß sein eignes Reich komme, sein eigner Wille geschehe. Er beugt sich nicht unter das Gebot: „Ich bin der Herr, dein Gott, du sollst keine andern Götter haben neben mir", er spricht: Ich, der Mensch, bin mein Herr, und es ist kein gebietender Herr und Gott über mir. Deshalb ist die Sünde Feindschaft gegen Gott. Darum, meine Lieben, schließt sich beides aus, Christ sein und sündigen. Wir sind Christen, was heißt dies anderes, als, wir sind Kinder Gottes, die ihren himmlischen Vater lieben und ihm gehorchen wollen; was heißt es anderes, als, wir sind Bürger in seinem Reiche, die den Willen Gottes zu ihrem Willen gemacht haben und mit ihrem Heiland sprechen: „Meine Speise ist die, daß ich thue den Willen deß, der mich gesandt hat, und vollende sein Werk" (Ev. Joh. 4, 34); was heißt es anderes, als, Christen sind Knechte Gottes, die ihm dienen und am Bau seines Reiches arbeiten? Ein Christ hat mit der Sünde und ihren Werken gebrochen, er lebt in der Gerechtigkeit Gottes und für sie, er ist gerecht und vollbringt die Werke der Gerechtigkeit. Wer recht thut, sagt der Apostel, der ist gerecht, gleichwie er — der Herr Jesus Christus — gerecht ist. Der Apostel schätzt kein Christentum, das sich mit dem Thun der Sünde verbindet, kein Christentum, das nicht in seinen Bekennern eine wirkliche Gerech= tigkeit hervorbringt, kein Christentum, das nicht die Nachfolge Jesu und ein ihm Ähnlichwerden in sich schließt. Ihm ist das Christen= tum nicht nur eine Welt eigentümlicher Vorstellungen über das Wesen Gottes, über die Art, wie er sich uns offenbart, über das Verhältnis, in das er uns zu sich gestellt hat; es ist ihm auch nicht nur eine Fülle von Gefühlen, der Lust an der Herrlichkeit des Versöhnungswerks Gottes in Jesu Christo, an der Schönheit des eingebornen Sohnes Gottes, an der Überschwänglichkeit seiner Gnade, der Unlust an den Werken der Sünde und dem Verderben, in das sie stürzt. Nein, er schätzt das Christentum, das Leben, That, Werk ist, inneres Leben, heiliges Entschließen, himmlisches Streben, treue, hingebende Arbeit, Wollen und Vollbringen zugleich.

Und, meine Lieben, hat der Apostel nicht recht? Hat das Evangelium nur dadurch die Welt bezwungen, daß es an Stelle des Irrtums und der Lüge die wahre Erkenntnis Gottes und seiner Werke gestellt, und daß es die Furcht vor dem Tode durch die Hoffnung auf das ewige Leben überwunden hat? Ach, der Welt fehlte nicht bloß die Wahrheit, sondern das Leben; ihr fehlte eine Wahrheit, die Lebensquelle, ihr fehlte ein Leben, das aus der

Wahrheit schöpfte. Als eine neue Macht der Wahrheit und des Lebens aus Gott und in Gott trat das Evangelium in die Welt. Und seine Zeugen erwiesen es, daß ihre Erkenntnis Wahrheit, ihre Hoffnung kein Trug sei. Sie erwiesen es durch ihr Leben und Sterben, durch Wirken und Leiden, daß eine Kraft, welche die Welt nicht zu geben vermag, sie erfülle. Hier offenbarte sich ein Leben voll Selbstverleugnung und reicher, opferbereiter Liebe, ein Leben im Kampf gegen die eigne Begierde und gegen die Sünde der Welt, ein Leben der Geduld in der Trübsal, ein Leben des Glaubens, das, ewiger Zukunft gewiß, freudig dem Tode entgegengeht. Hier offenbarte sich Bruch mit der Sünde, wahrhaftige Gerechtigkeit. Und dies Zeichen wahren Christentums ist geblieben. Nur da erkennen wir seine Spuren, wo neues, heiliges Leben wirkt und waltet. Aber wir müssen freilich klagen, daß wir unter denen, die sich Christen nennen, die auf den Namen Christi getauft sind, oft wahrhaftiges Christentum vergeblich suchen. Viele unter ihnen stehen dem Evangelium fern und fremd gegenüber. Und auch wir, die wir uns nicht bloß mit dem Munde, sondern mit dem Herzen zu ihm bekennen, wie sehr müssen wir uns anklagen, daß hinter dem Wort die That, hinter dem Wollen das Vollbringen zurückbleibt! Wir sind reich an wahren und schönen Worten, vielleicht auch reich an seligen Gefühlen, aber sind wir auch reich an heiligen, Gott wohlgefälligen Werken? Haben wir völlig gebrochen mit der Sünde, haben wir die Gerechtigkeit, die That und Vollbringen ist, erworben? Es bleibt die Wahrheit bestehen, Christen sündigen nicht, denn die Sünde ist das Unrecht, sie ist deshalb ein Widerspruch gegen die Grundrichtung ihres Lebens.

2.

Aber sie ist auch eine Verleugnung Christi und seines heiligen Werks. „Wer da sündiget, sagt der Apostel, der hat ihn nicht gesehen noch erkannt." Wer ihn aber gesehen und erkannt hat und dennoch sündiget, verleugnet ihn, fällt von ihm ab. Er gleicht einem Petrus, der in der Nacht vor dem Tode des Herrn, da es auch Nacht in seiner Seele geworden war, sprach: „Ich kenne den Menschen nicht" (Ev. Matth. 26, 72). Es ist keine Sünde in Jesu Christo, und seine Jünger sollten sündigen dürfen! Er ist erschienen, daß er die Werke des Teufels zerstöre, und wir könnten

sie vollbringen! Nimmermehr! Christo dienen und der Sünde
dienen, beides schließt sich aus, wir können nicht zween Herren
dienen. Der Glaube an Christus und sein Werk fordert von uns,
daß wir der Sünde entsagen, sonst ist er ein Lippenwerk ohne
Wert, eine Selbsttäuschung ohne Wahrheit. Christus, in dem keine
Sünde war, ist gekommen, um die Sünden hinwegzunehmen. Er
hat die Sünden der Welt auf sich genommen, indem er unter ihnen
litt. Sein Leben, Leiden, Sterben ist eine stete Erfahrung der
Macht der Sünde, ein schmerzliches Erdulden ihrer Last gewesen.
Alle Sünden legten sich auf seine Seele, Unglaube und Kleinglaube,
Weltsinn, Heuchelei, Herrschsucht, Stumpfsinn der ewigen Wahrheit
gegenüber, Leidensscheu, Hartherzigkeit, Verrat, Verleugnung, Un-
dankbarkeit. Ihr Druck beugte ihn schwer. Als er sein Kreuz
nach Golgatha trug, trug er zugleich die Sünde der Welt. Aber
er trug sie nicht als Ankläger vor den Richterstuhl seines himmlischen Vaters, sondern als Hohepriester vor den Gnadenstuhl der
ewigen Liebe. Er trug sie im Mitleid der Liebe, die treu ist bis
zum Tode, und im Gehorsam gegen den Willen des Vaters, der
auch das eigne Leben zum Opfer bringt. Er trug die Sünde aus
der Welt fort. So hat er die Werke des Teufels zerstört, das
Reich Gottes aufgerichtet und eine Macht heiligen Lebens erzeugt,
die stärker ist als die Macht des Teufels und seines Reiches, so
daß wir nicht sündigen, wenn wir in ihm bleiben.

Denn an diese Bedingung ist unser Sieg über die Sünde
gebunden. Wir müssen in ihm bleiben. Ohne ihn können wir
nichts thun, ohne ihn bleiben wir der Macht der Sünde unterworfen, aber in ihm werden wir geheiligt, so daß wir nicht sündigen. Er will unser Weinstock, wir sollen seine Reben werden,
er will unser Haupt, wir sollen seine Glieder werden. In ihm,
der alles himmlischen Lebens Quell ist, ruht unsers Lebens Kraft.
Wir müssen in ihm bleiben, ihn anschauen, in ihn uns versenken,
dann sündigen wir nicht. Wenn der sterbende Tobias seinen Sohn
mahnt: „Dein Leben lang habe Gott vor Augen und im Herzen
und hüte dich, daß du in keine Sünde willigst und thust wider
Gottes Gebote" (Tob. 4, 6), so sprechen wir: Wir wollen unser
Leben lang unsern Gott vor Augen und im Herzen haben, wie er
sich in unserm Herrn Jesu Christo offenbart hat, dann werden
wir in keine Sünde willigen und nicht wider Gottes Gebote thun.

Wir wollen Jesum Christum im treuen Gedächtnis halten, wir wollen in ihm bleiben.

Es ist eine allgemeine und eine wahre Rede: Sage mir, mit wem du umgehest, und ich will dir sagen, wer du bist. Die Wahl unsers Umgangs bestimmt unsern Wandel, und unser Wandel entscheidet über die Wahl unsers Umgangs. Meine Lieben! welche Kraft der Heiligung werden wir erfahren, wenn unser nächster Umgang die Verbindung mit dem Heilande, dem Sohne Gottes, ist, wenn wir uns immer aus der Vielheit der Zerstreuungen, in welche uns der Wandel und das Wirken in dieser Welt versetzt, zu ihm zurückkehren, wenn wir in der Arbeit, in der Lust und in dem Schmerz des Lebens das Wehen seines heiligen Geistes spüren, wenn wir auf allen unsern Wegen ihn zum Begleiter haben, sein heiliges Bild mit seinem Licht unsre Seele erhellt! Deshalb wollen wir bei unserm Heilande bleiben und von neuem ihm Treue geloben.

> Ich bin dein! — sprich du darauf ein Amen,
> Treuster Jesu, du bist mein.
> Drücke deinen süßen Jesusnamen
> Brennend in mein Herz hinein.
> Mit dir alles thun und alles lassen,
> In dir leben und in dir erblassen,
> Das sei bis zur letzten Stund
> Unser Wandel, unser Bund!

Laßt uns in Jesu bleiben, und wir werden nicht sündigen.

3.

Aber, meine Lieben, welche Bürgschaften haben wir, daß wir auch unser Gelübde erfüllen? Unser Wollen, unser Streben? Ach, es ist schwankend, schwach; leicht wird es vom rechten Wege abgelenkt, wenn eine starke Versuchung naht, es gleicht dem Rohre, das der Wind hin und her webet. Aber wir sollen uns auch nicht auf uns selbst verlassen, sollen nicht auf unsre eigne Kraft bauen. Der Apostel bezeugt uns: „Wer aus Gott geboren ist, der thut nicht Sünde, denn sein Same bleibet bei ihm und kann nicht sündigen, denn er ist von Gott geboren". Christen sind von Gott geboren. Sein heiliger Geist legt in den Herzensboden der Gläubigen ein Samenkorn neuen Lebens, das keimt und wächst, sich entfaltet, Blüte und Frucht bringt. So werden wir Kinder Gottes,

die ihm ähnlich sind, von seinem Geiste geleitet werden, die nicht
anders können, als seinen Willen thun. Sie sündigen nicht, noch
mehr, sie können nicht sündigen. Sündigen widerstreitet ihrer
Natur. Meine Teuern! Wir wissen es, die Art und Gestalt
des sittlichen Lebens der Menschen ist zu einem wesentlichen Teile
von ihrer natürlichen Anlage abhängig. Die Erziehung der Kinder
beweist es. Die einen sind zu allem Guten geneigt, wahrhaftig,
gehorsam, fleißig und treu, Eltern und Lehrer haben nur zu führen,
die Kinder folgen gern. Die Erziehung ist leicht, eine erquickende
Aufgabe. Aber andre Kinder sind zu allem Bösen bereit, un=
gehorsam, träge, unzuverlässig, lügenhaft, Eltern und Lehrer müssen
strenge Zucht üben, ihre Arbeit ist ein mühseliges Werk, das unter
Seufzen und Thränen vollbracht wird. Nur mit viel Geduld und
nie nachlassender Treue kann der harte Boden erweicht, der sandige
Grund in gutes Ackerland verwandelt werden.

Aber freilich, vor dem Auge Gottes, der heilig ist, erscheinen
auch die Herzen, die willig sich seinem Geiste erschließen, dunkel
und trübe, denn wir sind allzumal Sünder und mangeln des
Ruhms, den wir vor Gott haben sollten (Röm. 3, 23). Der Same
der Sünde liegt in der Natur eines jeden Menschen, wächst und
entfaltet sich, offenbart sich im Dichten und Trachten, in Wort und
Werk. Deshalb bedürfen wir es, daß Gottes Gnade unsre Natur
umschafft zur Ähnlichkeit mit sich selbst, damit auch wir heilig
und vollkommen werden, wie er heilig und vollkommen ist. Dann
können wir nicht anders als recht thun, dann ist es uns unmöglich
zu sündigen. Aber allerdings die Umschaffung unsrer Natur aus
einer sündigen zu einer heiligen ist ein großes, schweres Werk, das
hier auf Erden nicht vollendet wird. Es zieht sich durch unser
ganzes zeitliches Leben hindurch, täglich muß der alte Mensch er=
tötet werden, weil er sich täglich erneut, täglich der neue Mensch
gepflegt werden, weil er noch zart und schwach ist und deshalb in
Gefahr steht, zu ersterben. Aber wir wissen, daß der heilige Geist
ein neues Leben in uns erweckt hat, und daß er diese edle Pflanzung
schützt und behütet, daß sie Blüten trage und Frucht bringe. Was
die Weissagung des alten Bundes verkündet hat: „Ich will euch
ein neues Herz und einen neuen Geist in euch geben und will
das steinerne Herz aus euerm Fleisch wegnehmen und euch ein
fleischernes Herz geben. Ich will meinen Geist in euch geben und

will solche Leute aus euch machen, die in meinen Geboten wandeln und meine Rechte halten und darnach thun" (Ezech. 36, 26, 27), nun geht es in Erfüllung. Der heilige Geist erneuert Herz und Sinn, Wandel und Werk und läßt in uns die herrlichen Früchte reifen, welche der Apostel als Frucht des Geistes preist: „Die Frucht aber des Geistes ist Liebe, Freude, Friede, Geduld, Freund= lichkeit, Gütigkeit, Glaube, Sanftmuth, Keuschheit" (Gal. 5, 22). So bauen wir auf das Wirken des heiligen Geistes in uns, in seiner Kraft fassen wir unsre Entschließungen, in seiner Kraft bringen wir unsre Gelübde dar, in seiner Kraft heiligen wir uns.

Und nun, meine Freunde, noch eine Frage! Der Apostel sagt: „Wer in ihm bleibet, der sündiget nicht". Aber hat er nicht auch bezeugt: „So wir sagen, wir haben keine Sünde, so verführen wir uns selbst, und die Wahrheit ist nicht in uns" (1, 8)? Ist er mit sich selbst in Widerspruch? Das sei ferne! Es ist beides wahr, Christen sündigen nicht, und Christen sind sündige Menschen. Christen stehen im Werden. Christus lebt in ihnen, und deshalb sündigen sie nicht. Aber Christen leben auch noch im Fleisch. Ihre sündige Natur ist noch nicht erstorben. Sie ist noch eine Macht geblieben, deren Joch sie schmerzlich empfinden, schmerzlicher, als die Kinder der Welt. Denn ihr Gefühl für alles, was Gott miß= fällt, ist scharf und fein geworden. So ist beides wahr, Christen sündigen, und Christen sündigen nicht. Aber es ist nicht wahr im gleichen Sinne. Die Sünde ist für den Christen ein geschlagener Feind, stark genug, um die Kraft zu neuem Kampf zu gewinnen, aber nicht stark genug, den Sieg zu gewinnen; noch nicht vernichtet, aber doch der Vernichtung entgegengehend. Sie ist ein altes, das sterben muß, der Mensch der Vergangenheit, der vergeht. Aber das Bild Christi in uns ist der neue Mensch, dem die Zukunft und die Ewigkeit gehört. Es ist heilsam für uns, nie zu vergessen, daß wir noch Sünder sind und Sünde thun, damit wir in der Demut, in der Wachsamkeit und in der Standhaftigkeit des Kampfes erhalten werden. Aber wir sollen uns auch immer ver= gegenwärtigen, daß Christus in uns lebt, und daß wir der Herr= schaft der Sünde entnommen sind. So gewinnen wir freudigen Mut, siegesgewisse Hoffnung und sprechen mit zuversichtlichem Herzen: „Der in uns angefangen hat das gute Werk, der wird es auch vollführen bis an den Tag Jesu Christi" (Phil. 1, 6).

XII.

Die Bruderliebe des Christen.

1. Joh. 3, 10—18.

Daran wird es offenbar, welche die Kinder Gottes und die Kinder des Teufels sind. Wer nicht recht thut, der ist nicht von Gott, und wer nicht seinen Bruder lieb hat. Denn das ist die Botschaft, die ihr gehöret habt von Anfang, daß wir uns untereinander lieben sollen. Nicht wie Kain, der von dem Argen war und erwürgete seinen Bruder. Und warum erwürgete er ihn? Daß seine Werke böse waren und seines Bruders gerecht. Verwundert euch nicht, meine Brüder, ob euch die Welt hasset. Wir wissen, daß wir aus dem Tode in das Leben gekommen sind; denn wir lieben die Brüder. Wer den Bruder nicht liebet, der bleibet im Tode. Wer seinen Bruder hasset, der ist ein Totschläger; und ihr wisset, daß ein Totschläger nicht hat das ewige Leben bei ihm bleibend. Daran haben wir erkannt die Liebe, daß er sein Leben für uns gelassen hat; und wir sollen auch das Leben für die Brüder lassen. Wenn aber jemand dieser Welt Güter hat und siehet seinen Bruder darben und schließt sein Herz vor ihm zu; wie bleibet die Liebe Gottes bei ihm? Meine Kindlein, lasset uns nicht lieben mit Worten noch mit der Zunge, sondern mit der That und mit der Wahrheit.

Der Apostel Johannes ermahnt uns heute zur Bruderliebe. Sie ist die Erfüllung eines königlichen Gesetzes (Jak, 2, 8). In dem Gebot der Liebe, der Gottesliebe und Bruderliebe, sind alle Gebote zusammengefaßt. Wer sie bewährt, gehorcht jedem Gebote Gottes; wer gegen sie sündigt, überschreitet jedes. Die Liebe ist die Seele des Gesetzes. So kann uns die Mahnung des Apostels nicht befremden. Aber befremdlich erscheint es uns, daß er sich nicht darauf beschränkt, uns daran zu erinnern, daß die Bruder= liebe der Quell ist, aus dem das Wirken des Christen entspringt, daß sie Weg und Ziel seiner Thätigkeit bildet, daß er uns vielmehr die mannigfaltigsten Beweggründe vergegenwärtigt, die uns zur Bruderliebe verpflichten, und daß er diese ernste, eindringende Mahnung an die christlichen Gemeinden richtet, welche durch die Kraft der Bruderliebe, die sie offenbarten, einen so tiefen Eindruck auf die sie umgebende heidnische Welt ausübten. Wie haben sie einander so lieb, so mußten die Heiden ausrufen, von der Macht der Bruderliebe überwältigt, welche die Cristen zu Gliedern einer Familie vereinigte. Aber unser Befremden schwindet, wenn wir in unser eignes Herz schauen und aus eigner schmerzlicher Er=

fahrung bekennen müssen, die Bruderliebe ist zwar eine Kraft, die wir in unserm Gemüte als die stärkste und mächtigste fühlen, aber sie ist doch zugleich eine Gesinnung und Richtung des Herzens, die fest zu halten, und der willig zu folgen unserm natürlichen Menschen völlig widerspricht. Das Gebot der Bruderliebe ist unendlich leicht und unendlich schwer, unendlich leicht für den geistlichen Menschen in uns, aber unendlich schwer für den natürlichen Menschen in uns. Und wir müssen deshalb, um es zu erfüllen, unsern geist= lichen Menschen, den Christen in uns, stärken und kräftigen, damit er alle Hindernisse überwinde, durch welche das Fleisch, der natür= liche Mensch, uns von der Bruderliebe zurückhalten will; wir müssen uns deshalb immer von neuem alle Beweggründe vor Augen halten, die uns zur Bruderliebe nötigen, müssen uns deshalb immer von neuem zurufen, die Bruderliebe ist unser Beruf, unsre Pflicht, und wir besitzen Kraft und Macht, sie zu bewähren.

Die Bruderliebe des Christen

sei daher heute Gegenstand unsrer andächtigen Betrachtung. Sie ist darin begründet, daß wir Kinder Gottes sind; daß wir aus dem Tode in das Leben gekommen, daß wir Jünger und Nachfolger Jesu Christi sind, der aus Liebe zu uns in den Tod gegangen ist.

1.

Christen sind Kinder Gottes, und deshalb lieben sie die Brüder. Ein Kind Gottes ist ihm, dem Vater, ähnlich. Gott aber ist die Liebe. Wer die Brüder liebt, wie Gott seine Menschen= kinder liebt, ist Gottes Kind. Die Kinder Gottes lieben die Brüder. Wen Gott liebt, lieben auch sie. Wie tief auch unser Bruder ge= sunken sei, wie entstellt in ihm das göttliche Ebenbild, er bleibt doch Gegenstand unsrer Liebe. Deshalb ziehen die Boten des Evangeliums in die Welt hinaus, für Gott und sein Reich zu werben. Sie treten nicht bloß in die Mitte der Völker, welche Bildung, Wissenschaft und Kunst erworben haben, nach Indien, China, Japan; sie wenden sich auch zu den Armen am Geist, in deren Leben kaum ein Schimmer göttlichen Lichts gedrungen ist, bei denen fast alle Spuren der Erkenntnis göttlicher Wahrheit und göttlichen Rechts geschwunden sind. Die Entferntesten, Fremdesten, Ärmsten sind uns doch Nächste, Brüder, denn Gott liebt sie. Soweit

7*

Gottes Liebe reicht, soweit reicht auch unsre Liebe. Deshalb strecken wir die rettende Hand auch nach denen aus, die, obwohl sie mitten in der Christenheit wohnen, doch Jesum Christum, ihren Heiland, verloren haben; die ohne Gott, ohne Heiland leben, und, weil ihnen der Wegweiser durch die Erdenpilgerschaft zur ewigen Heimat fehlt, sich in der Welt verirrt haben. Wer Gott verloren hat, verliert sich selbst, verliert den Grund, auf dem er sicher stehen kann, den Halt, der seinen Wandel sichert, an dem er sich wieder aufrichtet, wenn er strauchelte. Ach, wieviel Verlorene unter uns, wieviel Gefallene, die sich nicht zu erheben vermögen! Aber die Bruderliebe sucht die Verlornen und führt sie zur Heimat zurück, richtet die Gefallenen wieder auf!

Aber der Bruderliebe ist noch eine andre Aufgabe gestellt; leichter erscheint sie, und sie ist doch schwerer. Denn, wenn uns große Not, erschütterndes Elend entgegentritt, regt sich auch sofort die Barmherzigkeit in unserm Gemüt, wir können dem Drange zu helfen nicht widerstehen. Und das Bewußtsein des Berufs zu großem Werk hebt uns über viele Hindernisse fort. Die Größe der Aufgabe verleiht uns auch einen großen Sinn. Aber, wenn wir in eine unsrer Eigenart widerstrebende Umgebung gestellt sind, in den Verkehr mit Hausgenossen oder Berufsgenossen, wenn wir hier vielleicht täglich zu Unwillen gereizt werden, dann wird unsre Bruderliebe mannigfaltig und schwer auf die Probe gestellt, und wir erliegen der Versuchung so oft und so leicht. Wir haben vielleicht keinen Grund, über die unchristliche Gesinnung unsrer Brüder oder Schwestern zu klagen, wir müssen es vielleicht aner=kennen, daß sie nicht minder wie wir zu Gott aufschauen und auf sein Wort hören, und dennoch will unsre Bruderliebe so oft ver=sagen. Es fehlt die natürliche Wahlverwandtschaft und die aus ihr entspringende Zuneigung, und die Bruderliebe ist zu schwach, diesen Mangel zu ersetzen. Woher sonst soviel Unfriede, soviel Gleichgültigkeit, soviel Hartherzigkeit im Hause, unter Nachbaren, unter Berufsgenossen! Es fehlt die Bruderliebe, oder es fehlt doch der Bruderliebe die Kraft, die Wärme, das weite Herz. Man geht nebeneinander, aber wirkt nicht füreinander. Die Bruderliebe erschlafft, aber die Eigenliebe erstarkt. Ein jeder sucht das Seine, sieht in des Bruders Schaden den eignen Gewinn und in des Bruders Gewinn den eignen Schaden. Füreinander, so sollte die

Losung lauten; wider einander, so lautet sie. Es fehlt die Bruder=
liebe, in der ein jeder des andern Last tragen sollte. Es fehlt die
Bruderliebe, die sich an der Liebe Gottes entzündet. Laßt uns zu
ihr immer aufschauen, damit die Flamme der Bruderliebe in uns
nicht erlösche. Laßt uns immer vor Augen halten Gottes unend=
liche Liebe, die alle Menschenkinder umfaßt, die sie alle dazu be=
stimmt hat, daß sie an der Erfahrung der Menschenliebe ihrer
selbst, der Liebe Gottes, inne würden, und auch unser Herz wird
von der Bruderliebe inniger ergriffen werden. Können wir hassen
oder gleichgültig sein, wo Gott liebt? Wen der Vater liebt, müssen
auch die Kinder lieben. Unser Herz darf nicht eng sein, wo Gottes
Herz so unendlich weit ist. Und wir, die wir im Namen Jesu
Christi verbunden sind, auf ihn getauft, in ihm gegründet durch
Glaube und Hoffnung, die in Jesu Christo die Gotteskindschaft
erworben haben, wir wollen uns lieben als Brüder im Herrn, als
seine Jünger, als Glieder an seinem Leibe, als Genossen eines
Hauses, als Erben einer zukünftigen Herrlichkeit. Wohl sehen wir
die dunklen Flecken im Angesichte des Bruders, wohl wird es uns
schwer, ihn zu tragen, aber sieht er nicht auch die dunklen Flecken
in unserm Angesicht, und wird es ihm nicht auch schwer, uns zu
tragen? Darum bleibe es unsre Losung: „Einer trage des andern
Last“ (Gal. 6, 2); darum wollen wir heute geloben: Wir wollen
treu und eifrig in der Bruderliebe werden, wir wollen unsre Gottes=
kindschaft in der Bruderliebe offenbaren.

2.

Aber einen neuen Beweggrund zur Bruderliebe legt uns der
Apostel an das Herz. Wir sind als Kinder Gottes aus dem Tode
zum Leben gekommen und deshalb lieben wir die Brüder. Wer
den Bruder nicht liebet, der bleibet im Tode. Liebe ist Leben,
Leben ist Liebe. Ein Herz ohne Liebe ist ein totes, kaltes Herz.
Leben und Liebe sind untrennbar verbunden. Die Kennzeichen des
Lebens finden wir nur da, wo die Liebe waltet. Leben ist Be=
wegung, Entfaltung aller Kräfte, Wirken in der Gemeinschaft und
für sie. Wie unser körperliches Leben sich nur durch Bewegung
und Thätigkeit entwickelt, so auch unser geistiges Leben. Es ist ein
allgemeines Naturgesetz, daß alles Leben in der Wechselwirkung des
Gebens und Empfangens erhalten wird, aber in der Vereinzelung,

im Alleinbleiben erstirbt. Das Weizenkorn offenbart nur seine Keimkraft, wenn es, in die Erde gesenkt, sich mit allen Stoffen und Kräften vereinigt, die hier wirken; bleibt es aber allein, so verharrt es im Tode, ohne Blüte und Frucht. So verfällt auch der Menschengeist dem Tode, wenn er allein bleibt, fern von der inneren Gemeinschaft der Brüder, und nur, wenn er hier giebt und empfängt, gewinnt und bewahrt er das Leben. Wer in der Arbeit und Thätigkeit nur sich und das Seine sucht, bleibt auch in der Gemeinschaft allein, ihm fehlt die Liebe und deshalb auch das Leben. Er hat den Schein des Lebens, aber nicht sein Wesen. Der innere Mensch verkümmert, Hand und Kopf arbeiten, aber das Herz nimmt an der Arbeit nicht teil. Sein Werk ist ein Knechts= dienst ohne innere Befriedigung, ohne Freudigkeit. Leben aber ist Freudigkeit. Wo Liebe, da ist auch Freudigkeit; wo aber die Liebe fehlt, herrscht Unzufriedenheit und Mißmut. Nur, wenn wir die Brüder lieben, erfüllt Freudigkeit unser Gemüt, dann wird uns auch die schwache Arbeit leicht, denn wir legen unser Herz in sie hinein. Unser Thun wird so ein Liebesdienst, der die Brüder in ihrem zeitlichen oder ewigen Leben fördern will, und weil wir Liebe säen, ernten wir auch Liebe. Eine neue Quelle der Freudig= keit! Denn Leben ist nicht bloß Geben, es ist auch Empfangen. Im Geben und Empfangen offenbart sich das Leben. Wer in Liebe den Brüdern sich selbst, sein Herz, giebt, empfängt auch von den Brüdern das Beste, was sie geben können, ihr Herz, ihr Selbst. Und das ist aller Freudigkeit tiefster Grund, Liebe geben, Liebe empfangen, und in Liebe, gebend und empfangend, den Genuß des Lebens haben. Arme Menschen, denen die Liebe fehlt, ihnen fehlt das Leben! Aber wir sind aus dem Tode in das Leben gekommen. Von Natur sind wir tot, denn wir suchen nur das Unsere. Der natürliche Mensch folgt der Losung: Im Kampfe um das Dasein suche den Bruder zu überflügeln; wirf ihn nieder, stoße ihn zurück, wenn er dich auf dem Wege zum irdischen Glück hindert. Der natürliche Mensch haßt seinen Bruder, er sieht in ihm den störenden Mitbewerber um die Preise des zeitlichen Lebens. Aber vom Haß zum Totschlag führt eine grade Linie. Der Haß ist der Anfang, der Totschlag das Ende. Wir aber sind aus dem Tode zum Leben gekommen, denn der Herr Jesus Christus hat uns, die wir tot waren, lebendig gemacht. In Christus leben wir, denn Christus

ist das Leben, weil er die Liebe ist. Das Leben in der Liebe, das
Gottes Leben ist, es ist in Christus erschienen. Er suchte nicht
das Seine, er blieb nicht allein, er war das Weizenkorn, das
erstarb, um viele Frucht zu bringen. Sein Leben gehörte dem
Vater und den Brüdern. Im Gehorsam der Liebe opferte er sich
selbst. Und deshalb ist er der ewig Selige, der Quell aller Freude
und alles Friedens. Heilige Freude, heiliger Friede leuchten auf
seinem Angesicht und verklären es auch im tiefsten Schmerz. Und
dieser Friede und diese Freude schwinden nicht, sie werden umwölkt
in der Nacht des Leidens, in der Finsternis des Todes, aber es
bleibt ihr Quell, die unendliche Liebe zum Vater und zu den
Brüdern. Er versiegt nicht. Deshalb offenbart sich auch der
sterbende Heiland als Fürsten des Lebens. Da sein zeitliches Leben
endet, wird sein Ewigkeitsleben vollendet; da er den Tod des Misse-
thäters stirbt, wird er zum König des Reiches Gottes erhöht.
Christus ist die Liebe und das Leben. In ihm sind wir aus dem
Tode zum Leben gekommen, in ihm bewahren wir das Leben und
überwinden die Versuchungen der Sünde, die zum Tode führen. In
ihm gewinnen wir die Kraft der Liebe und die Kunst der Liebe,
denn Leben ist Liebe.

3.

Unsre Bruderliebe sucht und findet bei dem Heiland die Kraft,
aus der sie schöpft, aber auch zugleich das Vorbild, dem sie folgt.
Unsre Liebe zu den Brüdern soll der Liebe Christi zu uns gleich
werden. Gleich in ihrer Größe! Jesus Christus hat sein Leben
für die Brüder gelassen, und wir sollen auch das Leben für die
Brüder lassen. Eine große und schwere Aufgabe, aber doch nicht
unerreichbar! Selbst ein Mensch, der dem Herrn fern ist, wagt
wohl sein Leben, um einen Bruder zu retten: er wirft sich in das
Wasser, um den Gefährdeten vor dem Tode zu schützen, er eilt in
das brennende Haus, um das Leben des Bruders den Flammen
zu entreißen. Und wie mancher Beruf fordert, das eigne Leben
der Gefahr des Todes preiszugeben, um die Brüder zu retten,
hier ihre Freiheit und Ehre, Hab und Gut, dort ihr leibliches
Leben. Der Soldat zieht in den Krieg, für Volk und Vaterland
zu streiten, und, wenn Gott es will, den Heldentod zu sterben. Der
Arzt tritt in jedes Haus, in dem ein Kranker seiner bedarf, und

achtet es nicht, daß die Krankheit sein eignes Leben bedroht. Viele mögen nur der Pflicht folgen, aber viele treibt zugleich die Liebe. In dieser Berufstreue, die auch das eigne Leben nicht schont, in diesem Eifer selbstverleugnender Treue erkennen wir die Spuren des göttlichen Ebenbildes, die auch die Macht der Sünde nicht zerstören konnte.

Aber, meine Lieben, täuschen wir uns nicht, es ist doch ein neues Gebot, das wir hier aus dem Munde des Apostels vernehmen. Es ist wahr, auch ein Christo und Gott ferner Mensch kann in Stunden hoher Begeisterung oder vom Ernst des Pflichtgefühls durchdrungen sein Leben für die Brüder wagen, und seines Lebens Grundrichtung entbehrt doch der Liebe. Für das Vaterland zu sterben, galt im heidnischen Griechenland und Rom als hoher Ruhm, und doch herrschte hier der Geist der Selbstsucht, der Grausamkeit und Härte. Ein trauriges Geschick erwartete den besiegten Feind, ein schwerer Druck lastete auf den Sklaven. Denn in Freie, die herrschten, und in Sklaven, die der Willkür der Herren preisgegeben waren, zerfiel die bürgerliche Gesellschaft. Es ist ein neues Gebot, das wir hier vernehmen, das Gebot der Bruderliebe, die auch das eigne Leben nicht schont, die nicht entflammt wird von dem Gedanken des Ruhms, die nicht bloß bewegt wird vom Gesetz des Berufs, sondern die nur sich selbst, dem eignen Drange, gehorcht. Diese Liebe spricht: Ich gehöre nicht mir, sondern meinem Gott und meinen Brüdern an, diese Liebe weiht das ganze Leben zum Opferdienst, aber diese Liebe ist auch nicht auf dem Boden dieser Erde erwachsen, sondern ist vom Himmel zur Erde herniedergestiegen. Ihr Quell ist Jesus Christus, der für uns in den Tod gegangen, ihr Zeichen das Kreuz. Das Kreuz Christi birgt das Geheimnis des Glaubens und das Geheimnis der Liebe in sich. Es ruft dem Glauben zu: Hier ist dein Trost und dein Frieden, und zu der Liebe spricht es: Hier ist deine Kraft und deine Stärke. Es spricht zum Glauben: Für dich, und zur Liebe: Mir nach! In Christo können und sollen wir lieben, wie er geliebt hat, treu bis in den Tod, unsre Liebe soll zur Größe seiner Liebe erhöht werden. Aber unsre Liebe zu den Brüdern soll auch darin der Liebe Christi gleich werden, daß sie aus denselben Quellen entspringt. Christi Liebe war barmherzige Liebe. Er ist gekommen, das Verlorne zu suchen, der Elenden sich anzunehmen. Er gab aus seinem himmlischen Reichtum, damit unsre Armut von uns genommen werde. Jede Not, leibliche und geistige, bewegt sein Herz, auch unausgesprochene Bitte erhört er. Tote erweckt er, Kranke heilt er, Hungernde speist er. Seine Liebe war Barmherzigkeit. So soll auch unsre Liebe sein. Laßt uns geben von dem, was wir haben, himmlische und irdische Gabe, ein jeder nach dem Maß der Güter, die ihm Gott geschenkt hat; laßt uns geben, nicht unwillig und mürrisch, sondern in barmherziger Liebe, die das Herz dem Bruder aufthut, die in der Gabe sich selbst giebt, denn einen fröhlichen Geber hat Gott lieb (2. Kor. 9, 7)!

Meine Teuern! Es ist ein hohes Gebot, das uns heute der Apostel zugerufen hat. An der Erfüllung desselben erkennt Gott die Seinen. In der Bruderliebe offenbart und bewährt sich der Glaube. Schwindet in uns die Bruderliebe, dann auch die Liebe zu Gott, dann auch der Glaube. Der Tod der Bruderliebe ist auch der Tod des Glaubens. Aber in der Liebe zu den Brüdern wächst auch die Liebe zu Gott, wächst auch der Glaube. Aber täuschen wir uns nicht über das Wesen der Bruderliebe! Sie besteht nicht in erhabenen Gefühlen und hohen Worten, nicht im Aufflammen einer edlen Begeisterung, die bald der Erschlaffung weicht; sie ist nur wahr, wenn sie die Grundrichtung des Herzens, die Seele unsers Wandels geworden ist, wenn sie in uns bleibt und unser Leben in ein Wirken der Liebe verwandelt. Diese Liebe kennt die Welt nicht, sie erscheint ihr als Schwärmerei. Aber in den Augen Gottes ist sie das Salz, das die Welt erhält. Die Liebe Gottes hat die Welt erschaffen und trägt sie. In der von ihr entzündeten Bruderliebe der Kinder Gottes wirkt sie fort. So lebt die Welt von der Liebe. Ohne Liebe Tod. Alles Leben aus der Liebe. Liebe ist Leben. Amen.

XIII.

Die Wegweisung zu christlicher Freudigkeit.

1. Joh. 3, 19—24.

Darum erkennen wir, daß wir aus der Wahrheit sind und können unser Herz vor ihm stillen, daß, so uns unser Herz verdammet, daß Gott größer ist denn unser Herz und erkennet alle Dinge. Ihr Lieben, so uns unser Herz nicht verdammet, so haben wir eine Freudigkeit zu Gott; und, was wir bitten, werden wir von ihm nehmen, denn wir halten seine Gebote und thun, was vor ihm gefällig ist. Und das ist sein Gebot, daß wir glauben an den Namen seines Sohnes Jesu Christi und lieben uns untereinander, wie er uns ein Gebot gegeben hat. Und, wer seine Gebote hält, der bleibet in ihm und er in ihm. Und daran erkennen wir, daß er in uns bleibet, an dem Geist, den er uns gegeben hat.

Die Worte, die wir heute aus dem Munde des Apostels vernehmen, ermuntern uns zur Freudigkeit vor Gott und in Gott. Einer solchen Ermunterung bedürfen wir, denn wie fehlt unserm christlichen Leben die Freudigkeit! Mühselig tragen jene die Lasten des irdischen Daseins von einem Tage zum andern, niedergedrückt von der Schwere eigner Sünde und Schuld ziehen diese ihre Straße. Den Verzicht auf Erdenglück verkündet dort Angesicht und Rede, Seufzen über innere Armuth und Schwäche dringt hier über die Lippen. Zerstreuung in vergänglichem Genuß soll dort über äußeres Elend trösten, der Ausblick in die zukünftige Seligkeit hier die Kraft verleihen, in der Gebundenheit des Gemüts auszuharren. Den einen wie den andern mangelt die Freudigkeit. Aber sie ist es, welche die Worte des Apostels Johannes erfüllt. Es ist, als wenn wir den Jubelton des Apostels Paulus vernähmen: „Freuet euch in dem Herrn allewege, und abermal sage ich: Freuet euch" (Phil. 4, 4). Wieweit ist Johannes davon entfernt, mit der Gegenwart zerfallen, ihr im Geiste zu entfliehen, wie reich und beseligend erscheint sie ihm! Sie enthält alles, was er bedarf; sie nimmt ihm alles', was ihn niederbeugt. Sie birgt ihm die herrlichsten Schätze in sich, ein blauer Himmel wölbt sich über ihr, warmer und leuchtender Sonnenschein breitet sich über sie aus. Und niemand unter uns behaupte, es sei der Geist apostolischer Hoheit, der diese Freudigkeit verleihe, sie sei uns, die auf so er=

habener Stufe nicht zu stehen vermögen, versagt; nein, der Apostel redet hier nicht bloß aus eigner, persönlicher Erfahrung, er spricht im Namen aller Christen. Nicht, was ihm allein oder auserwählten Werkzeugen Gottes zugänglich sei, will er bezeugen, sondern, was alle lebendige Christen erfüllen muß, verkündigen. So wollen wir uns in das Wort des Apostels versenken und aus ihm die Er= kenntnis eines Rechts und einer Pflicht, die allen Christen gilt, schöpfen. Es sei uns eine Wegweisung zu christlicher Freudigkeit! Wohin leitet sie uns? Es ist der Weg der Heilsgewißheit und Gebetszuversicht, den wir geführt werden. Betreten wir ihn, so gewinnen wir eine Freudigkeit des Gemüts, die nicht von uns genommen werden kann.

1.

Die christliche Freudigkeit ruht in der Heilsgewißheit. Wenn wir uns des Worts der Weissagung getrösten können: „Es sollen wohl Berge weichen, und Hügel hinfallen, aber meine Gnade soll nicht von dir weichen, und der Bund meines Friedens soll nicht hinfallen, spricht der Herr, dein Erbarmer" (Jes. 54, 10); wenn wir mit Paulus bekennen: „Nun wir denn sind gerecht geworden durch den Glauben, so haben wir Frieden mit Gott durch unsern Herrn Jesum Christ" (Röm. 5, 1), dann zieht auch Freudigkeit in unser Herz ein und bleibt in ihm. Wo Vertrauen auf Gott, wo Friede mit Gott, da ist auch Freudigkeit in Gott. Aber, meine Lieben, das hohe und teure Gut der Heilsgewißheit ist schwer zu erreichen und schwer zu bewahren. Denn wir dürfen sie nicht mit jenem matten Glauben an die Güte und Nachsicht Gottes, mit dem dunkeln, ahnenden Gefühl verwechseln, daß über der Mensch= heit ein unendliches, himmlisches Wohlwollen walte. Dies Gefühl schwindet dahin, wenn uns die Nacht der Trübsal in Finsternis hüllt; dieser Glaube hält nicht stand, wenn wir in ernster Stunde unsrer Sünde und der Anklage des Gewissens gegenüberstehen. Nein, die Heilsgewißheit wurzelt in der Erfahrung der vergebenden Gnade Gottes in Jesu Christo. Nur in ihm liegt unser Heil, hier allein schauen wir das gnädige Vaterangesicht unsers Gottes, hier allein vernehmen wir sein Wort: Mein Sohn, meine Tochter, deine Sünden sind dir vergeben. Selig, wer dies Wort in sich gehört hat, wer von seinem tröstenden Klang auf den Wegen seiner

Pilgerschaft begleitet wird. Aber oft bringt dieser Ton der himm=
lischen Gnade und Liebe nur in schwachen, gedämpften Schwin=
gungen an unser Ohr; oft ist es uns, als ob er ganz verstummte.
Die täglichen Schwachheitssünden, die wir begehen, die mancherlei
Versuchungen, denen wir erliegen, wecken tausend anklagende Stim=
men in unserm Innern, unser Herz will uns verdammen, und sein
Urteilsspruch erschallt so laut, daß es uns scheinen will, als habe
Gott seinen Gnadenspruch über uns zurückgenommen. Aber den=
noch sollen wir nicht verzagen. Denn so uns unser Herz ver=
dammt, so ist doch Gott größer als unser Herz und erkennet alle
Dinge. Ein befremdliches, rätselvolles Wort! Giebt es ein höheres
Gericht als das Gericht unsers Herzens und Gewissens, durch
welches Gott über uns und in uns richtet? Und wir sollen diesem
Gericht nicht trauen, wenn es uns verurteilt? Nein, das sei ferne!
Fährt doch der Apostel fort: „So uns unser Herz nicht verdammet,
so haben wir eine Freudigkeit zu Gott." Es trifft beides zu,
Gott verurteilt uns durch unser Herz, und Gott spricht uns durch
dasselbe frei. Sind wir aus der Wahrheit, glauben wir an unsern
Herrn Jesum Christum, ist es unsrer Seele tiefstes Verlangen,
ihm nachzufolgen und unsre Nachfolge in thatkräftiger Bruderliebe
zu erweisen, dann dürfen wir uns dessen getrösten, daß wir Kinder
Gottes sind, von seiner Gnade und Liebe getragen werden, dann
wird auch im Innersten unsers Herzens das Zeugnis Gottes uns
seiner Liebe und Barmherzigkeit gewiß machen. Freilich werden
wir auch in unserm Herzen eine andre Stimme vernehmen, die
uns unsre Sünden, unsre Begehungs= und Unterlassungssünden,
mit denen wir uns täglich belasten, vorhält, auf deren wohlbegrün=
dete Anklagen wir schweigen müssen. Wenn wir nun verzagen
wollen, wenn der Gnadenspruch Gottes in unserm Herzen durch
das Wort der Verurteilung, das wir hier vernehmen, gleichsam
ausgelöscht wird, dann tritt der Apostel zu uns und spricht tröstend:
Gott ist größer als unser Herz. Gott weiß, daß unser innerster,
wahrer Mensch, der Christ in uns, ihn liebt und in ihm die Brüder.
Gott weiß, daß wir die täglichen Schwachheitssünden, die uns be=
flecken, und um deren willen er uns im Gewissen und Herzen
straft, tief bereuen, und daß wir uns nach nichts mehr sehnen,
als ihm treu zu dienen. Er erkennt alle Dinge und so auch
unsers Lebens wahre Richtung, seinen innersten Grund und sein

letztes Ziel, und deshalb läßt er uns, nachdem wir uns vor seiner anklagenden und verurteilenden Stimme gebeugt haben, wieder seine Gnadenstimme hören und richtet uns wieder auf, so daß unsre Freudigkeit vor Gott nicht von uns genommen wird. Gott ist größer als unser Herz, das sei unser Trost, wenn wir im Gefühl unsrer Schuld erschrecken; Gott ist größer als unser Herz, in diesem Vertrauen wollen wir unsre Augen zu ihm erheben; Gott ist größer als unser Herz, in dieser Zuversicht nehmen wir unsre Zuflucht zu ihm und beten: „Erforsche mich, Gott, und erfahre mein Herz; prüfe mich und erfahre, wie ich es meine. Und siehe, ob ich auf bösem Wege bin, und leite mich auf ewigem Wege" (Pf. 139, 24).

2.

Wo Heilsgewißheit, da ist aber auch Gebetszuversicht. Sie will der Apostel wecken, indem er uns zuruft: „Was wir bitten, werden wir von ihm nehmen." O, welche herrliche Verheißung! Wer ihr glaubt und im Glauben an sie wandelt, ist ein seliger Mensch. Alle Last, die ihn drückt, legt er im Gebet in Gottes Hand, Gott hilft sie ihm tragen, und die Last wird ihm leicht. Und alles Gut, das er begehrt, und dessen er bedarf, nimmt er aus Gottes Hand; der Arme wird reich, Gottes Fülle senkt sich nieder in unser Leben. Wir nehmen alles, was wir bitten. Freilich, das Gebet ist keine Zauberformel, welche den Kranken Gesundheit verleiht, die Armen mit irdischen Gütern ausstattet, alle Hoffnungen auf Erdenglück, die unsre Brust durchziehen, erfüllt. Auch der gläubige Beter bleibt oft genug lange an das Krankenbett gefesselt, und das Krankenbett wird zum Sterbelager; auch der gläubige Beter muß oft genug Jahr um Jahr mit der bittern Not der Armut kämpfen, und vielleicht weicht ihr dunkler Schatten nie von ihm. Und dennoch bleibt das Wort des Apostels in Kraft: „Was wir bitten, werden wir von ihm nehmen." Hat doch der Heiland selbst es uns zugesagt: „So ihr den Vater etwas bitten werdet in meinem Namen, so wird er es euch geben. Bittet, so werdet ihr nehmen, daß eure Freude vollkommen sei" (Ev. Joh. 14, 23. 24). „Bittet, so wird euch gegeben; suchet, so werdet ihr finden; klopfet an, so wird euch aufgethan. Denn wer da bittet, der empfängt, und wer da suchet, der findet; und wer da anklopfet, dem wird aufgethan"

(Ev. Matth. 7, 7. 8). Wir müssen uns nur immer fragen, was suchen wir, was sollen wir suchen? was bitten wir, was sollen wir bitten, wenn wir Jesu Jünger sein wollen? Ein Jünger begehrt nichts anderes als sein Meister. Um welche Güter hat der Herr Jesus seinen himmlischen Vater gebeten? Hat er, der von sich bezeugen mußte: „Die Füchse haben Gruben, und die Vögel unter dem Himmel haben Nester, aber des Menschen Sohn hat nicht, da er sein Haupt hinlege" (Ev. Matth. 8, 20), hat er gebeten, es möge anders werden, die Pforten des irdischen Zions möchten sich ihm öffnen, die irdische Königskrone möge sein Haupt schmücken? Ach nein, sein Reich war nicht von dieser Welt. Daß des Vaters Reich durch ihn komme, daß im Glauben an ihn die Menschen aus der Irre in das Vaterhaus zurückgeführt werden, daß sie sich durch ihn mit Gott versöhnen lassen, daß sie durch Glaube und Liebe zu einer Brüderschaft im Geist verbunden werden, Bürger im Reiche, Kinder im Hause Gottes, das war der Inhalt, dies das Ziel seiner Gebete. Wohl, er hat auch um zeitliche Gaben gebeten; wenn er Kranke heilt, Tote erweckt, dann betet er vorher zu seinem himmlischen Vater. Aber er bittet nicht, daß durch seine Wunderwerke die leibliche Not von dieser Erde genommen, sondern, daß durch sie als Zeichen seiner Gotteskindschaft der Glaube an ihn geweckt und gestärkt und so das Reich seines Vaters gebaut werde. Und, da er seufzt: „Mein Vater, ist es möglich, so gehe dieser Kelch von mir", findet er doch Frieden in dem Wort, in dem er seinen Willen in des Vaters Willen hingiebt: „Nicht, wie ich will, sondern wie du willst" (Matth. 26, 39).

So laßt auch uns beten, daß das Reich Gottes in uns und durch uns komme, gewiß, daß dies Gebet Erhörung findet. Aber auch die Bitte um irdische Güter ist uns nicht versagt. Wir können und sollen bitten: Unser täglich Brot gieb uns heute. Denn unser himmlischer Vater weiß, daß wir deß alles bedürfen (Ev. Matth. 6, 32). Aber in anderm Tone soll unsre Bitte um ewige und unsre Bitte um zeitliche Güter laut werden. Dort soll sie siegesgewiß gen Himmel eilen, hin zu des Vaters Thron, hier soll sie sich, still und demütig fragend, des Vaters Willen unterwerfen. Still und demütig, aber nicht kleinmütig und verzagt. Denn auch die Bitte um irdische Güter, wie sie über eines Christen Lippen dringt, schließt einen Ewigkeitsgedanken in sich. Denn das ist ja auch hier unsers Herzens tiefstes und wahrstes Begehren, daß wir den Willen unsers Gottes erkennen und seinen Weg wandeln, daß wir die Kraft empfangen, dem Herrn zu gehorchen, und, wenn er es beschlossen hat, das Kreuz zu tragen, das er uns auf= gelegt hat. Und die Zuversicht sollen wir haben, daß uns diese himmlische Gabe zu teil werden wird. Es wird vielleicht die schwere Last, die uns drückt, nicht von uns genommen, aber wir tragen sie nicht allein, der Herr trägt sie mit. Es bleibt uns vielleicht das zeitliche Gut versagt, das uns köstlich dünkt, aber wir lernen beten: „Wenn ich nur dich habe, so frage ich nichts nach Himmel und Erde. Wenn mir gleich Leib und Seele ver= schmachtet, so bist du doch, Gott, allezeit meines Herzens Trost und mein Teil" (Pf. 73, 25. 26). So erleben wir mitten in der Not selige Gebetserhörungen, mitten in nächtliches Dunkel dringt ein heller Sonnenstrahl. Und wir müssen dem Zeugnis des Apostels zustimmen: „Es hat euch noch keine, denn menschliche Versuchung betreten; aber Gott ist getreu, der euch nicht läßt versuchen über euer Vermögen, sondern macht, daß die Versuchung so ein Ende gewinne, daß ihr es könnet ertragen" (Kor. 10, 13). Ach, und oft erquickt uns Gottes Gnade und·sendet uns Tage der Freude, wandelt Leid in Lust und führt uns aus dunklen Thälern zu grünen Auen und frischen Wassern. Denn unser Gott ist die Liebe, und sein Herz ist voll Erbarmen. Und, wenn seine ewige Weis= heit, vor der unsre Weisheit nur Thorheit ist, es ihm gestattet, uns zeitliches Gut zu gewähren, so versagt er es uns wahrlich nicht. Wie jauchzt dann unser Herz, wenn unsre Augen eine sichtbare Erhörung unsrer Gebete schauen! Mögen die Kinder der Welt von plötzlichen, unerwarteten Zufällen reden, welche unsre Verhältnisse günstig verändert haben; mögen sie nur die natür= lichen Kräfte wahrnehmen, die hier walteten, wir sehen in ihnen die Liebeshand unsers himmlischen Vaters, die sich hier ein Denk= mal ihrer Herrlichkeit errichtet hat. Wir sprechen dann mit Samuel: „Bis hieher hat uns der Herr geholfen" (1. Sam. 7, 12); unser Mund wird voll Frohlockens, wir rühmen des Herrn überschwäng= liche Güte und preisen: „Lobe den Herrn, meine Seele, und, was in mir ist, seinen heiligen Namen! Lobe den Herrn, meine Seele, und vergiß nicht, was er dir Gutes gethan hat! Der dir alle deine Sünde vergiebt und heilet alle deine Gebrechen; der dein

Leben vom Verderben erlöset, der dich krönt mit Gnade und Barm=
herzigkeit" (Pf. 103, 1—4).

Aber freilich, diese Gebetszuversicht ist an große, ernste Be=
dingungen gebunden. Sie erfüllt uns nur, wenn wir Jesu Jünger
geworden sind, wenn wir, im Glauben mit ihm verbunden, seine
Gebote halten, wenn die Seele unsers Lebens die Liebe geworden
ist. Dann bleiben wir in ihm, dann bleibt er in uns, dann er=
fahren wir es, daß der heilige Geist, der von Jesu Christo aus=
geht, in uns wirkt und waltet. Wir müssen Jesu nachfolgen und
in seiner Nachfolge ihm gleichförmig werden, in wie getrübtem
Lichte auch sich sein Bild in uns spiegelt, damit unser Gebet der
Erhörung gewiß werden könne. Nur, wenn unser Wille auf die=
selben Güter gerichtet ist, denen der Wille des Heilandes zugewandt
war, nur wenn wir, durch den Sohn Gottes Kinder Gottes ge=
worden, durch seinen Geist geleitet, den Willen Gottes erkennen,
gewinnt unser Gebet heilige Gestalt, quillt aus heiligem Sinn, be=
tritt heiligen Weg. Denn auch über der Pforte des Gebets steht
die Inschrift: „Ziehe deine Schuhe aus von deinen Füßen, denn
der Ort, da du auf stehest, ist ein heiliges Land" (2. Mos. 3, 5).

Gebetszuversicht und Heilsgewißheit schmücken den Wandel des
Christen und weihen ihn zu einem seligen Leben. Gebetszuversicht
und Heilsgewißheit sind aber auch unlösbar miteinander verbunden.
Wir können nur rufen: Abba, lieber Vater, wenn wir in Christus
Kinder Gottes geworden sind; wenn der Geist der Kindschaft uns
erfüllt, sprechen wir, von seliger Notwendigkeit getrieben, alles, was
unser Herz bewegt, vor unserm Gott aus und legen es an sein
treues Vaterherz. In der Heilsgewißheit wurzelt die Gebets=
zuversicht. Aber in der Gebetszuversicht, die in unsern Bitten sich
offenbart, wächst auch die Heilsgewißheit. Jede Gebetserhörung,
die wir erfahren, stärkt unsre Heilsgewißheit, bezeugt es uns, daß
wir Gottes Kinder sind. Wo aber Heilsgewißheit und Gebets=
zuversicht, da ist auch eine Freudigkeit zu Gott, die auf un=
erschütterlichem Grunde ruht, die zwar im Wechsel der Geschicke,
unter Lust und Leid, bald hell aufflammen, bald, von der Asche
der Trübsal gleichsam verdeckt, nur mühsam fortglimmen, die aber
nie erlöschen wird. So wollen wir den Geist der Freudigkeit in
uns pflegen und lebendig erhalten, er ist ein heiliges Feuer, das
wir hüten müssen.

Wir sind Kinder Gottes. Das Dunkel der Vergangenheit ist erhellt, unsre Schuld ist uns vergeben; licht ist die Gegenwart, der Herr steht uns zur Seite, er giebt uns, wessen wir bedürfen, er nimmt uns, was wir nicht tragen können; aus der Ferne aber leuchtet uns entgegen die zukünftige Herrlichkeit. So dürfen wir uns einander zurufen: „Freuet euch in dem Herrn allewege, und abermal sage ich: Freuet euch" (Phil. 4, 4). Amen.

XIV.

Der Irrweg der falschen Propheten.

1. Joh. 4, 1—6.

Ihr Lieben, glaubet nicht einem jeglichen Geist, sondern prüfet die Geister, ob sie von Gott sind; denn es sind viele falsche Propheten ausgegangen in die Welt. Daran sollt ihr den Geist Gottes erkennen: Ein jeglicher Geist, der da bekennet, daß Jesus Christus ist in das Fleisch gekommen, der ist von Gott; und ein jeglicher Geist, der da nicht bekennet, daß Jesus Christus ist in das Fleisch gekommen, der ist nicht von Gott. Und das ist der Geist des Widerchrists, von welchem ihr gehöret habt, daß er kommen werde, und ist jetzt schon in der Welt. Kindlein, ihr seid von Gott und habt jene über=wunden; denn, der in euch ist, ist größer, denn der in der Welt ist. Sie sind von der Welt; darum reden sie von der Welt, und die Welt höret sie. Wir sind von Gott, und wer Gott erkennet, der höret uns; welcher nicht von Gott ist, der höret uns nicht. Daran erkennen wir den Geist der Wahrheit und den Geist des Irrtums.

Es ist nur wenigen gegeben, in den Fragen, die das öffent=liche Leben bewegen, mit vollkommener Selbständigkeit, ausschließ=lich den Ergebnissen eigener, unbefangener Untersuchung folgend, ihr Urteil abzugeben. Mehr oder weniger werden die meisten von allgemeinen Strömungen geleitet, welche die Zeit beherrschen, von Anschauungen und Überzeugungen, welche in den Kreisen, denen sie angehören, sich Geltung und Macht erworben haben. Und wer dürfte es tadeln, daß wir es nicht vermögen, auf allen Gebieten, denen sich das Interesse des menschlichen Geistes zugewandt hat, auf den Gebieten der Gemeindeverwaltung und der Staatskunst, der Kirchenleitung, den mannigfaltigen Gebieten menschlichen Könnens und Wollens, ein durch Einsicht in den inneren Zusammenhang wohlbegründetes Urteil zu gewinnen! Dazu fehlt uns sowohl die ausreichende Begabung, dazu der erforderliche Aufwand an Zeit. Es wird nur ein beschränkter Kreis des Erkennens bleiben, in dessen Grenzen wir uns mit voller Sicherheit bewegen können; sobald wir dieselben überschreiten, werden wir uns gern dem Urteil andrer anschließen, deren Persönlichkeit uns Vertrauen einflößt, oder wir werden, sei es dieser, sei es jener Richtung folgen, zu der wir uns nach der Eigenart unsers Charakters hingezogen fühlen! — Aber, meine Lieben, es giebt Fragen von so eingreifender Bedeutung für unser inneres Leben, von so schwerem Gewicht, daß wir uns bei ihrer Beantwortung nicht von fremder Meinung bestimmen lassen dürfen, daß wir hier nach voller Gewißheit streben müssen. Es sind dies die Fragen nach der Wahrheit im höchsten Sinne des Worts, die Fragen nach des Menschenlebens letztem Grunde und letztem Ziele, es sind die Fragen nach dem Wege des Heils, es sind die Fragen, von deren Entscheidung der Friede unsers Herzens, die Gestaltung unsers Wandels, die Richtung unsers Lebens, die Freudigkeit unsers Gemüts abhängt; es sind die Fragen, auf die nicht das Wissen, sondern das christliche Gewissen, nicht die natürliche Klugheit, sondern der Ernst der Selbsterkenntnis, nicht der Scharfsinn, sondern die heilige Einfalt, nicht die Erfahrung der Weltkinder, sondern die Erfahrung der Gotteskinder die Entscheidung giebt. Und doch, wie schwer ist es auch hier oft, Irrwege zu vermeiden; wie schwer oft, der lockenden Stimme der Versuchung das Ohr zu verschließen; wie schwer oft, den falschen Propheten zu erkennen, der sich in der täuschenden Maske der Wahrheit verbirgt! Schmückt er sich doch so oft mit hohen Worten, wirbt er doch so oft mit herrlichen Verheißungen um unsre Zustimmung! Wie groß die Gefahr der Verführung! So war es immer, so ist es noch heute. Hüten wir uns daher vor den falschen Propheten! Der Apostel Johannes warnt uns vor ihnen und zeigt uns den Weg, auf dem wir ihrer Versuchung entgehen. Er lenkt unsern Blick auf den Irrweg der falschen Propheten. Woran erkennen wir sie, fragen wir zuerst, mit welchen Waffen besiegen wir sie, sodann.

1.

Die letzten Jahrzehnte des ersten Jahrhunderts, das wir nach dem Namen Christi nennen, waren von Stürmen erfüllt, welche den Bau des Reiches Gottes auf das höchste gefährdeten. Hier bedrohten ihn die Verfolgungen der heidnischen Weltmacht, dort die ersten Regungen einer Irrlehre, deren weitere Entwicklung im zweiten Jahrhundert die Christenheit auf das tiefste erschüttert hat. Auf sie bezieht sich die Mahnung des Apostels Johannes. Es waren Irrlehrer aufgetreten, welche leugneten, daß Jesus Christus in das Fleisch gekommen sei. Sie unterschieden einen höhern, himmlischen Geist, Christus, von dem Menschen Jesus. Jener habe sich mit diesem bei der Taufe verbunden und ihn vor dem Leiden verlassen. Hier wurde die Grundlehre des Evangeliums untergraben. Geleugnet wurde die vollkommene Vereinigung Gottes und der Menschheit in Jesu Christo, bestritten die versöhnende und erlösende Kraft seines Leidens und Sterbens. Jesus Christus blieb Prophet, aber er hatte aufgehört, unser Hohepriester zu sein. Er erschien nur als der ausgezeichnete Mensch, der einige Jahre das Werkzeug eines himmlischen Geistes gewesen war. Vor allem das Kreuz Jesu Christi war dieser Irrlehre ein Ärgernis und eine Thorheit. Gegen sie erhebt nun der Apostel Johannes seinen Warnruf: „Glaubet nicht einem jeglichen Geist, sondern prüfet die Geister, ob sie von Gott sind, denn es sind viele falsche Propheten ausgegangen in die Welt." Er hatte nur allzu vielen Grund zu dieser Mahnung. Die Irrlehre faßte Wurzel in den Gemeinden, breitete sich in ihrer Mitte aus. Heidnische Gedanken hier, jüdische dort, noch immer im Verborgnen wirksam, kamen der Irrlehre entgegen. Das seelsorgerliche Herz des Apostels war auf das tiefste bewegt. Er sah eine Irrlehre in die Gemeinde eindringen, die den Mittelpunkt des Evangeliums antastete, die den Glauben, auf dem die christlichen Gemeinden erbaut waren, zu zerstören suchte, eine in der That antichristliche Irrlehre, die um so gefährlicher war, als ihre Boten gerade in ihr das wahre Geheimnis des Christentums zu enthüllen behaupteten. Als Propheten traten sie auf. Aber der Apostel Johannes reißt ihnen den Prophetenmantel ab und ruft ihnen zu: Nicht der Geist Christi, sondern der Geist des Widerchrists leitet euch, ihr seid nicht Propheten der Wahrheit, sondern Propheten der Lüge. Das Bekenntnis, daß Jesus Christus

ist in das Fleisch gekommen, scheidet die Wahrheit von der Lüge.
Wer in dies Bekenntnis einstimmt, ist von Gott; wer es bestreitet,
ist nicht von Gott. So sehen wir den Apostel als treuen Seel=
sorger in den ihm befohlenen Gemeinden walten. Er, der Apostel
der Liebe, der nicht aufhört, zur Bewährung der Liebe aufzufordern,
ist zugleich der Apostel des Glaubens und der Wahrheit, der sich
selbst, seine ganze Kraft dafür einsetzt, daß der Grund des Evan=
geliums unerschüttert bleibe. Aber, meine Teuern, weshalb ver=
gegenwärtigen wir uns eine Irrlehre längst verflossener Zeiten, der
niemand jetzt folgt, die auf niemand unter uns verführenden Reiz
ausübt, die uns so fremd erscheint, daß wir Mühe haben, uns in
ihre Gedankengänge hineinzuversetzen? Meine Lieben, urteilen wir
nicht zu früh! So unleugbar es ist, daß jene Irrlehre in der
Gestalt, in der sie ursprünglich erschien, keinen Zusammenhang mit
den geistigen Bewegungen aufweisen kann, welche auf die Gegen=
wart Einfluß ausüben, so wahr ist es doch, daß diese nur zu sehr
für die Grundgedanken empfänglich ist, aus denen jene Irrlehre
sich erbaut. Sie scheidet zwischen Jesus und Christus, sie läßt
Jesus nur in beschränktem Maße an der Vollkommenheit des
Christus teilnehmen, sie wendet sich vom Kreuzestode des Herrn
ab. Klingt der Ton dieser Irrlehre nicht vernehmlich in jenen
Stimmen wieder, die in dem Heiland nur einen unter den großen
Geistern der Menschheit erkennen, die sie auf dem Wege zur Voll=
kommenheit weiter geführt haben; die ihn preisen als einen unter
den vielen, welche die Menschheit dankbar verehrt, aber nicht als
den Einen, in dem alle Vollkommenheit des Lebens in Gott und
für die Brüder offenbar geworden ist; nicht als den Einen, der
uns allein von der Sünde erlösen und zur Freiheit der Kinder
Gottes führen kann. Hier spricht vielleicht eine Begeisterung für
alles Edle, Gute, Wahre, hier bezeugt sich vielleicht ein Streben
nach hohen Zielen, aber jene Begeisterung gilt nicht der Herrlich=
keit Jesu Christi, und dieses Streben wird nicht zu seiner Nach=
folge. Und wie fremd bleibt dort das Kreuz des Herrn! Sie
begleiten ihn wohl nach Gethsemane und Golgatha, sie bewundern
die Treue, mit der er bis in den Tod die Fahne der Wahrheit
hochgehalten hat, sie weihen die Thräne des Mitleids dem edlen
Dulder, dem Märtyrer seiner Überzeugung, aber das Kreuz wird
ihnen nicht zum heiligen Opfer, in dem unsre Schuld gesühnt ist,

nicht zur Stätte der Vollendung, die auch uns die Vollendung verbürgt. Wer unter uns hätte diese Stimme noch nicht vernommen! Und wie viele sind von ihnen getäuscht und gelockt worden! Die Macht der Verführung, die ihnen einwohnt, ist nicht gering. Wie umfassend und weit erscheint der Blick, die ganze Entwicklung der Menschheit wird umspannt, jedem großen Geiste, der sie gefördert, wird der Kranz dankbarer Verehrung gespendet, und so empfängt auch der Herr Jesus Christus das Opfer der Huldigung. Wie eng und beschränkt erscheint dagegen der Sinn der Gläubigen, die, obwohl sie nicht minder verehrungsvoll und dankbar zu den großen Geistern der Menschheit aufschauen, doch in Jesu Christo allein ihren Herrn und Meister, ihren Führer und Wegweiser, ihren Versöhner und Erlöser erblicken, zu ihm allein sprechen: „Herr, wohin sollen wir gehen? Du hast Worte des ewigen Lebens," vor ihm allein sich beugen und bekennen: „Wir haben geglaubet und erkannt, daß du bist Christus, der Sohn des lebendigen Gottes" (Ev. Joh. 6, 68. 69). Aber nicht wahr, in dem Herrn Geliebte, wir sehnen uns nicht nach jener Freiheit und Weite, die nach der Wahrheit strebt und sie doch immer entschwinden sieht, nach jener Freiheit und Weite, die doch die Vollgewißheit des Glaubens und die Seligkeit des Friedens nicht zu gewinnen vermag, die sich dem Rätsel des Lebens gegenüber nur auf unbestimmte Ahnung, auf eine ungewisse, dem Zweifel nicht gewachsene Hoffnung zurückzieht. Wir wollen in der Enge und Gebundenheit bleiben, in der Gebundenheit an den Heiland, die ihn nimmer verlassen will, in der Enge der Schranken, die nur die Herrlichkeit begehrt, die uns in der Nachfolge Jesu Christi zu teil wird. In dieser Gebundenheit sind wir doch frei als die Kinder Gottes, die rufen: Abba, lieber Vater, in dieser Enge haben wir doch ein weites Herz, welches von der Liebe zum himmlischen Vater und von der Liebe zu unsern Brüdern erfüllt ist. Und so hat die Irrlehre der falschen Propheten für uns keine verführende Kraft, und wir besitzen die Waffen, mit denen wir siegreich ihren Versuchungen Widerstand leisten können.

2.

Wo sollen wir diese Waffen suchen? Unsre Augen können sie nicht sehen, unsre Hände nicht ergreifen. Nicht Gewalt und Zwang, nicht Feuer und Schwert können Irrlehren überwinden.

Wenn die Christenheit vergißt, weß Geistes Kinder die Jünger
Jesu sein sollen, wenn sie mit fleischlicher Macht niederwerfen will,
was nur durch des Geistes Macht kann und soll überwunden
werden, dann sündigt sie gegen das Evangelium, gegen Gott und
sein Wort und ruft seinen Zorn auf sich herab. „Denn ob wir
wohl im Fleisch wandeln, so streiten wir doch nicht fleischlicher=
weise. Denn die Waffen unsrer Ritterschaft sind nicht fleischlich"
(2. Kor. 10, 3, 4). Und so hat denn auch die Christenheit in
den Zeiten der Apostel und in den zwei folgenden Jahrhunderten
einzig und allein durch die Macht der Wahrheit die Irrlehre besiegt
und aus ihrer Mitte ausgeschlossen. Sie erkannte es, daß die Irr=
lehren und die Irrlehrer von der Welt und nicht von Gott sind,
und, sobald sie dies erkannt hatte, trennte sie sich von ihren Wegen.
Hier erblicken wir die siegreiche Waffe, die auch wir ergreifen sollen,
um den Kampf gegen die Irrlehren unsrer Zeit zu bestehen. Wir
müssen untersuchen, ob eine Lehre, die sich als Lehre der Wahrheit
ausgiebt, aus dem Geist Gottes oder aus dem Geist der Welt ge=
boren ist, ob sich in ihr der Geist Gottes oder der Geist der Welt
offenbart. Haben wir die Gewißheit gewonnen, daß es der Sinn
und Geist der Welt ist, die sich hier bezeugen, dann haben wir auch
die Gewißheit gewonnen, daß wir gegen eine Irrlehre streiten
müssen, zugleich die Gewißheit, daß wir über sie den Sieg davon=
tragen werden. „Denn, der in uns ist, ist größer, als der in der
Welt ist."

Die Irrlehre, gegen die der Apostel Johannes kämpfte, und
gegen welche auch wir die Waffe erheben müssen, da sie in er=
neuerter Gestalt auch unter uns eine Macht geworden ist, stammt
von der Welt. Es ist der Sinn der Welt, der sich weigert, vor
Gott in Jesu Christo sich zu beugen; der Sinn der Welt, der in
der Geschichte der Menschheit die Stätte nicht erkennen will, in der
das Gute fehllos offenbar geworden, das Menschenleben nicht zu
erblicken vermag, in dem das vollkommene Leben Gottes wie in
einem reinen Spiegel sich uns bezeugt hat; es ist der Sinn der
Welt, der in Jesu Christo nicht den eingebornen Sohn, aller Gottes=
kindschaft der Menschen Ursprung, schaut und sich vor ihm beugt.
Diese Leugnung ist aber verhängnisvoll für unser Leben. Wer
von Jesu Christo nicht bekennt: „Gott war in Christo und ver=
söhnete die Welt mit ihm selber" (2. Kor. 5, 19), wer nicht ein=

stimmt in das Wort des Glaubens: „Das Wort ward Fleisch und wohnete unter uns, und wir sahen seine Herrlichkeit, eine Herrlichkeit als des eingebornen Sohnes vom Vater, voller Gnade und Wahrheit" (Ev. Joh. 1, 14), er kann auch nicht glauben, daß das Gesetz Gottes zu uns spricht: „Ich bin der Herr, euer Gott; darum sollt ihr euch heiligen, daß ihr heilig seid, denn ich bin heilig" (3. Mos. 11, 44), sich nicht gebunden wissen an das Wort des Heilandes: „Darum sollt ihr vollkommen sein, gleichwie euer Vater im Himmel voll= kommen ist" (Ev. Matth. 5, 48), sondern er muß vom heiligen Willen Gottes abziehen und ihn zur sündigen Schwäche der mensch= lichen Natur herabziehen. Gelähmt in ihm ist das Streben nach dem Höchsten, das doch unerreichbar bleiben soll, das Bild Gottes verliert den Glanz der vollkommenen Heiligkeit, er hört auf, der Gesetzgeber zu sein, dessen Wort und Wille nicht geändert und er= schüttert werden kann, dessen Gebot nicht zurückgenommen wird, es schwindet das Ringen nach Heiligung. Die höchsten Ziele werden nicht mehr gestellt, die menschliche Trägheit bleibt bei niederen Aufgaben stehen, sie beschränkt sich darauf, die Gesetze des Staats zu beobachten und den Ordnungen der Gesellschaft zu gehorchen. Der Mensch erhebt sich nicht über die Welt, er tritt nicht in das Reich Gottes ein, in dem Gottes heiliger Wille geschieht, in dem die Liebe und Gnade Gottes uns die Kraft verleihen, seinem Gesetz zu gehorchen, er bleibt unwiedergeboren, Fleisch vom Fleisch, ein Kind der Welt.

Es wird häufig die Behauptung ausgesprochen, die Stellung, die wir in Fragen des Glaubens einnehmen, sei für die Gestaltung unsers Wandels gleichgültig; es gebe viele Gläubige, deren Lebens= führung hinter den Forderungen, die auch dem Evangelium Ferne er= heben, zurückbleibe, und viele Ungläubige, deren Wandel ein Vorbild auch für Gläubige sei und sie beschäme. Wie viele Mißverständnisse liegen in diesem Urteil verborgen, wie wenig kennen doch die, welche es aussprechen, das Wesen des Glaubens und das Wesen eines Gott wohlgefälligen Lebens! Gewiß, wir stimmen darin zu, es hat ge= ringen Einfluß auf unsre Gesinnung und unser Thun, ob es uns ge= lingt, die Wahrheit des Glaubens in einer Form der Erkenntnis zu= sammenzufassen und an derselben festzuhalten, obwohl auch dies einen nicht gering zu schätzenden Wert hat, aber, ob wir glauben oder nicht glauben, ob wir unser Vertrauen auf unsern himmlischen Vater und den Heiland setzen, ob wir dem Herrn Jesus glauben, daß er uns von Sünde, Schuld und Tod erretten kann oder erretten will, oder ob wir einem andern Führer folgen, davon hängt unser Heil ab. Denn der Glaube ist die vertrauende Herzensstellung zu unserm Gott und Heiland, er ist die tiefste, verborgenste und doch zugleich die entscheidende, in unserm ganzen Leben sich offenbarende That unseres Gemüts, er ist unser inneres Leben, das unser äußeres Leben beseelt, ihm Richtung und Ziel giebt. Daher wenden wir auch das anklagende und verurteilende Wort „Irrlehre und falsche Weissagung" da nimmer an, wo die Glaubenswahrheit festgehalten und nur in fehlerhafte, irrige Formen der Erkenntnis gekleidet ist, sondern einzig und allein da, wo die Glaubenswahrheit selbst angetastet, wo der Glaube an Gott und den Herrn Jesum Christum selbst bestritten wird. Nur da, aber da auch in der That ist Irrlehre, falsche Weissagung, da offenbart sich die Macht des Widerchristentums und des Weltgeistes, da gilt es Kampf bis zum Siege. Und dieser Sieg kann uns nicht entgehen, denn wir kämpfen im Namen Gottes, wir kämpfen als Gottes Streiter und als Gottes Kinder; und, der in uns ist, ist größer, denn der in der Welt ist. Wer ist in uns? Es ist der Geist Gottes, der Geist Jesu Christi, der heilige Geist. Es ist der Geist, der uns gewiß macht, daß wir Gottes Kinder sind, und daß Gott unser Vater ist; es ist der Geist, in dem wir Jesum Christum als Gottes eingebornen Sohn erkennen, der, sündlos geboren, sündlos wandelte und in seinem Kreuzestode den vollkommenen Gehorsam bewährt hat, so daß wir in ihm mit Gott versöhnt sind und erlöst von Schuld und Sünde; es ist der Geist, der uns in das Reich Gottes gepflanzt hat und darin erhält, so daß das Grundgebet unsers Herzens: „Dein Wille geschehe" zugleich der Grundton unsers Lebens wird. Wir haben es erfahren, daß alles Heil für uns, im Leben und im Sterben, in unserm Herrn Jesus Christus ruht, der für uns gestorben ist, der, auferstanden von den Toten, zur Rechten des Vaters sitzt und uns vor ihm vertritt als unser ewiger und himmlischer Hohepriester. Wir haben es erfahren, daß wir in ihm alles empfangen, dessen wir bedürfen, Friede mit Gott, denn er spricht zu uns: Deine Sünden sind dir vergeben, Hoffnung zu Gott, denn er verspricht uns: „Wo ich bin, da soll mein Diener auch sein" (Ev. Joh. 12, 26), Kraft in Gott, denn er ruft uns zu: „Wer in mir bleibet, und ich in ihm, der bringet viele Frucht" (Ev. Joh. 15, 5), Wahrheit in der Erkenntnis Gottes, Freiheit in der Gebundenheit an Gott, und deshalb Leben, ewiges Leben, denn er ist der Weg, die Wahrheit und das Leben. Weil wir diese Erfahrung gemacht haben und immer von neuem machen, deshalb bleiben wir bei Jesu Christo, deshalb werden alle Versuchungen der Irrlehre und Irrlehrer erfolglos, und wir gewinnen über sie den Sieg. Das Band, das uns mit dem Heiland vereinigt, ist so fest geschlungen, daß es nicht gelöst werden kann. Die innere Erfahrung der Herrlichkeit Jesu Christi ist unser Schild. Wo sie fehlt, hat die Versuchung leichtes Spiel. Die Waffen menschlicher Weisheit leisten nicht Widerstand. Deshalb haben auch die Apostel das Evangelium nicht mit Worten hoher Weisheit, aber mit Beweisung des Geistes und der Kraft verkündigt (1. Kor. 2, 4). Und zu allen Zeiten sind es die lebendigen, wahrhaftigen Kinder Gottes gewesen, ob aus hohen oder aus niederen Ständen, Vornehme oder Geringe, die durch das warme und kräftige Zeugnis von der Erfahrung der Herrlichkeit Jesu Christi das Reich Gottes gebaut haben. Der fromme Wandel eines Menschen und Kindes Gottes ist eine größere Macht als alle natürliche Weisheit und Kunst. Um die Erkenntnis der Wahrheit, um die Vollgewißheit des Glaubens haben die Großen im Reiche des Geistes oft die schlichte Einfalt beneidet, die, unbeirrt und unerschüttert durch die Versuchungen weltlicher Weisheit, vertrauensvoll und hoffnungsfreudig den Weg des Heils geht.

Darum, meine Lieben, laßt uns nach Wachstum in christlicher Erfahrung trachten, in ihr den festen Grund suchen, der den Bau unsers Lebens trägt; hier in der Gemeinschaft mit dem Herrn den inneren Reichtum, der uns mit Frieden erfüllt, die ewige Wahrheit, in der wir sicher ruhen, die Kraft, die uns heiligt. Dann werden wir alle Versuchungen der Irrlehre überwinden, und aus allen Kämpfen mit ihr wird immer siegreicher die Wahrheit hervorleuchten, daß in dem Namen Jesu sich beugen sollen alle derer Kniee, die im Himmel und auf Erden und unter der Erde sind, und alle Zungen bekennen sollen, daß Jesus Christus der Herr sei zur Ehre Gottes des Vaters (Phil. 2, 10, 11). Amen.

XV.

Das Evangelium der Liebe.

1. Joh. 4, 7—11.

Ihr Lieben, lasset uns untereinander lieb haben; denn die Liebe ist von Gott, und, wer lieb hat, der ist von Gott geboren und kennet Gott Wer nicht lieb hat, der kennet Gott nicht, denn Gott ist die Liebe. Daran ist erschienen die Liebe Gottes gegen uns, daß Gott seinen eingebornen Sohn gesandt hat in die Welt, daß wir durch ihn leben sollen. Darinnen stehet die Liebe, nicht daß wir Gott geliebet haben; sondern, daß er uns geliebet hat und gesandt seinen Sohn zur Versöhnung für unsere Sünden. Ihr Lieben, hat uns Gott also geliebet, so sollen wir uns auch untereinander lieben.

Wie ein roter Faden zieht sich das Wort von der Liebe, von ihrer Herrlichkeit und Schöne, von ihrer Macht und Größe, von ihrer Unerläßlichkeit und Unentbehrlichkeit durch das Sendschreiben des Apostels Johannes an die Gemeinden. Läßt er einmal den Faden fallen, bald nimmt er ihn wieder auf; wendet sich sein Blick einer andern Beziehung der Heilswahrheit zu, bald kehrt er zum Preis der Liebe zurück. Die Liebe ist ihm des christlichen Lebens Herzschlag, weil er in ihr das Abbild des Lebens Gottes, den Grund des Heilswerks Gottes, den Grund des gnadenreichen Waltens Gottes erkennt. Die Liebe und das Evangelium sind ihm unauflöslich verbunden. Wenn er die Liebe preist, so schaut sein Auge nicht auf die Wunderwerke des Schöpfers, denn die Natur predigt Gottes Macht und Weisheit, nicht auf die ver= schlungenen Wege der Menschheit, denn sie bezeugen den heiligen Ernst der göttlichen Gerichte, sondern er blickt auf den Herrn Jesum Christum, dessen Bote er geworden ist, denn in ihm allein hat sich voll und ganz die Liebe Gottes offenbart. Hier entspringt ihm die Freudigkeit, das Wort von der Liebe in eine Welt ohne Liebe hineinzurufen und es der Gemeinde, die in der Liebe steht, immer von neuem zu verkündigen, damit sie in ihr wachse.

In der That, meine Lieben, das Evangelium und die Liebe sind miteinander vereinigt, wie die Quelle und der Strom. Wenn die Stimme des Evangeliums schwiege, würde die Liebe weichen, die Predigt vom Kampf des Daseins würde laut erschallen und die Leidenschaften der Selbstsucht entfesseln. Darum wollen wir bleiben bei dem Evangelium der Liebe. Der Apostel läßt uns heute in den letzten Grund hineinschauen, in dem die Liebe ruht, indem er unsern Blick auf das Liebeswerk richtet, das Gott für uns vollbracht hat, und auf das Liebeswerk, das er in uns vollbringt.

1.

Der Liebe Ursprung ist die Liebe. Liebe weckt Gegenliebe. Wenn wir uns geliebt wissen, erwidern wir die Liebe. Wohl ist die Liebe ein Gebot, das höchste und größte, denn es schließt alle Gebote in sich, aber die Liebe ist zuerst Gabe, die größte und höchste, denn sie schließt alle Gaben in sich. Nur, wer Liebe empfangen hat, kann Liebe geben. Erst die Kraft der Liebe, dann die That der Liebe, und empfangne Liebe ist gebender Liebe Kraft. Im Empfang der Liebe erwachen wir für die Liebe. Die Liebe Gottes zu den Menschen hat die Liebe der Menschen zu Gott und zu einander entzündet. Sie ist ein Wiederhall der Liebe Gottes zu uns. Die Geschichte der Menschheit ist Erziehung zur Liebe durch Erfahrung der Liebe Gottes. Die Liebe Gottes hat sich immer den Menschen bezeugt und ist nie völlig unerkannt geblieben. Aber nur in dunkler Ahnung ergriff der sündige Menschengeist die Zeichen der göttlichen Liebe, und der Haß war eine größere Macht in der Menschheit als die Liebe. Höhere Stufen der Erkenntnis erhoben sich zur Ahnung der Weisheit und Gerechtigkeit, welche die göttliche Allmacht leiten, aber die Liebe Gottes blieb ihnen verborgen. Und sie konnte sich den blöden Augen nicht offenbaren, sie mußte sich verhüllen, weil der Sinn für die Herrlichkeit der Liebe noch nicht geweckt war. Da Gottes Liebe die Menschheit für die Liebe erzog, mußte sie ihr Angesicht verschleiern, konnte sie nur in der Gestalt der Weisheit und Gerechtigkeit erscheinen. So hält wohl eine leichte Wolke das Licht der Sonne zurück und läßt es doch hindurchscheinen. Auch im alten Bunde fühlten nur heilige Menschen Gottes in geweihten Stunden, daß der Gott Israels die Liebe ist, tröstete sich der Psalmist, daß der Herr sein Hirte sei (Ps. 23), empfing der Prophet das Gebot Gottes: „Du sollst deinen Nächsten lieben wie dich selbst" (3. Mos. 19, 18). Aber ein Schleier lag doch auch dann auf den Augen der Frommen Israels; denn der Nächste, dem die Bruderliebe galt, war doch nur der Israelit, und nur Israel ruhte sicher in den Vaterarmen Gottes. Die Zeit war noch nicht erfüllt, der Boden noch nicht bereitet, um das Saatkorn der vollkommnen Wahrheit aufzunehmen. Denn Gott kann sich nur da als die Liebe offenbaren, wo Ehrfurcht vor seinem heiligen Willen, tiefe Beugung vor ihm in den Herzen Wurzel gefaßt hat; ohne sie wird die Botschaft von der Liebe Gottes zum Freibrief für die Zügellosigkeit. Nur der demütige und gehorsame Knecht Gottes hat Recht und Erlaubnis, sich der Freiheit und Seligkeit eines Kindes Gottes in der Erfahrung der Liebe Gottes zu rühmen und zu getrösten. Deshalb hat die Weisheit der Liebe Gottes die Menschenkinder durch die Schule des Gesetzes und der Gerechtigkeit zur Erfahrung der Herrlichkeit der Gotteskindschaft in der Liebe erzogen. Aber im Lichte des neuen Bundes erkennen wir auch im Angesichte des Heiligen Israels die Züge des Vaters, die Züge der ewigen, unendlichen Liebe.

In Jesu Christo ist uns die vollkommene Liebe Gottes auch vollkommen offenbar geworden. Daran ist erschienen die Liebe Gottes gegen uns, daß Gott seinen eingebornen Sohn gesandt hat in die Welt, daß wir durch ihn leben sollen. Nun wissen wir es, eine unendliche Vaterliebe waltet über die Welt, sie führt und trägt uns, sie tröstet und erquickt uns. Ob wir wandern im dunkeln Thal, so fürchten wir uns nicht, denn der Vater ist bei uns, sein Stecken und Stab, des treusten Hirten Stecken und Stab, schützen und schirmen uns. O denkt es euch aus, der Heiland Jesus Christus wäre nicht erschienen, wie einsam und verlassen wären wir, der Wanderung durch eine Wüste gliche unser Pilgerweg, das Leben erschiene uns in nächtliches Dunkel gehüllt, wir müßten glauben, die Sonne hätte ihren Schein verloren. Eine Welt ohne Heiland eine Welt ohne Heil, ohne Licht und Wärme. Aber nun preisen wir unsern Gott und Vater, daß er seinen eingebornen Sohn Jesum Christum in die Welt gesandt hat und ihr in ihm ein helles Licht gegeben, das nie erlöscht, eine Sonne, die in der Erdenzeit aufgegangen ist, die aber keinem Niedergang unterliegt. In Jesu Chisto ist die Liebe Gottes offenbar geworden, das Licht und das Leben der Welt; wenn wir in sein Angesicht schauen, so erblicken wir die Züge der Liebe Gottes. Sein Leben ist das Leben der Liebe. Hier ist alles Liebe; nicht getrübt durch die Selbstsucht, die das ihre sucht, nicht gelähmt durch die Trägheit, die sich selbst nicht zu be-

siegen vermag, strahlt diese Liebe in hellstem Glanz. Wie wenig
gleicht sie unsrer Liebe, die erlischt, sobald schwere Opfer von ihr
verlangt werden, die vielleicht giebt, was sie hat, aber das Beste,
sich selbst, das eigne Herz, vorenthält, die sich allen zuneigt, zu
denen innere Verwandtschaft sie zieht, und sich allen versagt, denen
eine fremde Sinnesart eignet, die jetzt hell auflodert, um bald nur
noch matt fortzuglimmen, die dem Wollen Raum giebt, aber das
Vollbringen nicht findet. Die Liebe Christi ist die lautere, voll=
kommene Liebe. Sie nimmt nicht, sondern giebt, sie giebt, was sie
ist, und, was sie hat, sie verzehrt sich im Opfer, sie umfaßt alle
Menschen und zieht sie als Brüder an das Herz, sie neigt sich
den Hohen und Geringen, den Reichen und Armen, den Glücklichen
und Elenden, den Fröhlichen und Traurigen zu, sie segnet die
Kindeseinfalt, sie erquickt im heißen Kampf des Lebens, sie stärkt
den Müden; wenn die Erdenschatten länger werden, erfüllt sie das
Herz mit Geduld und Hoffnung und zeigt dem Scheidenden die
ewigen Wohnungen, das himmlische Vaterhaus. Diese Liebe hat
die unter dem Bann der Schuld und der Last der Sünde seufzende
Menschheit befreit, versöhnt und erlöst, Friedlosigkeit in Frieden,
Tod in Leben verwandelt. Diese Liebe stammt nicht von der Erde,
sie ist himmlischen Ursprungs, sie ist nicht Menschenliebe, sie ist
die Liebe Gottes. Die Erfahrung dieser Liebe hat den Glauben
an Jesum Christum als den Sohn Gottes geweckt und weckt ihn
immer von neuem. Diese Liebe beugt uns tief, daß wir ausrufen:
„Herr, gehe von mir hinaus, ich bin ein sündiger Mensch" (Ev.
Luk. 5, 8) und erhebt uns doch so hoch, daß wir freudig bekennen:
„Herr, wohin sollen wir gehen? Du hast Worte des ewigen Lebens.
Und wir haben geglaubet und erkannt, daß du bist Christus, der
Sohn des lebendigen Gottes" (Ev. Joh. 6, 68. 69).

2.

Meine Lieben! Wenn das Evangelium die Botschaft von
dem Liebeswerk ist, das Gottes Gnade zu unsrer Erlösung vollbracht
hat, wenn das Evangelium uns zuruft: Gott ist die Liebe, und
diese Liebe gilt der ganzen Menscheit und deshalb einem jeden von
uns, dir und mir, dann kann die Beantwortung der Frage, welche
Wege wir betreten müssen, um diese Liebe uns anzueignen, einem
Zweifel nicht unterworfen sein. Wir müssen an diese Liebe glauben,

wir müssen dessen gewiß werden, daß unser Gott uns liebt. Das ist der Anfang des Weges. Aber aus dem Glauben an Gottes Liebe zu uns erwächst unsre Liebe zu Gott. Liebe ruft Gegenliebe hervor. Das ist des Weges Fortgang. Aber Gottes Liebe gilt der ganzen Menschheit, unsre Liebe zu Gott ist nur dann eine Erwiderung seiner Liebe zu uns, wenn wir in ihm die Brüder lieben. Wir können nicht glauben, daß wir Gottes Kinder sind, ohne zu glauben, daß alle Menschen zu unsern Brüdern berufen und alle Gläubigen zu unsern Brüdern erwählt sind. Wenn wir uns als Brüder in Jesu Christo wissen, müssen wir uns auch als Brüder in ihm lieben. Die Gewißheit der Bruderschaft schließt die Bruderliebe in sich. Wir sind durch den Herrn und in ihm eine Familie geworden, so sind wir durch das Band der Bruderliebe unauflöslich miteinander vereinigt. Die Bruderliebe ist des Weges Ziel. So klingt uns auch die Mahnung des Apostels, die wir heute vernehmen: „Ihr Lieben, lasset uns einander lieb haben, denn die Liebe ist von Gott", „hat uns Gott also geliebet, so sollen wir uns auch untereinander lieben", vertraut und findet einen kräftigen Wiederhall in unsern Herzen. Und doch, so selbstverständlich uns die Forderung erscheint, in dem Herrn die Brüder zu lieben, so willig unser geistiger Mensch ist, sie zu erfüllen, so bleibt sie doch für den natürlichen Menschen in uns unlösbar. Freilich wurzelt die Liebe in der Natur des Menschen, und deshalb ist sie auch dem natürlichen Menschen nicht fremd. Die Kraft der Liebe wohnt ursprünglich in unsern Herzen und sie entfaltet sich unwillkürlich, wo wir Wohlgefallen aneinander finden, wo Verwandschaft der Sinnesart und Geistesrichtung zusammenführt, wo erfahrnes Wohlwollen und empfangne Wohlthat Dankbarkeit weckt. Aber diese natürliche Liebe ist in enge Schranken gebannt. Sie ist kräftig, so lange sie Freude und Genuß gewährt, sie schwindet, wenn uns dieser Lohn versagt bleibt. Wenn uns eine fremde Weise der Neigungen und Bestrebungen begegnet, wenn kein verwandter Ton in uns angeschlagen wird, gehen wir gleichgültig vorüber; wenn des Bruders Wege unsre Wege kreuzen, seine zeitliche Förderung zeitliche Nachteile für uns in sich schließt, wir sinken, indem er steigt, oder sein Steigen uns auf niederer Stufe zurückhält, dann wandelt sich Güte in Bitterkeit, Wohlwollen in Neid, Liebe in Haß. So müssen wir bekennen, daß die Liebe unsrer Natur entspricht und widerspricht, daß Liebe und Lieblosigkeit zugleich im Menschenherzen wohnen. Soll die Liebe allein in uns Raum haben, dann müssen wir ganz und völlig neu geboren und um= geschaffen werden, dann muß unser natürlicher Mensch sterben, der geistige Mensch leben. Ohne Neugeburt keine Bruderliebe im Sinne des Evangeliums, nach dem Maße unsrer Erneuerung christliche Bruderliebe. Daher sagt der Apostel: „Wer lieb hat, der ist von Gott geboren und kennet Gott". Wenn das Liebeswerk Gottes für uns sich nicht im Liebeswerk Gottes fortsetzt, so bleiben wir ohnmächtig, die Liebe in uns zu erwecken und zu bewähren, die Gott von uns fordert. Diese Neugeburt beginnt im Glauben, aber nur in dem Glauben, der die Liebe in sich schließt. Ein Glaube, der nicht die Frucht der Liebe aus sich erzeugt, ist tot, hat keinen Wert, Gott erkennt ihn nicht an, er hilft uns nicht zum Heil. Er baut nicht das Reich Gottes. Daher ruft uns der Apostel Paulus, der Herold der Glaubensgerechtigkeit, zu: „Hätte ich allen Glauben, also, daß ich Berge versetzte und hätte der Liebe nicht, so wäre ich nichts" (1. Kor. 13, 2). Ein Glaube an die Liebe Gottes, der nicht die Bruderliebe entzündet, ist nichtiges Verstandes= werk ohne Lebenskraft oder die Selbsttäuschung einer Genußsucht, die das natürliche Ich pflegt, aber nicht ertötet. Wir müssen von neuem geboren werden. Wenn die Liebe Gottes uns nicht umschafft zu einem, wenn auch getrübten Abbild ihrer selbst, wenn die ewige Liebe nicht auch uns in ihr Leben, in das Leben der Liebe, versetzt, dann bleiben wir, was wir von Natur sind, lieblos, voll Bitterkeit, Neid und Haß. Aber, in dem Herrn Geliebte, die ewige Liebe, die uns in Christo erschienen ist, will uns umschaffen, will ihr heiliges und seliges Werk an einem jeden von uns vollbringen. Sie will einen tiefen Eindruck ihrer Größe und Herrlichkeit in uns erzeugen, damit ein lebendiger, in Liebe sich offenbarender Glaube an sie entstehe. Ach, daß wir doch recht an die Liebe Gottes glauben, sie wahrhaft erkennen, an und in uns erfahren möchten! Laßt uns doch immer in das Herz unsers Gottes, in seine Liebe, hineinblicken, und laßt uns nicht bloß auf die unendliche Barm= herzigkeit schauen, die uns selbst zu teil geworden ist, sondern es uns immer lebendig vor Augen stellen, daß dieselbe Liebe alle unsre Brüder trägt, daß sie einem jeden von ihnen vorgeht und nachgeht, daß ihrer aller Namen in das Buch der ewigen Liebe gezeichnet sind. Diese Liebe spricht nun zu uns: Ich will mich durch eure Liebe an euren Brüdern offenbaren, an eurer Liebe sollen sie meine Liebe erkennen. Und, wenn ich euch untereinander in besondere nahe Gemeinschaften gestellt habe, in Haus und Beruf, in Freundschaft und Nachbarschaft, in Gemeinde und Volk, so soll ein jeder in der Liebe des andern meine Liebe spüren. Und meine Liebe soll der Wegweiser für eure Liebe sein. Meine Liebe ist aber unendlich groß, denn ich bin die Liebe selbst, deshalb habe ich meinen eingebornen Sohn zu euch gesandt und für euch in den Tod gegeben, ich habe ihn gesandt nicht bloß für dich, sondern für alle Menschen, daß sie alle in ihm verbunden seien. So gewaltig redet die Liebe Gottes zu uns, sie klopft mächtig an die Thür unsers Herzens; sie will die Fesseln lösen, welche die Liebeskraft in uns binden, sie will uns für die Liebe gewinnen, für das Leben und die Arbeit in der Liebe; der heilige Liebesgeist Gottes will in unsre Seele einziehen und mit seinem verzehrenden Feuer die in uns wohnende Selbstsucht vernichten. Wenn wir von der Herrlichkeit der Liebe Gottes bewegt werden, wenn wir begehren, in ihren Dienst uns zu stellen, dann erkennen wir es, daß der heilige Geist in unsern Herzen wirkt. Wir fühlen Frühlingswehen, des Eises Rinde springt. Aber freilich, diese Neugeburt durch die Liebe für die Liebe ist nicht ein Werk, das im Verlauf weniger Tage, Monate oder Jahre vollbracht wird, auf das wir als auf ein abgeschlossenes, unveränderlich und unerschütterlich Feststehendes blicken könnten. Wir können vielleicht seine Grundlegung, seinen Anfang, bestimmen, aber sein Fortgang zieht sich durch unser ganzes Erdenleben hindurch, und erst, wenn wir unsern letzten Atemzug thun und in Gottes Hand unsern Geist befehlen, wenn wir in Christo entschlafen, um im himmlischen Vaterhause zu erwachen, erst dann hat die Neugeburt das Ziel der Vollendung erreicht, für welches der heilige Geist während unsrer irdischen Pilgerschaft uns bereiten will. Denn, so lange wir in dieser Zeitlichkeit weilen, streitet noch immer das Fleisch, das die selbstsüchtige Begierde nährt, gegen den Geist und die Liebe, und wir müssen uns immer von neuem in die heilige Liebe unsers Gottes versenken, damit die so leicht sinkende und erlöschende Flamme unsrer Liebe gestärkt und bewahrt werde. Nur unter stetem Kampf des Geistes gegen das Fleisch, der Liebe gegen die Selbstsucht wächst in uns der neue Mensch und reift dem Tage der Vollendung entgegen. Zu diesem Kampf wollen wir uns heute ermuntern. Die Kraft zum Kampf, die Hoffnung auf den Sieg schöpfen wir aus dem Aufblick zur Liebe Gottes, die uns in Christo erschienen ist. Ihr geloben wir uns aufs neue.

„Ihr Lieben, so spricht der Apostel Johannes im lockenden Tone der Freundlichkeit und Güte, hat uns Gott also geliebet, so sollen wir uns auch untereinander lieben." Wir wollen ihm freudig antworten: Gott hat uns zuerst geliebt, wir wollen ihn wieder lieben, ihn in Christus, in Christus die Brüder. Amen.

XVI.

Die Gemeinschaft mit Gott, das Bleibende im Wechsel.

1. Joh. 4, 12—19.

Niemand hat Gott jemals gesehen. So wir uns untereinander lieben, so bleibet Gott in uns, und seine Liebe ist völlig in uns. Daran erkennen wir, daß wir in ihm bleiben und er in uns, daß er uns von seinem Geist gegeben hat. Und wir haben gesehen und zeugen, daß der Vater den Sohn gesandt hat zum Heiland der Welt. Welcher nun bekennet, daß Jesus Gottes Sohn ist, in dem bleibet Gott und er in Gott. Und wir haben erkannt und geglaubet die Liebe, die Gott zu uns hat. Gott ist die Liebe; und wer in der Liebe bleibet, der bleibet in Gott, und Gott in ihm. Daran ist die Liebe völlig bei uns, auf daß wir eine Freudigkeit haben am Tage des Gerichts; denn, gleichwie er ist, so sind auch wir in dieser Welt. Furcht ist nicht in der Liebe, sondern die völlige Liebe treibet die Furcht aus; denn die Furcht hat Pein. Wer sich aber fürchtet, der ist nicht völlig in der Liebe. Lasset uns ihn lieben, denn er hat uns erst geliebet.

Von neuem vernehmen wir heute die stumme und doch so laute Predigt des Todes. Wir hören seine Stimme: Wir sind Pilgrime hier auf Erden, früh oder spät schlägt für uns alle die letzte Stunde, die uns von dieser Welt abruft. Mit jedem Jahre, mit jedem Totenfeste, das wir begehen, rückt sie uns näher. Und diejenigen unter uns, welche die Tage des Alters erreicht haben oder mit schnellen Schritten ihnen entgegengehen, spüren an unmißdeutbaren Zeichen, daß die Kraft des irdischen Lebens im Sinken begriffen ist, daß die Rüstigkeit geringer wird, und daß die siegesgewisse Freudigkeit, mit der sie früher mutig den Hindernissen auf ihrem Wege Widerstand leisteten, immer mehr schwindet. Häufiger senkt sich die Wolke der Schwermut auf ihre Seele nieder, ernster wird der Blick in die Zukunft, oft ergreift Müdigkeit nicht bloß unsern Körper, sondern auch unser geistiges Leben. Wir spüren es, daß wir nicht mehr bergauf gehen, vielmehr, wenn auch vielleicht langsam, bergab. Es ist die stumme und doch so laute Predigt des Todes, die an uns ergeht. Und wenn wir auf sie hören, so treten zugleich vor unsern erinnernden Geist die Gestalten der teuern Mitpilger, die früher als wir das Ziel erreichten, mit denen uns die Bande der innigsten Liebe verknüpften. Vor unsrer Seele erscheinen die schönen Stunden, die wir in ihrer Gemeinschaft genossen, die reiche Liebe, die wir von ihnen empfingen, die Erquickung, die sie uns gewährten. Sie weilen nicht mehr unter uns. Aber ihr Bild, so oft erblassend im arbeitsvollen und zerstreuenden Getriebe des Lebens, heute gewinnt es hellere, lebendigere Farben, und wir werden inne, daß die Wurzeln unsrer Liebe noch nicht ausgegraben sind aus unsern Herzen. Wir fühlen uns hingezogen zu den Friedhöfen und legen den Kranz dankbarer Liebe und Treue auf teure Gräber. Und, wenn ihnen nicht unser Fuß nahen kann, so umschwebt sie doch unser Geist. Unsichtbar stehen wir an dem kleinen Hügel, und unser Auge schaut zu der Stätte der Vollendung auf, in der wir unsre Entschlafenen geborgen wissen.

Es ist eine ernste Predigt, die wir aus dem Munde des Todes vernehmen. Sie ruft uns zu: Alles Irdische ist vergänglich, vergänglich auch die herrlichste Blüte des Irdischen, das Menschenleben. Es entsteht, blüht, reift, sinkt dahin gleich der Blume des Feldes. Aber giebt es nichts Bleibendes im Wechsel, nichts Unveränderliches, Seiendes, Wesenhaftes in der Flucht der Erscheinungen, in der Flut des Werdens und Vergehens. Mit dieser Frage treten wir an das Wort Gottes heran, das heute zu uns redet, und siehe, es zeugt von dem, was bleibt. Wie wohl in einem Liede immer von neuem gleichlautende Worte wiederkehren, welche den tiefsten Sinn desselben deuten wollen, so ruft uns der Apostel wieder und wieder das Wort zu: Es bleibt Gott in uns, wir bleiben in Gott. Die Gemeinschaft Gottes mit uns, unsre Gemeinschaft mit ihm, sie bleiben. Es ist

Die Gemeinschaft mit Gott das Bleibende im Wechsel.

Hier unsre Hoffnung angesichts des Todes, hier unser Trost am Grabe unsrer Lieben.

1.

Der Blick in das Land jenseit des Grabes erfüllt uns mit bangem Schauer; die Gewißheit, daß wir selbst es früher oder später betreten müssen, legt sich belastend auf unsre Seele. Weshalb? Weil uns der Reiz dieser sichtbaren Welt so fesselt, weil der Zauber ihrer Schöne unsern Sinn gefangen hält? Ach, es giebt so viele unter uns, welche nur wenig von der Herrlichkeit des Erdendaseins genossen haben, ihr Leben war ein steter Kampf, Entsagung und Verzicht die Losung, der sie folgen mußten. Die holden Täuschungen der Jugend zerrannen so bald, die harten Enttäuschungen des Lebens traten so reichlich ein. Aber es ist in der Natur des Menschen der Wunsch tief begründet, dies zeitliche Dasein, wie arm an Freuden und wie reich an Schmerzen es sei, solange als möglich fortzuspinnen, und es wird oft dem Greise nicht minder schwer von ihm zu scheiden als dem Jüngling und der Jungfrau. Woher dies sich Festklammern an das vergängliche Leben, woher die Scheu, die Angst vor dem Jenseits des Grabes? Meine Lieben! Diese bangen Gefühle angesichts des Todes wurzeln in der Fremdheit des Landes, in welches wir eintreten sollen. Diese irdische, sichtbare Welt ist uns vertraut und heimisch geworden, hier haben wir uns Hütten gebaut, hier haben wir Lust und Schmerz erfahren, hier haben wir gearbeitet, hier Siege errungen und Niederlagen erlitten, hier Liebe gegeben und empfangen. Aber das Land, in das wir durch die Pforte des Todes eingehen, ist uns unbekannt geblieben. Niemand, der dort gewesen, ist zurückgekehrt und hat uns mitgeteilt, was er gesehen, gehört, erfahren. Und in dies dunkle Land sollten wir ohne Bangigkeit eintreten, es sollten sich in uns nicht dieselben bangen Gefühle regen, die einen Abraham erfüllten, als an ihn der Ruf Gottes erging: „Gehe aus deinem Vaterland und von deiner

Freundschaft und aus deines Vaters Hause in ein Land, das ich dir zeigen will" (Mof. 12, 1)?

Und doch, meine Teuern, was unserm natürlichen, sinnlichen Menschen fremd ist, unserm geistigen Menschen ist es vertraut. Denn wir haben in Jesu Christo Gemeinschaft mit unserm Gott, dem das Diesseits und das Jenseits gehört, dessen Reich hier und dort erbaut ist. Wenn wir die Schwelle des Todes überschreiten, so verlassen wir nicht unser Vaterland und gehen in die Fremde, sondern wir bleiben im Vaterland, denn wir bleiben bei unserm Gott und Vater. Und ein wie inniges Band vereinigt uns mit ihm! Er hat uns von seinem Geist gegeben, sein Geist lebt und wirkt in uns, wie könnten wir von ihm getrennt werden! Unser Gott giebt nur denen seinen Geist, die er zur Teilnahme an seinem ewigen Leben berufen hat. Daß wir von seinem Geist empfangen haben, ist ein gewisses Zeugnis, daß wir in Gott bleiben sollen, daß er in uns bleiben will. In der Gemeinschaft mit Gott durch seinen heiligen Geist erfahren wir aber auch die Gewißheit seiner unendlichen Liebe. Hier erkennen und erleben wir seine Liebe, die barmherzig und gnädig unsre Schuld vergiebt und die Macht der Sünde in uns bricht. Und diese Gewißheit im heiligen Geiste ist keine Selbsttäuschung, denn der heilige Geist geht von Jesus Christus aus, in dessen Zügen wir das Vaterangesicht Gottes erblicken, der uns seine Liebe offenbart und verbürgt. Was Gott durch Jesus Christus in die Menschenwelt hineingerufen hat, das selige Wort von der Liebe Gottes, der heilige Geist spricht es in das Herz jedes Jüngers Jesu hinein, wie der Herr es verkündet hat: „Von dem Meinen wird er es nehmen und euch verkündigen" (Evang. Joh. 16, 14). So wissen wir uns als geliebte Kinder Gottes in Christo, es schwindet in unsern Herzen alle Furcht und alle Pein der Furcht, wir haben eine Freudigkeit am Tage des Gerichts, als Glieder am Leibe Jesu Christi, als seine Jünger und Brüder sind wir wie er in dieser Welt, in ihm Gegenstand der unendlichen Liebe Gottes, so daß wir triumphierend rufen: „Ist Gott für uns, wer mag wider uns sein?" (Röm. 8, 31).

Siehe da unsre Hoffnung angesichts des Todes, eine feste, zuversichtliche Hoffnung, eine Hoffnung, wie sie den Kindern der Welt fehlt und fehlen muß. Aus welchen Quellen sollten sie dieselbe schöpfen! Ihr Leben gehört der Erde an, die wir sterbend verlassen. Es ist von dem Trachten nach zeitlichen Gütern erfüllt, von denen wir uns im Tode trennen müssen. Die Herrlichkeit der unsichtbaren Welt, des himmlischen Jerusalems, hat für sie keinen Reiz. Dort wird das ganze Leben ein vollkommener Gottesdienst sein, sie aber wollen nur der Welt dienen, für Gott ist in ihren Herzen kein Raum. Dort werden nur unvergängliche, unsichtbare Schätze gewonnen, und sie kämpfen nur um vergängliche Preise, die der sichtbaren Wirklichkeit angehören. Deshalb sehen die Kinder der Welt ohne Trost dem Tage entgegen, der sie aus dieser Welt abruft, oder suchen vielmehr den Blick von demselben abzuwenden. In rastloser Arbeit die einen, in der Jagd nach Genuß die andern, wollen sie das unvermeidliche Todesgeschick vergessen, verscheuchen sie den Gedanken des Todes. Vielleicht taucht in ihrer Seele die Ahnung eines Lebens jenseit des Grabes auf, aber sie vermögen diese Ahnung nicht festzuhalten, das Bild einer ewigen Zukunft löst sich ihnen immer wieder auf, weil der Zug des Herzens ihm nicht begegnet. Der Zweifel zerstört die Hoffnung, die sich leise regt, die Gedanken, welche sie stützen wollen, leisten entgegengesetzten Erwägungen, welche sie bedrohen, nicht Widerstand, und so verliert die Seele, bald hierhin, bald dorthin gezogen, den Boden sichernder Gewißheit. Die Zuversicht des Glaubens ist ihr versagt. Aber die Kinder Gottes triumphieren, wenn die Kinder der Welt verzagen. Sie rufen mit dem Apostel Paulus: „Tod, wo ist dein Stachel? Hölle, wo ist dein Sieg?" (1. Kor. 15, 55), und ihre Losung heißt: „Leben wir, so leben wir dem Herrn; sterben wir, so sterben wir dem Herrn. Darum, wir leben oder sterben, so sind wir des Herrn" (Röm. 14, 8). Sie leben Gott, und Gott lebt in ihnen, wer mag sie aus seiner Hand reißen? Gott ist mächtiger als der Tod. Gott, der die Liebe ist, hat ihre Namen in das Buch des Lebens geschrieben; wer mag sie auslöschen? Wen die Liebe Gottes an ihr Herz gezogen hat, ist für alle Ewigkeit geborgen. Die Liebe der Menschen schwankt, hier folgt auf die Flut die Ebbe; aber die Liebe Gottes bleibt sich gleich, wer sie erfahren hat, wird von ihr nicht verlassen. Die Liebe Gottes ist stärker als der Tod. Die Kinder Gottes sind Glieder am Leibe Jesu Christi; wer mag die Glieder vom Haupte trennen? Wo Christus weilt, weilen auch die Seinen. Sind wir Kinder Gottes, so auch Erben Gottes. „Lässet wohl ein Haupt sein

Glied, welches es nicht nach sich zieht?" Die Kinder Gottes blicken getröstet dem Tage ihres Scheidens von dieser Erde entgegen, und getröstet stehen sie auch am Grabe ihrer Lieben.

2.

Denn wir bleiben mit ihnen verbunden und werden sie wieder= sehen. Wurzelt doch die Liebe, welche Christen miteinander ver= einigt, in den ewigen Gütern, welche die Gnade Gottes ihnen verliehen hat. Nicht die Reize der Schönheit, mit denen Gott das leibliche Leben geschmückt hat, die so bald verwelken, wie die Blume des Grases, verbinden sie; nicht verknüpfen sie die mancherlei Gaben des Geistes, die doch die tiefsten Bedürfnisse unsers Herzens unbefriedigt lassen, wie sehr sie anziehen und fesseln, erfrischen und erquicken, unsern Blick erweitern und vertiefen; nein, einzig und allein das gleiche Trachten nach den ewigen, himmlischen Gütern, die Gemeinsamkeit des Pilgerwegs schlingen um ihre Seelen ein unlösbares Band. Nur diese Liebe schließt die Bürgschaft der Ewigkeit in sich. Auch unter denen, welche durch die eigentümliche Anziehungskraft, die sie aufeinander aus= übten, zu einem nahen Gemeinschaftsleben verbunden sind, das innige Liebe fordert, um zu entstehen und zu bestehen, hier in der Ehe und Familie, dort in der Freundschaft, verliert die Zuneigung ihre Stärke und schwindet leicht unter den mancherlei Sorgen und Kämpfen, die unauflöslich mit dem irdischen Dasein verbunden sind, wenn nicht das Gefühl der Vereinigung in Gott durch unsern Herrn Jesum Christum das sich lockernde Band immer von neuem befestigt, die erlöschende Flamme der Liebe von neuem anfacht. Nur, wenn sie auf ewigem Grunde ruht, ist die Bruderliebe ge= sichert, nur wenn sie in der Liebe zu Gott wurzelt, kann sie von den Stürmen des Lebens nicht entwurzelt werden. Nur die Liebe Gottes, die uns zu seinen Kindern erwählt hat, verbindet uns untereinander als Brüder. Daher sagt der Apostel: „Ihr Lieben, hat uns Gott also geliebet, so sollen wir uns auch untereinander lieben." Aber durch die Bruderliebe wachsen wir auch in der Liebe zu Gott. Hier erfahren wir, gebend und empfangend, zugleich die Liebe Gottes, die unsre Liebe zu ihm stärkt. Wo wahre Liebe waltet, da wirkt immer Gott selbst, der die Liebe ist; und wo die Liebe Gottes gefühlt wird, ruft sie Gegenliebe hervor. „So wir uns untereinander lieben, so bleibet Gott in uns, und seine Liebe ist völlig in uns."

Bruderliebe, auf diesem ewigen Grunde ruhend, ist ewig, unsterblich, der Tod kann sie nicht vernichten, sie reicht über das Grab hinaus. In ihr bleiben wir auch mit unsern Entschlafenen vereinigt. Freilich vermögen wir nicht mehr, ihnen auszusprechen, daß unser Herz noch warm für sie schlägt, nicht mehr, im Blick des Auges, im Druck der Hand ihnen unsre Liebe zu bezeugen. Sie wandeln nicht mehr in unsrer Mitte, und unsre Sinne suchen ihre teure Gestalt vergeblich. Wir können ihre Grabhügel schmücken, mit Kränzen und Blumen die Stätte des Todes in ein Bild des Lebens verwandeln, aber wie arm, wie leer, wie kalt ist dieser Gruß der Lebenden an die Toten, oder, daß wir im Lichte der Wahrheit reden, dieser Gruß der Erdenpilger, die dem Tode ent= gegengehen, an die Bürger des himmlischen Jerusalems, die den Tod überwunden haben. Ach, und wie selten steigen unsre Ge= danken zu den seligen Wohnungen empor, in denen unsre Geliebten weilen! Die rastlose Arbeit des Erdenlebens, die unsre volle Teil= nahme in Anspruch nimmt, die Teuren, die uns hier geblieben sind, oder die wir neu gewonnen, die ein verödetes Dasein wieder mit Leben und Licht erfüllt haben, alle die Reize und mannig= faltigen Beziehungen der Gegenwart, die uns mit dieser Welt ver= knüpfen, sie drängen das teure Bild der Entschlafenen zurück. Und hier waltet eine göttliche Ordnung. Wir gehören der Gegen= wart an, sie hat auf uns, wir haben auf sie ein Recht. Und doch, wir haben unsre Toten nicht vergessen, im tiefsten Grunde unsers Herzens lebt ihr Bild, und in stillen, ernsten Stunden der Samm= lung tritt es vor unsre Seele. Wir fühlen es dann, wie die Liebe zu ihnen nicht erloschen ist; vor unsre Erinnerung treten alle Er= quickungen, die sie uns gewährten, alle Stunden der Freude und des Glücks, die wir in Gemeinschaft mit ihnen genossen, und sehnende Liebe hebt uns zu ihnen empor. Und, je älter wir werden, desto näher erscheinen sie uns, und die Grüße der Liebe steigen häufiger, steigen inniger zu ihnen empor. Wir rufen ihnen zu: Wartet auf uns noch eine kleine Zeit, bereitet uns die Stätte, bald sind wir in eurer Gemeinschaft, bald hat auch unsre Pilgerzeit ihr Ende erreicht, bald sind auch wir am Ziel, bald blicken auch wir auf unser Erden= leben zurück wie der Erwachende auf die Träume des nächtlichen

Schlafes. So grüßen wir unsre Entschlafenen, von der Erde zum Himmel aufblickend, und unsre Grüße bleiben nicht unerwidert.

Sie haben einst an unsrer Freude und an unserm Schmerz teilgenommen, und, je inniger das Band war, das uns mit ihnen vereinigte, desto gewisser waren wir, daß die Gefühle unsers Herzens auch in ihrem Herzen einen Wiederhall fanden, daß den Gedanken unsres Geistes auch die Gedanken ihres Geistes begegneten. Sie haben einst mit ihrer liebenden Fürsorge uns getragen, mit ihrer Fürbitte uns auf allen Wegen begleitet. Und jetzt sollten sie nicht mehr unsrer gedenken, jetzt sollte unser Geschick, unsre Lust und unser Leid, ihnen fremd geworden sein, jetzt sollte ihre Fürbitte für uns nicht mehr dem Throne Gottes nahen! Nimmermehr! Wir sind von der gewissen Zuversicht erfüllt, daß noch jetzt ihr Herz für uns schlägt, daß sie uns auf unsern Wegen begleiten, daß sie uns nahe sind, wenn sich unsre Seele in Dank und Lobpreis zu Gott erhebt, aber daß sie uns auch umschweben, wenn dunkle Wolken des Leidens uns umhüllen. Wir glauben es zuversichtlich, daß sie die Opfer des Gebets und der Fürbitte darbringen, daß wir den Weg des Heils nicht verlassen und das Ziel der Seligkeit erreichen, daß sie weinend ihr Angesicht verhüllen, wenn wir in der Stunde der Versuchung straucheln, und daß sie den Herrn anflehen, seine Gnade wolle uns wieder aufrichten. Meine Teuern, wenn wir uns einst vor dem Throne unsers Gottes und Vaters als seine begnadigten und geretteten Kinder wiederfinden, wenn wir sie dann alle suchen, die uns geschützt und behütet, und, wenn wir uns selbst verloren, in treuster Liebe uns nachgegangen sind, wenn wir dann fragen, wo sind sie, daß wir ihnen danken, dann werden in der großen Schar der Boten Gottes, die uns in seinem Namen und in seiner Liebe zu ihm führten, unsre teuern Entschlafenen nicht fehlen, sie werden dann zu uns sprechen: Ich bin dir immer nahe gewesen, mein Geist hat dich umschwebt, meine betende Liebe dich umgeben. Seien wir gewiß, unsre vorangegangenen Lieben senden heilige Grüße vom Himmel her zu uns hernieder. Kinder, eure Eltern, Vater und Mutter, haben euch verlassen und sind doch bei euch geblieben, sie begleiten euch unsichtbar mit fürbittender Liebe auf allen euern Wegen, mahnend, warnend, tröstend; Eltern, die ihr ein teures Kind verloren habt, es ist euch nicht verloren, liebend gedenkt es eurer und ruft euch zu: Ich erwarte euch im

Hause des himmlischen Vaters, hier wachse ich auf in heiliger Hut, sicher und geborgen, ihr dürft nicht mehr für mich sorgen und zagen. Mein Bild ziehe euch zu den himmlischen Wohnungen empor. Ehegenossen, die der Tod geschieden, Geschwister, die das Grab getrennt, Freunde, die ihr euch nicht mehr auf Erden aneinander erquicken könnt, ihr seid doch verbunden. Die ihr hier zurückgeblieben, blickt zu den Vorangegangenen empor, wie sie zu euch mit Grüßen heiliger Liebe herniederschauen. Sie sind die Sieger, wir noch Kämpfer, sie weilen im Vaterlande, wir pilgern noch in der Fremde. Ihr Vorbild ruft uns zur Nachfolge, ihre Seligkeit zeigt uns den Siegespreis, ihre Liebe zieht uns empor. Und so treten wir an die Gräber unsrer Lieben, weinend und doch getröstet. Wir trauern, aber die Hoffnung des Glaubens hält uns aufrecht. In der Gemeinschaft mit Gott durch unsern Herrn Jesum Christum, in der Gemeinschaft ewigen Lebens durch den heiligen Geist schlagen wir eine Brücke, die Himmel und Erde, Zeit und Ewigkeit, Dießseits und Jenseits verbindet. Wir tauschen Gruß um Gruß, gebend und empfangend, die Kämpfer mit den Siegern. Die trennenden Schranken weichen, wir spüren den Hauch der Ewigkeit. Von ihm umweht, setzen wir freudig unsre Pilgerschaft fort. Wir kennen das Ziel, seine Herrlichkeit verleiht uns Kraft, des langen Weges Mühen zu überwinden, seine Herr=lichkeit hält uns zurück, von seinen Reizen uns fesseln zu lassen. Es schwinden die Schrecken des Todes. Je mehr wir uns dem Ziele nahen, desto vertrauter wird uns das Bekenntnis des Apostels Paulus: „Ich habe Lust abzuscheiden und bei Christo zu sein, welches auch viel besser wäre" (Phil. 1, 23). Und wenn wir durch das dunkle Thal gehen, so verzagen wir nicht, der Herr führt uns, sein Stecken und Stab trösten uns, seine Engel tragen unsre Seele in die himmlische Heimat hinüber. „Tod, wo ist dein Stachel? Hölle, wo ist dein Sieg? Gott aber sei Dank, der uns den Sieg gegeben hat durch unsern Herrn Jesum Christum" (1. Kor. 15, 55. 57). Amen.

XVII.

Der Weg der heiligen Liebe.

1. Joh. 4, 20—5, 3.

So jemand spricht: Ich liebe Gott und hasset seinen Bruder, der ist ein Lügner; denn, wer seinen Bruder nicht liebet, den er siehet, wie kann er Gott lieben, den er nicht siehet? Und dies Gebot haben wir von ihm, daß, wer Gott liebet, daß der auch seinen Bruder liebe. Wer da glaubet, daß Jesus sei der Christ, der ist von Gott geboren. Und wer da liebet den, der ihn geboren hat, der liebet auch den, der von ihm geboren ist. Daran erkennen wir, daß wir Gottes Kinder lieben, wenn wir Gott lieben und seine Gebote halten. Denn das ist die Liebe zu Gott, daß wir seine Gebote halten; und seine Gebote sind nicht schwer.

Aus der Ferne hören wir die Weihnachtsglocken erklingen, was rufen sie uns zu? Es ist die Botschaft von der ewigen Liebe Gottes, die an uns ergeht. Aus der Ferne leuchtet zu uns heller Lichterglanz, was hat ihn entzündet? Es ist die Liebe zu den Brüdern, die sich in der Liebe Gottes zu uns begründet. Wir schauen aufwärts, und das Vaterangesicht Gottes ist auf uns gerichtet; wir schauen um uns und erkennen in unsern Nächsten unsre Brüder. Es ist das Fest der Liebe, auf das wir uns rüsten, dem wir entgegengehen. Viel geschäftiges Treiben im Hause, viel fleißige Hände, viel eilende Füße, viel mühsames Schaffen, oft auch viel Sorge, wenn die Not über die Schwelle getreten ist und der Liebe die Hände bindet! Daß wir doch über der äußeren Zurüstung die innere Bereitung nicht vergessen, in der Unruhe der Martha-Fürsorge nicht die stille Andacht Marias, über das Irdische und Zeitliche nicht das Himmlische und Ewige! Der Apostel Johannes tritt heute als Adventsprediger in unsre Mitte und weist uns den Weg, auf dem wir uns zu gesegneter Feier des Weihnachtsfestes bereiten sollen, den Weg der heiligen Liebe.

Der Weg der heiligen Liebe

bilde den Gegenstand unsrer andächtigen Betrachtung. Wir fragen nach seinem Anfang und nach seinem Ausgang.

1.

Glaube an Jesum Christum, in diesem Glauben Wiedergeburt, in der Wiedergeburt Liebe zu Gott, siehe da den Anfang des Weges der heiligen Liebe. Unsers Lebens Frieden wurzelt im Glauben. Das Kind glaubt an des Vaters Macht, ihm alles zu gewähren, wessen es bedarf, glaubt an der Mutter Fürsorge, die an seiner Freude und an seinen Leiden teilnimmt, und im Glauben an die Liebe der Eltern weiß es sich geborgen. Aber in dieser Liebe offenbart sich die Liebe Gottes, und deshalb führen fromme Eltern, die sich als Diener und Werkzeuge Gottes erkennen, ihre Kinder zu dem, welcher der rechte Vater ist über alles, was Kinder heißt im Himmel und auf Erden, dessen allmächtige Hand auch da hilft, wo des treuesten Vaters Hand nicht zu helfen vermag, und dessen Trost nicht versagt, wo der treuesten Mutter Lippe verstummt. In diesem Glauben ruht unser Friede. Wenn die Stürme brausen und sich die Wellen mit Ungestüm erheben, sie vermögen nicht unser Schiff in die Tiefe zu ziehen, unser himmlischer Vater führt es sicher durch die Kämpfe des Erdenlebens hindurch in die selige Ewigkeit.

Aber wie schwer, diesen Glauben zu behaupten und den Frieden des Glaubens zu bewahren unter den Anfechtungen des Zweifels, welche, gleich üppig aufwachsenden Dornen, die zarte Blume des Glaubens zu ersticken drohen! Wie weit vom Himmel entfernt erscheint diese Erde, wieviel Jammer, wieviel Elend, wieviel Sünde hier unten, und vom Himmel her kein Arm, der wehrt, keine Hand, die sich ausstreckt, zu retten und zu richten. Wieviel Thränen, die nicht getrocknet werden, wieviel Bitten, die unerhört bleiben! Wie ferne ist unser Gott, dringt das Flehen nicht zu seinen Ohren, ist sein Auge geschlossen, daß es den Kummer der Menschenkinder nicht sieht? Der Glaube will schwinden, der Friede weichen. Aber vor der Herrlichkeit der Weihnachtsbotschaft zerrinnt der Zweifel. „Friede auf Erden", singen die Engel, „Friede auf Erden" klingt es wieder aus der Brust des Menschen. Es hat uns besucht der Aufgang aus der Höh'. Nun ist es nicht mehr dunkel auf der Erde, wir können preisen:

> Das ew'ge Licht geht da herein,
> Giebt der Welt ein neuen Schein,

Es leucht wohl mitten in der Nacht
Und uns des Lichtes Kinder macht.

Wir sind nicht mehr von unserm Gott getrennt, er ist in unser Geschlecht eingetreten und hat sich mit ihm vereinigt.

„Des sollt ihr billig fröhlich sein,
Daß Gott mit euch ist worden ein,
Er ist geboren eur Fleisch und Blut,
Eur Bruder ist das ew'ge Gut."

In Christo finden wir Gott, unsern himmlischen Vater. Nun mag uns vieles versagt bleiben, um das wir bitten, nun mögen viele Erdenkämpfe uns erwarten, nun mögen viele Opfer uns auf= erlegt werden, das höchste Gut ist unser Teil geworden, und, wer das Höchste sein nennt, kann es ertragen, daß er auf Geringes verzichten muß. In Christo haben wir freien und freudigen Zu= gang zu unserm Gott und Vater, im Glauben an ihn haben wir Frieden. Der Quell eines neuen, ewigen Lebens ist uns erschlossen, wir sind neugeboren. Glaube und Wiedergeburt sind unauflöslich miteinander verbunden. „Wer da glaubet, daß Jesus sei der Christ, der ist von Gott geboren." Im Glauben werden wir Bürger einer neuen Welt. Hier ist die Welt der Sünde, der Schuld und der Strafe, dort die Welt der Gnade, welche die Schuld vergiebt, die Macht der Sünde bricht, nicht richtet, sondern rettet. Hier die Welt, in der wir die niederziehende Macht des Fleisches schmerzlich fühlen, dort die Welt, in der wir beseligt die erhebende Macht des heiligen Geistes erfahren. Hier die Welt, in der so oft die Versuchung zur Verführung, der Kampf zur Nieder= lage, die Berührung der irdischen Güter zur Befleckung der Seele sich verwandelt, dort die Welt, in der uns eine Waffenrüstung angelegt wird, die uns den Sieg verheißt, aus deren Herrlichkeit heilige Kräfte uns zuströmen; die uns reinigen und zu Mitarbeitern am Reiche Gottes auf Erden weihen. Hier eine Welt, die jedem Menschenleben das frühe oder späte Ziel des Todes bestimmt, dort eine Welt des Lebens, dem keine Grenze gezogen ist, das zu stetem Wachstum, zu fortschreitender, reicherer Entfaltung berufen ist. Hier Verzicht, dort Hoffnung, hier Verzagtheit, dort Friede, hier Zweifel, dort Gewißheit. Im Glauben Wiedergeburt und in der Wiedergeburt Liebe zu Gott! Wir lieben am innigsten, wem wir das Höchste danken. Nun, meine Teuern, wir haben von unserm

Gott alle wahren Güter des Lebens empfangen. Er hat uns geschaffen, er erhält uns, er hat uns geleitet und geführt, alle
Freuden, die uns erquicken, sind seine Gaben, alle Kräfte, mit
denen wir unserm Nächsten dienen, die Berufsarbeit, die unserm
Leben Wert verleiht und uns mit dem Gefühl der Befriedigung
erfüllt, alle Lieben, in deren Gemeinschaft wir Lust und Stärkung
finden, Weib und Kinder und Freunde, es sind seine Geschenke,
seiner überschwänglichen Gnade und Liebe Zeichen. Er hat uns
neugeboren durch den heiligen Geist, unsre Schuld vergeben, von
der Sünde erlöst, er erzieht uns für die selige Ewigkeit durch die
Tage der Erquickung und durch die Zeiten, da er uns sein Kreuz
auflegt, er erfüllt uns mit der Hoffnung auf unser himmlisches
Erbe, so daß wir Welt und Tod überwinden, wie sollten wir ihn
nicht über alles lieben! Er ist unser Vater, wir sind seine Kinder,
wir dürfen alles, was unser Herz bewegt, vor ihm aussprechen, vor
ihm uns freuen, ihm danken, vor ihm klagen, zu ihm flehen. Er
hat zu uns gesprochen: „Rufe mich an in der Not, so will ich dich
erretten, so sollst du mich preisen" (Pf. 50, 15), wie sollten wir
diesen gütigen Vater nicht über alles lieben!

2.

Aber in der Liebe zu Gott ist die Liebe zu den Brüdern ein-
geschlossen. Dort der Anfang des heiligen Weges der Liebe, hier
sein Ausgang, sein Ziel. Laßt uns betrachten, wie die Bruderliebe
entsteht, welche himmlische Herrlichkeit ihr einwohnt, welche hohe
Pflichten sie auferlegt.

„Wer da liebet den, der ihn geboren hat, der liebt auch den,
der von ihm geboren ist," sagt der Apostel. Meine Teuern, es
giebt kein festeres Band der Liebe als die Gemeinschaft, welche
Gottes Ordnung durch den Zusammenhang des Blutes gestiftet
hat, hier die Gemeinschaft zwischen Eltern und Kindern, dort die
Gemeinschaft zwischen den Geschwistern. An beide werden wir hier
erinnert, an jene um dieser willen. Auf die Vereinigung von
Geschwistern ist der Blick des Apostels gerichtet, sie schwebt ihm in
ihrer Macht und Stärke vor Augen, er kennt keine Gemeinschaft,
die würdiger wäre, als Bild und Vorbild der christlichen Bruderliebe zu erscheinen. Und mit Recht. Mag die Freundschaft, weil
freie Wahl sie geschlossen hat, weil sie auf Verwandtschaft eigen-

tümlicher Geistesart ruht, die Herzen mit lebhafteren Gefühlen be=
wegen, die festeste, zuverlässigste, bleibende Verbindung verknüpft
doch Brüder und Schwestern untereinander. Sie haben einen
Vater, eine Mutter, in demselben Hause sind sie aufgewachsen, zu
einer Familie verschmolzen. Wie sie dieselben Geschicke erfahren
haben, dieselben Freuden, dieselben Leiden, wie sich bei aller Unter=
schiedenheit der Gaben und Neigungen doch ein Geist bei ihnen
offenbart, so nehmen sie an einem Leben teil. Durch die Natur
und durch die Leitung auf demselben Wege hat Gott sie selbst
zusammengeführt und mit unlöslichen Banden vereinigt. So soll
sich auch die ganze Christenheit als eine Bruderschaft erkennen,
zusammengehalten durch die Einheit der Gotteskindschaft in Jesu
Christo. Wir haben einen Vater, der uns durch seinen heiligen
Geist zu einem neuen Leben wiedergeboren hat, wir haben alle von
ihm dieselben himmlischen Güter empfangen, wir nehmen täglich
aus seiner Vaterhand Gnade um Gnade, wir werden alle in seinem
Vaterhause von ihm erzogen, daß wir heranwachsen zum Mannes=
alter Jesu Christi, wir hoffen alle in der Gewißheit des Glaubens
auf das Erbe der Vollendung in der seligen Ewigkeit. In Christo
sind wir Kinder Gottes und untereinander Brüder geworden. In
Christo lieben wir Gott, in Christo die Brüder. Wie viele Spal=
tungen auch in der Christenheit, die Bruderliebe soll von ihnen
nicht unterdrückt werden; wie viele Gegensätze in der Christenheit,
zwischen Reichen und Armen, Vornehmen und Geringen, die
Bruderliebe soll sie ausgleichen, daß Mißachtung hier, Bitterkeit,
Neid, Haß dort nicht Wurzel fassen; wie viele Verirrte und dem
Vaterhause Entfremdete in der Christenheit, die Bruderliebe sucht,
was verloren ist, bis daß sie es findet. Von der Liebe zum Vater
zur Liebe zu den Brüdern! Und doch auch von der Liebe zu den
Brüdern zur Liebe des Vaters! „Denn, wer seinen Bruder nicht
liebet, den er siehet, wie kann er Gott lieben, den er nicht siehet,"
bezeugt der Apostel. Die Liebe zu den Brüdern findet eine Be=
kräftigung in den natürlichen Beziehungen, welche die Menschen
untereinander verknüpfen, in den sichtbaren Verbindungen, welche
sie vereinigen. Wir sehen einander. Und, da alles, was wir mit
unsern Sinnen wahrnehmen, den lebhaftesten Eindruck auf uns
ausübt, so daß wir uns gleichsam mit Gewalt von der sichtbaren
Welt losreißen müssen, um uns zu dem Unsichtbaren zu erheben,

so soll und muß auch die Bruderliebe dadurch, daß wir mit den Sinnen einander wahrnehmen, Kräftigung erfahren. Wir sehen uns, wir sehen des Bruders Not und Elend, wir blicken in sein thränendes Auge, und, was wir sehen, verkündigt uns auch sein Mund, wird durch die Stimme der Klage, die über seine Lippen bringt, gedeutet, das Mitleid erwacht in uns, und unsre Hand streckt sich aus, zu helfen. Aber wir sehen auch des Bruders Freude, wir schauen, wie der Segen Gottes in sein Haus einkehrt, wir blicken in sein strahlendes Auge, und, was wir sehen, verkündigt uns auch sein Mund, und unser Herz freut sich mit den Fröhlichen. Mit den Weinenden zu weinen und mit den Fröhlichen fröhlich zu sein, dazu treibt uns ein natürlicher Zug, denn wir sehen den Bruder. Aber dieser Zug der Liebe, den Gott selbst in uns hineingelegt hat, wird durch die Selbstsucht der Sünde gebunden, die, und wäre es auch nur in einem leisen Gefühl, am Leiden des Bruders ein geheimes Wohlgefallen findet, welches das menschliche Herz schamvoll sich selbst verbirgt, und die nicht ohne Neid die Erfolge des Bruders beobachtet. Ach, möchten doch wir, die wir Christen sind, frei werden von dieser Macht der Selbstsucht und den Bruder lieben, den wir sehen! Wie wollen wir Gott lieben, den wir nicht sehen, nicht mit unsern Sinnen wahrnehmen, wenn wir nicht den Bruder lieben, den wir sehen, dessen Anspruch auf unsre Liebe selbst durch die Sinne zu uns redet!

Aber von den Brüdern führt uns der Weg der heiligen Liebe zu Gott zurück. Denn, wenn die Kraft der Bruderliebe in uns mächtig wird, dann spüren wir es, daß sie von Gott stammt, eine Offenbarung seiner Liebe ist, dann werden wir zu ihm, aller Liebe Quell, erhoben. So empfängt unsre Bruderliebe himmlische Verklärung, wie sie uns der Apostel in den Worten vor Augen stellt: „Daran erkennen wir, daß wir Gottes Kinder lieben, wenn wir Gott lieben und seine Gebote halten." Die Liebe zu Gott verwandelt und verklärt die Nächstenliebe zur Bruderliebe der Kinder Gottes; die Liebe zu Gott verbürgt uns, daß unsre Liebe zu den Menschen Liebe zu den Kindern Gottes wird, hier zu denen, welche die Kindschaft schon ergriffen haben, dort zu denen, die wir zur Kindschaft führen sollen. Meine Lieben, welche Hoheit umfließt unsern Nächsten, welche Würde schmückt sein Haupt, wenn wir in ihm Gottes Kind erblicken! Christen sind Kinder Gottes, Königskinder.

Der Name Gottes, des himmlischen Königs, steht auf ihrer Stirn geschrieben, wir erblicken in ihnen sein Ebenbild. Christen dürfen sich des höchsten Adels rühmen, denn sie sind göttlichen Geschlechts. Deshalb ist ihre Liebe zu einander geweiht. Sie sind Kinder Gottes geworden durch des Vaters einig Kind, seinen eingebornen Sohn Jesum Christum, und deshalb leuchtet das Bild Christi aus ihnen hervor. Ach, daß wir dasselbe doch einer in dem andern erkennen wollten! Wir gehen dem Weihnachtsfeste entgegen, rüsten wir uns doch auch dadurch für dasselbe, daß wir uns inniger und fester als die Kinder Gottes und Jünger Jesu Christi zusammenschließen, daß wir die natürliche Liebe durch Aufschauen zu unserm Gott und Vater heiligen und, wenn sie ermatten, wenn ihr Feuer zu einem schwachen Fortglimmen schwinden will, sie an den Flammen der heiligen Liebe Christi, durch die wir Kinder Gottes geworden sind, neu entzünden. Wir bedürfen es alle sehr, daß wir unsre Liebe an seiner Liebe stärken, denn sie ist großen Gefahren ausgesetzt. Es wird uns leicht, sie zu bewähren, wenn uns unser Lebensweg auf ebene Bahnen führt, aber schwer, wenn wir rauhe Steige gehen müssen, wenn Opfer und Selbstverleugnung von uns gefordert werden. Und die Liebe legt uns hohe, schwere Pflichten auf, Pflichten, die unerläßlich sind. Denn es giebt nur ein sicheres Kennzeichen, daß wir Gottes Kinder sind, die Bewährung unsrer Liebe zu Gott im Halten seiner Gebote. Und seine Gebote sind Gebote der Liebe. Leichte Gebote, seine Gebote sind nicht schwer. Leichte Gebote, weil auch die größten Opfer leicht werden, wenn die Liebe sie bringt. Leichte Gebote, weil wir zur Liebe berufen sind, unser Herz nach Liebe sich sehnt, in der Liebe lebt und ohne Liebe tot ist, nur den Schein des Lebens borgt. Leichte Gebote, weil ein wahrhaftiger Christ durch den heiligen Geist ein Leben aus der Liebe, in der Liebe, für die Liebe empfangen hat. Und doch schwere Gebote! Denn, was dem neuen Menschen leicht ist, wird dem alten Menschen in uns schwer. Denn der alte Mensch ist eng und beschränkt und sucht nur das Seine. Er liebt, wenn innere Verwandtschaft und Neigung ihn bewegt, und er versagt sich und seine Liebe, wenn fremde Geistesart an sie Anspruch erhebt. Dann wird ihm das Liebesgebot hart und schwer, eine Last, nicht eine Lust. Dies haben wir alle erfahren, in größerem Maße der eine, in geringerem der andere.

Aber dürfen wir in diesem Kampfe verzagen? Der Apostel hat unter diesem Widerstreit im eignen Herzen schwer gelitten. Es ringt sich aus seiner Seele der Seufzer: „Ich elender Mensch, wer wird mich erlösen von dem Leibe dieses Todes?" Aber er ruft auch freudig: „Ich danke Gott durch Jesum Christ, unsern Herrn. Das Gesetz des Geistes, der da lebendig macht in Christo Jesu, hat mich frei gemacht von dem Gesetz der Sünde und des Todes" (Röm. 7, 24. 25; 8, 2). In Christo werden uns alle Gebote der Liebe leicht, denn in ihm ist die Liebe erschienen, die zu ihrer Losung gewählt hat Opfer und Selbstverleugnung, die sich zugewendet hat allen Menschen, auch den Sündern, die nicht gekommen ist, um die Ungerechten zu richten, sondern zu retten, die das Verlorene gesucht hat, bis daß sie es gefunden, die den Kleinglauben und Weltsinn der Jünger getragen hat, ohne zu ermüden, und selbst für das Volk gebetet, das ihn an das Kreuz schlug. An dieser Liebe wollen wir unsre Liebe entzünden, in ihrer Kraft die Gebote der Liebe erfüllen. Wer in Christo die Selbstsucht des alten Menschen ertötet und dem Liebesgeist des neuen Menschen freie Bahn bereitet hat, steht am Ziel des Weges der heiligen Liebe. Ein langer Weg, ein fernes Ziel! Und dennoch verzagen wir nicht. Wir vertrauen auf den, der verheißen hat, daß seine Kraft in den Schwachen mächtig sein werde. Zu ihm wollen wir kommen, und er wird uns Gnade um Gnade geben. Und, wenn die hohen Feste, welche die christliche Gemeinde feiert, die auserwählten Zeiten sind, in denen wir mehr als sonst die Seligkeit und den Frieden erfahren, die uns in der Gemeinschaft mit Christo beschieden sind, und aus seiner Fülle reichlicher Gnade schöpfen, so sei uns auch diese Adventszeit und das bevorstehende Weihnachtsfest gesegnet zu einer Erquickungsstätte auf dem Wege der heiligen Liebe. Amen.

XVIII.

Die Siegesgewißheit des Christen.

1. Joh. 5, 4. 5.

Denn alles, was von Gott geboren ist, überwindet die Welt; und unser Glaube ist der Sieg, der die Welt überwunden hat. Wer ist aber, der die Welt überwindet, ohne der da glaubet, daß Jesus Gottes Sohn ist?

Zum erstenmale im neuen Jahre vereinigen wir uns an dieser geweihten Stätte zu gottesdienstlicher Feier. Eine Stimmung der Trauer erfüllt unser Gemüt. Wir haben im Geist am Grabe der edlen Fürstin gestanden, die nicht bloß durch die Fülle hoher Geistesgaben, die sie auszeichneten, nicht bloß durch die Vielseitigkeit der Bestrebungen, denen sie sich widmete, nicht bloß durch die lebendige Teilnahme an den Geschicken des Volkes in großen unvergeßlichen Jahren, durch welche sie ihrem hohen Gemahl eine treue Genossin wurde, unsre Verehrung gewonnen hat, die vor allem als hingebendste Pflegerin christlicher Liebes= thätigkeit, als gereifte Christin, die sich in schwerer Kreuzesschule bewährt hat, ein Vorbild geworden ist, auf welches wir zu unsrer Erbauung hinschauen. So haben schon die ersten Wochen des neuen Jahres eine Wunde geschlagen, deren Schmerz als ein lastender Druck sich auf unsre Seele legt. Und, wenn sich unser Blick auf die einzelnen Glieder unseres Volks richtet, wenn wir in die Häuser treten, fast überall vernehmen wir den Ton der Klage. Hat die Krankheit, die vom Süden nach dem Norden, vom Osten nach dem Westen wandert, nur eine beschränkte Zahl von Todes= opfern gefordert, so hat sie doch vielen unter uns die Last des Siechtums aufgelegt, die Lebensfrische und Arbeitsfreudigkeit ge= lähmt. Wohin sich unser Auge richtet, begegnen wir Mattigkeit und Niedergeschlagenheit. Unsren ersten Schritten in das neue Jahr hinein hat kein heller Sonnenschein geleuchtet. Aber wir haben auch keine Verheißung von unserm Gott empfangen, daß uns hier auf Erden der Reichtum irdischen Glücks zu teil werden solle. So dankbar wir sein müssen für jeden Strahl, der erleuchtend und erwärmend unsern Lebensweg erquickt, so berechtigt wir sind, soviel wir vermögen, unsre Bahn uns zu ebnen, hoffnungsvoll der

Zukunft entgegenzuschauen und die mancherlei Wünsche und Sorgen vertrauend an das Herz unsers Gottes zu legen, so müssen wir doch darauf gerüstet sein, schweren Kämpfen entgegenzugehen, willig in dunkle Tiefen des Leidens hinabzusteigen. Und dennoch lautet die Losung, an die wir gewiesen werden, nicht Entsagung, Verzicht, sondern: Gewißheit des Sieges.

Die Siegesgewißheit des Christen

sei der Gegenstand unsrer andächtigen Erwägung. Wir richten unsern Blick zuerst auf die Feindschaft, die uns bedroht, sodann auf die Waffe, mit der wir ihr begegnen.

1.

Der drohende Feind, den wir bekämpfen müssen, ist die Welt. Wenn die heilige Schrift dies Wort gebraucht, so will sie damit nicht die irdische Schöpfung bezeichnen, die wir mit unsern Sinnen wahrnehmen, nicht die Menschen, mit denen wir durch die mannig= faltigsten Beziehungen verbunden sind. Sie vergegenwärtigt uns mit diesem Wort die Gesinnung, welche da herrscht, wo die zeit= lichen Güter als die höchsten Güter geschätzt werden, wo das eigne Ich den Mittelpunkt bildet, um den sich die Gedanken und Bestrebungen bewegen, wo Gott nicht gesucht und nicht gefunden wird, wo unheilige Begierden und Leidenschaften die Seele erfüllen. Mit einem Wort, wo die Sünde die Herzen der Menschen regiert, da ist die Welt. Gegen sie müssen wir streiten. Ein schwerer Kampf! Denn die Sünde hat einen Bundesgenossen in uns selbst. Wir selbst tragen die Welt in unsrer Seele. Durch tausend Fäden sind wir mit ihr verknüpft. Wohl, wir haben unserm Gott und Heiland das Herz übergeben und unsern Wandel in seinen Dienst gestellt, wir haben der Sünde entsagt, wir wollen nicht ihrer Fahne folgen. Aber ist die Sünde ertötet? Ach nein, sie regt sich in uns, sie will die verlorene Herrschaft wieder gewinnen. In täuschender Gestalt naht sie sich uns, und wie leicht lassen wir uns von ihren Versuchungen umstricken! Wir stehen immer in Gefahr, ihnen zu erliegen. Wie viele Anknüpfungen findet die Welt in unserm Ge= müte! Die Welt des Irrtums und der Lüge! Wie groß ist ihre Macht, wie umfassend ihr Herrschaftsgebiet! Hier hören wir die Stimmen: Das Evangelium ist eine Täuschung, ein Wahn, der vor der fortschreitenden Wissenschaft und Bildung weichen muß. Das Evangelium hat den unmündigen Völkern .viele Segnungen gewährt, aber für die mündig gewordnen ist sie eine Fessel geworden, die sie auf dem Wege der Vernunft und Freiheit zurückhält. Wir hören dort den Ruf: Wie lange wollt ihr denen folgen, die euch auf einen engen, schmalen Weg hinweisen und von einer Fülle von Genüssen fernhalten, die einladend auf der reich besetzten Tafel des Lebens bereit stehen, die euch vorspiegeln, es gebe eine unsichtbare zukünftige Welt, die unsre wahre Heimat sei, die euch lehren, dies gegenwärtige irdische Dasein nur als eine Vorbe= reitungsstätte für jenes himmlische zu betrachten. Gewiß, so erklären sie, sei nur dies sichtbare, irdische Leben, ungewiß dagegen, was jenseit des Grabes liege.

Aber es mag sein, daß unser christliches Leben hinlänglich gefestigt ist, um von diesen Versuchungen des Irrtums und der Lüge nicht bewegt zu werden. Aber ist es auch gerüstet gegen die Versuchungen, die von der Welt der Ungerechtigkeit ausgehen? Gewiß, wir sind vor der Gefahr geschützt, die großen Gesetze, auf denen die menschliche Gemeinschaft ruht, die von der bürgerlichen Obrigkeit als unantastbare Rechtsordnungen · aufrecht erhalten werden, zu übertreten. Diese Versuchung bedroht uns nicht. Aber wie groß ist der Raum, auf dem sich die menschliche Sünde behaupten kann, ohne daß die bürgerliche Obrigkeit strafend einzu= schreiten vermag; wieviel freier Raum ist der Selbstsucht, der Lieb= losigkeit, der Härte geblieben! Und, meine Lieben, wer unter uns spricht sich von der Schuld frei, hier dem Geiste der Welt nicht Widerstand geleistet zu haben! Wie sehr suchen wir doch das Eigne, wie gleichgültig erscheint uns so oft das Wohl des Nächsten, wie oft erliegen wir der Versuchung, dasselbe zu schädigen, wenn es unsern zeitlichen Vorteil zu hindern scheint! Welche Bitterkeit, welche Mißgunst, welcher Neid vergiften so oft unsre Rede, wir richten, wo wir freisprechen, wir verurteilen, wo wir entschuldigen sollten, wieviel Haß, wie wenig Liebe! Und, wenn wir in unser Inneres blicken, wie vieler Gedankensünden müssen wir uns an= klagen! Wir denken nicht bloß an jene flüchtigen Vorstellungen, die in unsrer Seele aufsteigen, und von denen wir uns mit scham= vollem Entsetzen abwenden, weil sie doch unserm innersten Menschen fremd sind, wir denken vor allem an jene Vorstellungen und Bilder, die wir in uns festhalten und bewegen, obwohl wir erkennen, daß wir sie bekämpfen und aus unserm Innern ausscheiden sollten. Die Welt der Ungerechtigkeit ist eine gewaltige Macht, die wir schuldvoll zur Übermacht werden lassen, der gegenüber wir uns durch eigne Schuld so oft ohnmächtig erweisen. Aber, so groß die Ver= suchung ist, die uns von dieser Seite bedroht, wir können zweifeln, ob nicht die Gefahren noch gewaltiger sind, welche die Welt als die Stätte des Verzagens und Verzweifelns, des Trotzes wider Gott und des Haderns mit ihm, uns bereitet. Ach, meine Teuern, wie schwer wird es uns oft, die Wege zu gehen, auf welche unser Gott uns führt! Wie dunkel sind sie oft, ganz in finstere, sternen= lose Nacht gehüllt! Pfadlos erscheint uns der Ort, auf den wir gestellt sind, wir wissen nicht aus noch ein. Eine Last wird auf unsre Schulter gelegt, wir glauben sie nicht tragen zu können. Die Seele will verzagen. Spricht der Psalmist: „Siehe, der Hüter Israels schläft noch schlummert nicht" (Ps. 121, 4), wir möchten entgegnen: Es ist nicht also, giebt es einen Gott, nun, so hat er kein Herz für mich, kein Ohr für die Stimme meines Flehens, oder er hat keine Hand, mir zu helfen. Wir wollen ver= zagen, verzweifeln, wollen trotzen und hadern. Wir sehen so viele Lebenswege, licht und klar, eben und leicht, irdisches Glück breitet sich über sie aus, es ist gleichsam als unzertrennlicher Gefährte in ihrem Gefolge, und unser eigner Lebensweg, ach, wie ist er so hart, so rauh, wie folgt uns das Unglück Schritt auf Schritt, wie ist das Mißlingen an unsern Fuß gebannt! Was habe ich gethan, rufen wir in bitterem Trotz, daß ich zu Schmerz und Kummer, zu Leiden und Entsagen berufen bin, während andern ohne ihr Ver= dienst die Sonne der Freude strahlt. Ach, wer hätte die Macht dieser Versuchungen noch nicht an sich erfahren, oder wer hätte nicht durch Mitgefühl mit uns nahe stehenden Leidenden ihre Stärke empfunden, wen hätten die Pfeile des Weltgeistes der Unseligkeit noch nicht getroffen! Und dennoch, wie gewaltig der Feind ist, der sich gegen uns erhebt, wie gefährlich seine Macht über uns, weil er auf einen Bundesgenossen in unsrem Herzen vertrauen kann, wir verzagen nicht, denn uns ist eine Waffe ver= liehen, mit der wir über ihn den Sieg davontragen können, der Glaube, daß Jesus der Sohn Gottes ist.

2.

Denn dieser Glaube versetzt uns in eine unsichtbare, ewige, unvergängliche Welt, er macht uns zu Bürgern des Reiches Gottes. Es ist ein wahres Wort: Wer nicht gehoben wird, der sinkt. Wir finden nur Mißfallen an der Sünde, wenn wir uns zu einer heiligen Gemeinschaft hingezogen fühlen. Die Liebe zum Bösen zieht nur dann aus unsern Herzen aus, wenn die Liebe zum Guten einzieht. Der Glaube aber ist der Zug des Herzens zu dem vollkommnen Guten, zu Gott, und zu dem, in welchem er sich vollkommen offenbart hat, zu Jesu Christo, unserm Herrn, dem sündlosen und heiligen Gottessohn, ist der Zug des Herzens zum Reiche Gottes, in dem der heilige Geist den Samen des Guten ausstreut und aufsprießen läßt. So erhebt uns der Glaube über die Welt der Sünde und zerschneidet die Fäden, die uns mit ihr verbinden. In diesem Glauben überwinden wir die Welt, als Bürger des Reiches Gottes scheiden wir aus ihr aus, im heiligen Geiste empfangen wir die Kräfte eines höheren Lebens und in ihnen zugleich die Gewißheit, daß die Liebe Gottes uns trägt und uns zu Erben einer ewigen, unendlich herrlichen Zukunft berufen hat. Im Kampf gegen die Versuchungen sehen wir im Glauben auf Jesum den Anfänger und Vollender des Glaubens (Heb. 12, 2), der versucht ist allenthalben, gleichwie wir, doch ohne Sünde (Heb. 4, 15), und kann helfen denen, die versucht werden (Heb. 2, 18), blicken wir hin auf unsre Brüder und Schwestern in Christo, mit denen wir gemeinsam auf dem Weg des Lebens wandeln, gedenken wir der himmlischen Güter, die uns Gottes Gnade verliehen hat, und der vollkommneren, die er uns verheißen. In diesem Kampf des Glaubens siegen wir, die Versuchungen der Welt verlieren ihre Macht, unser Glaube erweist sich als der Sieg, der die Welt überwindet. Und was ist der Inhalt dieses Glaubens? Der Apostel faßt ihn in ein Wort zusammen: Jesus der Sohn Gottes. Daß Jesus der Sohn Gottes ist, darin ist unsers Glaubens Kraft begründet. Fromme Menschen, edle Persönlichkeiten, hohe Geister, wie sehr wir sie schätzen, wie weit der Kreis und die Zeit ihres fördernden Wirkens reichen, bilden nicht den Gegenstand unsers Glaubens, wir erwarten von ihnen nicht das Heil. Waren sie wahrhaft fromm, so schauten sie selbst nach Heil und Erlösung aus, seufzten sie selbst nach Vergebung ihrer Schuld, sehnten sie sich selbst nach Befreiung von der Last der Sünde. War Christus nur ein frommer und edler Mensch, wenn auch der Frömmste und Edelste, so steht er mit uns auf derselben Linie, in derselben Reihe, wir können nicht an ihn glauben. Nur Gott kann der Gegenstand unsers Glaubens sein. Deshalb ist unser Glaube an Christus in unserm Glauben an Gott beschlossen. Wir glauben, daß in Christo Gott selbst zu uns gekommen ist, um uns zu retten. Wir erkennen in seinem Wort und Werk Gottes Wort und Werk, alles Menschliche in ihm ist zur vollkommenen Selbstoffenbarung Gottes verklärt. Er ist nicht einer unter vielen, sondern der Einzige, der eingeborne Sohn Gottes, das Haupt und der Anfänger einer neuen Menschheit. Deshalb glauben wir an ihn, deshalb vertrauen wir ihm, schließen uns an ihn an, hoffen auf ihn und erwarten von ihm allein alles Heil. Er hat unsre Schuld von uns genommen, denn er hat sie am Kreuze gesühnt, er befreit uns von der Sünde, denn er hat sie in seinem vollkommenen Gehorsam besiegt, er verbürgt uns ein himmlisches Erbe, denn er hat uns, zur Rechten Gottes erhöht, die Stätte bereitet, er öffnet uns die Thür zum Reiche Gottes, denn er hat es durch seinen heiligen Geist gestiftet, er ist uns ewiges, lebendiges Vorbild, denn bewahrend und vollendend waltet er in unsichtbarer Gegenwart unter den Seinen. Weil er uns im Glauben der Sohn Gottes ist, fliehen wir zu ihm in der Stunde der Versuchung, erfüllen wir unsre Ohnmacht durch seine Macht, siegen wir in ihm über die Welt. Im Glauben an ihn ist uns der Sieg verbürgt, denn wir empfangen so eine Kraft, welche den Mächten, die in dieser Welt herrschen, überlegen ist. Denn, wer an Jesum Christum glaubt, ist von Gott geboren. Dem Apostel Johannes ist der Glaube nicht bloß Gewißheit der Überzeugung, nicht bloß lebendiges Vertrauen, er ist ihm zugleich Eintritt in die Lebensgemeinschaft mit Jesu Christo, ein Nehmen aus seiner Fülle. Im Glauben nahen wir dem Herrn in unsrer Armut und bitten ihn, daß er uns mit seinem Reichtum sättige. Wir suchen bei ihm, wessen wir zu unserm Heil bedürfen, und wir finden es; wir bitten ihn, daß er uns gebe, was zu unserm Frieden dient, und er reicht es uns dar; wir klopfen an, daß er uns die Thür zum Reiche Gottes öffne, und er schließt sie uns auf. So werden wir, arm in uns, reich in ihm, schwach in uns, stark in ihm. Wir werden

Reben an ihm, dem Weinstock, Glieder an dem Leibe, da er das Haupt ist. Er lebt in uns, wir leben in ihm. Sein Geist zieht in unser Herz ein. Wir erfahren eine neue Geburt in uns. Wir gehören nicht mehr allein dieser sichtbaren Welt an, in der die natürlichen Kräfte walten, wir spüren nicht mehr allein die Gesetze der sündlichen Begierde, denen wir durch unsre natürliche Geburt unterworfen sind, wir erfahren in uns die Kräfte des heiligen Geistes, wissen uns als Kinder Gottes, deren Herzen von Gegenliebe zu ihm bewegt sind, als Bürger des Reiches Gottes, die willig seinen Gesetzen gehorchen. Von Gott geboren, durch den heiligen Geist mit Christus unauflöslich verbunden, gehen wir mutig und tapfer den Versuchungen dieser sündigen Welt entgegen. Der in uns ist, ist stärker als die Welt. Was von Gott geboren ist, überwindet die Welt. Irrtum und Lüge vermögen uns nicht zu verführen. Wir stehen in der Wahrheit. Sie hat sich uns durch den Beweis des Geistes und der Kraft offenbart, auf ihren Grundlagen ist unser Leben erbaut. Wie wir unsers höheren Lebens gewiß sind, so der Wahrheit des Evangeliums. Auch die Welt der Ungerechtigkeit soll uns nicht in ihre Kreise bannen. Die Versuchung bleibt groß, aber in der Kraft des Glaubens wollen wir ihr Widerstand leisten. Ein harter, schwerer Kampf! Oft werden wir Schwachheitssünden erliegen, aber auf jede Niederlage wird ein Aufstehen folgen, im Schmerz der Reue wird der alte sündige Mensch in das Sterben hineingeführt werden, wir werden die Vergebung unsers Gottes erbitten, neuen Eifer in der Heiligung geloben. Der neue Mensch wird erstarken. Der das gute Werk in uns angefangen hat, der wird es auch vollführen bis an den Tag Jesu Christi (Phil. 1, 6). Und in der Hoffnung des Glaubens werden wir auch über die Versuchungen siegen, mit denen uns die Welt der Unseligkeit bedroht. Auch da, wo unser Auge nur in das Dunkel sieht, keinen Stern erblickt, wo unsere Frage: warum, warum, unbeantwortet, wo das heißeste Flehen unerhört bleibt, auch in der finstersten Nacht wollen wir uns dennoch dessen getrösten, daß der Hüter Israels nicht schläft noch schlummert, und daß er uns durch Leiden hindurch zum Erbteil im Licht führt. Wir sind hier nicht auf das Schauen, sondern auf das Glauben verwiesen. Der Herr spricht: „Selig sind, die nicht sehen und doch glauben" (Ev. Joh. 20, 29).

Und so, meine Lieben, wollen wir weiter wandern in das neue Jahr hinein. Schwere Prüfungen hat es manchem unter uns schon bis jetzt aufgelegt; und auch, wer sich noch irdischen Glücks erfreut, weiß nicht, ob es ihm bewahrt bleiben wird. Alte Sorgen, alte Kämpfe haben wir aus dem alten in das neue Jahr hinübergenommen. Aber dennoch verzagen wir nicht. Der Herr ist mit uns. Unser Glaube ist der Sieg, der die Welt überwindet. „Wir wissen aber, daß denen, die Gott lieben, alle Dinge zum Besten dienen" (Röm. 8, 28). Amen.

XIX.

Gottes Zeugnis für die Wahrheit des Evangeliums.

1. Joh. 5, 6—12.

Dieser ist's, der da kommt mit Wasser und Blut, Jesus Christus, nicht mit Wasser allein, sondern mit Wasser und Blut. Und der Geist ist's, der da zeuget; denn der Geist ist die Wahrheit. Denn drei sind, die da zeugen auf Erden: Der Geist und das Wasser und das Blut; und die drei sind beisammen. So wir der Menschen Zeugnis annehmen, so ist Gottes Zeugnis größer; denn Gottes Zeugnis ist das, das er gezeuget hat von seinem Sohn. Wer da glaubet an den Sohn Gottes, der hat solches Zeugnis bei sich. Wer Gott nicht glaubet, der macht ihn zum Lügner; denn er glaubet nicht dem Zeugnis, das Gott zeuget von seinem Sohn. Und das ist das Zeugnis, daß uns Gott das ewige Leben hat gegeben, und solches Leben ist in seinem Sohn. Wer den Sohn Gottes hat, der hat das Leben; wer den Sohn Gottes nicht hat, der hat das Leben nicht.

Was ist Wahrheit, rief Pilatus, als der König der Wahrheit sich ihm bezeugte und das ernste Wort an ihn richtete: „Wer aus der Wahrheit ist, der höret meine Stimme" (Ev. Joh. 18, 37. 38). Die Frage nach der Wahrheit war dem glaubenslosen Römer eine offene Frage, auf die es keine Antwort giebt. Mancherlei Meinungen, keine Gewißheit. Besser, man verzichtet darauf, die Frage nach der Wahrheit überhaupt aufzuwerfen. Wie viele in unsrer Zeit gleichen diesem Heiden, der auf den Gewinn der Wahrheit verzichtet, der sie nicht sucht, weil er weiß, er werde sie doch nicht finden. Ernste Gemüter leiden schwer unter dem Druck eines

Lebens, dem die Wahrheit fehlt, oberflächlicher Sinn wählt zur Losung: „Laßt uns essen und trinken, denn morgen sind wir tot" (Kor. 15, 32). Aber es ist der Vorzug christlicher Lebensbetrach= tung, gesundner Wahrheit froh zu sein, in unerschütterlicher, seliger Gewißheit den Kämpfen des Lebens entgegenzugehen, die Furcht des Todes zu besiegen, in der Hoffnung himmlische Vollendung als unentreißbares Erbe zu ergreifen. Worin ist diese Gewißheit begründet? In den Gedankengängen menschlicher Vernunft, welche die Brücke zwischen Erde und Himmel, Sichtbarem und Unsicht= barem, Zeitlichem und Ewigem überschreitet? Ach, wir wissen, wie unsicher dieser Weg ist, wie viele Gefahren der Selbsttäuschung, des Irrtums uns hier drohen. Oder folgt sie etwa den kühnen Eingebungen der Einbildungskraft, wirklichen oder vermeintlichen Bedürfnissen unsers Herzens? Ach, wir haben keine Bürgschaft, daß wir Vorstellungen, die unsern Wünschen schmeicheln, als Ver= heißungen betrachten dürfen, die auf Erfüllung rechnen können. Nein, meine Lieben, unser Glaube ruht auf festerem Grunde, auf Gottes Offenbarung, auf dem Zeugnis, das Gott selbst für die Wahrheit abgelegt hat. So sei

Gottes Zeugnis für die Wahrheit des Evangeliums

der Gegenstand unsrer andächtigen Betrachtung. Der Apostel lenkt dieselbe auf das Lebenswerk, das Leidenswerk und das Geisteswerk Jesu Christi.

1.

„Dieser ist es, sagt der Apostel, der da kommt mit Wasser und Blut, Jesus Christus, nicht mit Wasser allein, sondern mit Wasser und Blut. Und der Geist ist es, der da zeuget, denn der Geist ist die Wahrheit." Er weist uns hin auf die Taufe des Herrn, auf seinen Kreuzestod und auf die Wirksamkeit des heiligen Geistes, der das Lebenswerk Jesu, das mit seiner Taufe anhebt und mit seinem Tode abschließt, auslegt und besiegelt. So sind es drei Zeugen, welche für die Wahrheit des Evangeliums hier auf Erden eintreten. Und auf zweier oder dreier Zeugen Aussage gründet sich menschlicher Richter Urteil. Wo sie vorliegt, sind wir über= zeugt, glauben wir. Wohl, auch hier vernehmen wir dreier Zeugen Aussagen, die zusammen stimmen, und es sind nicht menschlicher

Zeugen Worte, es sind Gottes Worte selbst. Sollten wir nun nicht glauben? So wir der Menschen Zeugnisse annehmen, so ist Gottes Zeugnis größer; denn Gottes Zeugnis ist das, das er gezeuget hat von seinem Sohne. Er hat für ihn gesprochen in der Taufe, da an ihn die Stimme erging: Dies ist mein lieber Sohn, an welchem ich Wohlgefallen habe (Ev. Matth. 3, 17). Aber, wenn auch nicht dies Wort seine Taufe besiegelt, oder, wenn die evangelische Geschichte es unterlassen hätte, diesen Gruß aus der unsichtbaren Welt uns mitzuteilen, der heilige Geist, der das Lebenswerk Jesu Christi in dem Geiste der Gläubigen auslegt, bezeugt ihnen, daß sich Gottes Vaterherz in seliger Liebe dem Sohne erschloß, als er in das Wasser des Jordans trat, um von Johannes getauft zu werden. Denn jetzt begann der Herr sein Heilandswerk, jetzt empfing er die Weihe für dasselbe. Nun war ihm die volle Gewißheit geworden, nicht nur, daß er Gottes eingeborner Sohn sei, der sein mußte in dem, was des Vaters ist, dies Bewußtsein hatte schon in leisen, ahnungsvollen Regungen das Kindesgemüt erfüllt, es hatte, stetig wachsend, den reifenden Jüngling bewegt, dem klar schauenden Blick des Mannes sich erschlossen, nein, jetzt war es ihm offenbar geworden, daß er berufen sei, sein Volk zu erretten aus den härtesten Banden, in die es geschlagen war, aus den Banden der Sünde und Schuld. Und so läßt er sich von Johannes taufen, der Größte unter den Menschenkindern, der sündlose Gottessohn, vom sündigen Knechte Gottes. Johannes, von prophetischem Geiste erfüllt, wehrt ihm: Ich bedarf wohl, daß ich von dir getauft werde; und du kommst zu mir? Jesus aber antwortete und sprach zu ihm: Laß es jetzt also sein; also gebühret es uns, alle Gerechtigkeit zu erfüllen. Da ließ er es ihm zu (Ev. Matth. 3, 14. 15). Die Taufe Johannis war eine Taufe zur Buße. Was konnte, was sollte sie Jesu sein, ihm, dem von Sünden reinen, dessen Herz von keiner Schuld belastet war? Und dennoch unterzieht er sich ihr, stellt sich mitten in die Schar der Bußfertigen, Reuigen; er ist nicht gekommen zu richten, er will in heiligem Mitgefühl als das Lamm Gottes, das der Welt Sünde trägt, selbst unschuldig, doch an der Schuld, an dem beugenden Bewußtsein der Gottesferne, das in den Frommen Israels erwacht ist, teilnehmen. Siehe da die Demut des Herrn! Der Hohe erniedrigt sich, der Herr wird Diener, entäußert sich selbst, nimmt

Knechtsgestalt an, wird gleich wie ein andrer Mensch. In dem, der mit Wasser kommt, ist die Gestalt dessen, der mit Blut kommen wird, vorgebildet. Im Eingang des Heilandswerks spiegelt sich sein Ausgang, in der Wassertaufe die Bluttaufe. Wenn sich unsre Augen dem zuwenden, der hier in die Flut des Jordans steigt, richten sie sich zugleich auf den, der sich in die dunkle Flut des Todesleidens versenkt hat. Die Taufe Jesu, verklärt von dem erleuchtenden Strahl des heiligen Geistes, ist eine stumme und doch so laute, das Herz tief bewegende Predigt von dem Sohne Gottes, der demütig des Vaters Heilsratschluß erfüllt, wie Schweres er auch von ihm fordert, der selbstverleugnend das Opfer des eignen Willens auf den Altar des göttlichen Willens niederlegt, aber auch deshalb die Stätte, da wir das Wort des Vaters vernehmen, der für den Sohn zeugt: Dies ist mein lieber Sohn, an dem ich Wohlgefallen habe.

2.

Aber, meine Lieben, wenn schon aus dem Angesichte Jesu Christi, der gekommen ist mit Wasser, eine himmlische Herrlichkeit leuchtet, wenn ein unaustilgbares Verlangen des Herzens uns zu ihm zieht, um von ihm Gnade um Gnade zu nehmen, der heilige Strahlenglanz der Vollendung umfließt den Leidenden und Sterbenden, der gekommen ist mit Blut. Was er gelobt am Jordan, in Gethsemane und auf Golgatha hat es seine vollkommene Erfüllung gefunden. In seinem Wirken bereitet sich sein Leiden vor. Er kam in sein Eigentum, und die Seinen nahmen ihn nicht auf. Er verkündet das Wort der Gnade, aber das Ohr seines Volks verschließt sich ihm. In hohen, herrlichen Wundern erbarmender Liebe bildet er sein Heilandswerk ab, Lahme gehen, Blinde sehen, Aussätzige werden rein, Tote erweckt, das leibliche Auge sieht, aber der ungläubige Sinn hält den Blick des Glaubens zurück. Der Heilige wandelt unter den Sündern, niemand kann ihn einer Sünde zeihen, aber das stumpf gewordene, verhärtete Herz lästert den Heiligen als Sünder. Ein weltliches Königtum der irdischen Macht, nach dem Israel begehrt, will der Heiland nicht aufrichten, und das himmlische Königtum, das Reich Gottes, das er stiftet, wird von Israel verschmäht. Sein Volk verwirft ihn. Die Versuchungsstunde wird auch für seine Jünger eine Stunde der

Sichtung. Viele verlassen ihn, wenige bleiben. Wollt ihr auch weggehen, fragt der Herr. Da antwortet ihm Simon Petrus: „Herr, wohin sollen wir gehen? Du hast Worte des ewigen Lebens. Und wir haben geglaubet und erkannt, daß du bist Christus, der Sohn des lebendigen Gottes" (Ev. Joh. 6, 66—69). Und doch hat derselbe Petrus, der dies große Bekenntnis ablegt, seinen Meister verleugnet, und unter denen, die blieben, war Judas Ischariot, der Verräter. Und welche schwere Erziehungsarbeit legten die Jünger, legten die Apostel dem Herrn auf! Wieviel Kleinglaube, wieviel irdischer Sinn herrscht unter ihnen, wie gering bleibt ihr Verständnis für sein Wort und Werk! Sein Wirken ist zugleich ein Leiden. Und dann kam für ihn die Nacht, da er nur durch Leiden wirken sollte. Verstoßen von seinem Volk, verraten von Judas, verleugnet von Petrus, verlassen von allen Jüngern, ging er einsam den Todesweg und brachte das rettende Opfer der Sühne. Wie bangt seine Seele in der Stille der dunkeln Nacht, da er in Gethsemane ringt und fleht, wie wird sie in Verzagtheit versenkt, da er am Kreuze ruft: „Mein Gott, mein Gott, warum hast du mich verlassen!" Dennoch, da er gekommen ist mit Blut, verklärt ihn himmlische Herrlichkeit, das Licht der Vollendung. Da ihm auf dem Berge der Verklärung Moses und Elias erscheinen und ihm reden von dem Ausgang, welchen er sollte erfüllen zu Jerusalem, da sprach eine Stimme: Dies ist mein lieber Sohn, an welchem ich Wohlgefallen habe, den sollt ihr hören (Ev. Luk. 9, 28—31; Ev. Matth. 17, 5). Es fällt beides zusammen, die Verklärung Jesu und der Blick auf den bevorstehenden Todes= gang. Bei uns sündigen Menschen liegt beides weit auseinander, Verklärung und Blick auf den Tod. Angesichts des Leidens, des Todesleidens, werden auch Große oft klein, und wir suchen ver= geblich in ihrer Seele nach den Zügen der Verklärung. Aber bei dem Herrn ist beides geeint, Leiden und Verklärung, das Bild des Leidens wird zugleich zum Bild der Verklärung. Und so können wir auch nur von ihm lernen, im Leiden und durch Leiden verklärt zu werden. Dieser Zug der Verklärung spiegelt sich im Angesicht des leidenden Heilands und ergreift unsre Seele mit unwiderstehlicher Gewalt. Wenn er den Jüngern die Füße wäscht, der Herr und Meister ein demütiger Diener, wenn er Brot und Wein zum Sinnbild seines Leibes und seines Blutes weiht, wenn er im hohepriesterlichen Gebet seine Jünger und seine Gemeinde an seines Vaters Herz und in seine schützenden Hände legt, so erblicken wir in seinen Zügen Hoheit in Demut, Trauer in Ergebung, heiligen Ernst in Sanftmut und Milde, eine Liebe, die das eigne Leben zum Opfer bringen will, eine Verklärung des Irdischen durch Himmlisches.

Aber schwand dieser himmlische Glanz nicht, da er in Gethsemane mit dem Tode rang, da seine Seele betrübt war bis in den Tod, da er auf Golgatha im Bewußtsein der Gottesferne im Innersten des Gemütes erschüttert wurde? Meine Teuern, es giebt eine Verklärung, vor der die Trauer weicht, wie die Wolken vor dem Strahlenglanz der Sonne, aber es giebt auch eine Verklärung, die den Schmerz nicht auflöst, sondern in ihm neugeboren wird. Dort der Sieg über den Schmerz, den ein gefürchtetes schweres Geschick vorauseilend über die Seele ausbreitet oder ein schon eingetretenes nachwirkend in ihr erhält, hier ein Sieg mitten im Kampf oder unmittelbar vor seinem Beginn. Der Heiland hat den zwiefachen Schmerz erfahren, Leiden und Tod lag lange vor seinem Auge, aber er besiegte ihn in Vertrauen, Gehorsam und Hoffnung; sein himmlischer Vater konnte doch den Kelch an ihm vorübergehen lassen. So wurde er verklärt vor dem Kampf. Aber als er den Kelch trinken mußte, wurde er verklärt im Kampf, denn das Ringen und Zagen des einsamen Beters in Gethsemane löst sich in das Wort der Ergebung auf: „Mein Vater, ist es nicht möglich, daß dieser Kelch von mir gehe, ich trinke ihn denn; so geschehe dein Wille" (Ev. Matth. 26, 42), und die Klage des Sterbenden klingt aus im Siegesruf: „Es ist vollbracht" (Ev. Joh. 19, 30) und im Gebetsgruß des heimkehrenden Sohnes Gottes: „Vater, ich befehle meinen Geist in deine Hände" (Ev. Luk. 23, 46).

3.

Jesus Christus ist gekommen mit Wasser und Blut, und der heilige Geist erklärt und verklärt sein Lebenswerk in unsern Herzen, daß wir in ihm Gottes Werk erkennen, Gottes Zeugnis, das sich zu demselben bekennt, vernehmen. Denn die drei sind beisammen. Aber der Vater zeugt auch für den Sohn, indem er allen, die an ihn glauben, die ihr Heil im Leben und im Sterben auf ihn gründen, die Gabe des ewigen Lebens im heiligen Geiste verleiht, der von Jesu Christo ausgeht. „Das ist das Zeugnis, daß uns Gott das ewige Leben hat gegeben, und solches Leben ist in seinem Sohne." Meine Teuern! Vom irdischen Leben gilt des Dichters Wort: „Das Leben ist der Güter höchstes nicht", aber vom ewigen Leben bekennen wir, daß es das höchste Gut ist, weil es alle wahren Güter voraussetzt und in sich schließt. Trachtet am ersten nach dem Reiche Gottes, ruft uns der Heiland zu (Ev. Matth. 6, 33), aber das Reich Gottes ist die Gemeinschaft der an Christus Gläubigen, die in Gott das ewige Leben gesucht und gefunden haben. Strebet nach den besten Gaben, ich will euch noch einen köstlicheren Weg zeigen, mahnt der Apostel Paulus, und er weist uns auf die Liebe hin, die nimmer aufhört (1. Kor. 12, 31; 13, 8), aber das Leben in der Liebe, die von Gott stammt, in der heiligen Liebe, ist das ewige Leben. Und, wenn wir uns alle Früchte des Geistes vergegenwärtigen, die in der Heiligung wachsen, die himmlischen Segnungen der Freiheit und des Friedens und der Seligkeit, welche die Kinder Gottes schmücken, es sind Offenbarungen des ewigen Lebens.

Das ewige Leben ist Leben in der Freiheit, einer Freiheit, die unabhängig ist von unsern irdischen Geschicken. Wie beengt auch die Verhältnisse sein mögen, in deren Schranken wir uns bewegen müssen, wie schwer die Last sei, deren Druck uns niederbeugt, wie hart das Kreuz, das wir tragen müssen, wir sind doch frei. Wir leben nicht bloß in dieser Welt und für diese Welt, deren Gesetze und Verhältnisse unsre freie Bewegung hindern, wir leben zugleich in einer übersinnlichen Welt, in der wir durch die Liebe innig mit Gott und den Brüdern verbunden sind, in einer übersinnlichen Welt, in der wir uns über Raum und Zeit erheben und uns mit allen Gliedern des Reiches Gottes vereint wissen, einer übersinnlichen Welt, die hier in dieser Zeit, auf dieser Erde entsteht, aber nicht mit unserm leiblichen Leben vergeht. Wir genießen ein Leben in der Freiheit, denn in Christus ist unser Gewissen von der Schuld befreit; sie, der Übel größtes, ist von uns genommen. Sie ist durch den gesühnt, der gekommen ist mit Blut, und, wenn wir zu ihm unsre Zuflucht nehmen, spricht er in unser Herz hinein: Mein Sohn, meine Tochter, deine Sünde ist dir vergeben. Frei atmen wir auf, die Luft ewigen Lebens durchdringt unsre Seele.

Aber bleibt nicht die Last der Sünde, wenn auch die Last der Schuld von uns genommen ist? Gewiß, sie bleibt, und es ist eine verderbliche Selbsttäuschung, es könne ein Erdentag für uns kommen, da wir, frei von Schuld und Fehle, als die Reinen zu Gott emporschauen. Es bleibt die Sünde als das Gesetz in unsern Gliedern, als die Begierde des Fleisches, es bleiben Schwachheits= sünden, in denen wir der Versuchung erliegen, aber es bleibt nicht die Sünde als die Macht, die unser Leben regiert. Im Innersten unseres Gemüts lebt das Gesetz des Geistes, lebt Gott und sein heiliger Wille als die wirksame Kraft, die uns leitet, lebt die Liebe zu Gott und dem Heilande, lebt die Liebe zu den Brüdern. Und so sind wir gewiß, daß, wenn wir die Treue bewahren im Kampf gegen die Versuchung, wir auch je länger je mehr in das Bild Christi werden verwandelt werden, und, obwohl sündig, doch die Freiheit wider die Sünde behaupten und befestigen werden. In der Freiheit aber empfinden wir die Herrlichkeit des ewigen Lebens. Das ewige Leben ist Freiheit, aber auch Friede.

In der Welt haben wir Angst, oft genug bedroht uns die Feindschaft der Menschen; Mißgunst und Neid, Not und Sorge treten über unsre Schwelle, Schmerz und Leid kehren ein. Oft sinkt der Lebensmut, es schwindet die Lebensfreudigkeit. Es kommen Zeiten, da wir sprechen, was dem Leben Reiz verleiht, ist aus meinem Leben gewichen, es kommen Zeiten schwerer An= fechtung, wir sind versucht, mit Elias zu rufen: „Es ist genug, so nimm nun, Herr, meine Seele; ich bin nicht besser denn meine Väter" (1. Kön. 19, 4). Auch Christen sind vor diesen Stunden des Verzagens nicht geschützt, aber sie gehen aus ihnen als Sieger hervor und erretten ihre Seele in das Land des Friedens. Wir wissen ja, daß wir in Christus Gottes Kinder geworden sind. Kinder aber verlieren das Recht auf das Vaterhaus nicht, auch wenn sie in der Fremde weilen. Das himmlische, ewige Vaterhaus bleibt uns mit seinen Gnaden und Rechten. Wo wir auch seien, wir können doch in ihm weilen. Es ist so unendlich groß, daß, wohin wir auch gehen, wir es doch nicht verlassen. Mitten im tiefsten Elend bleiben wir doch im Vaterhause Gottes. Wir können vor sein Angesicht treten, alles, was uns beugt, was uns mit Kummer und Gram erfüllt, an sein treues Vaterherz legen, kein Schmerz ist so groß, daß unser Gott ihn uns nicht könnte tragen lehren, und kein Leid so geringfügig in seinen Augen, daß er nicht auf dasselbe achtete. Was ein Menschenherz mit Trauer erfüllt, findet immer einen Widerklang in Gottes Herzen. So sind wir in ihm geborgen. „Es kann mir nichts geschehen, als was er hat versehen und was mir selig ist." Er hört unser Bitten und Flehen und antwortet uns gnädig, auf wie rauhen Wegen wir auch geführt werden. Er ist uns am nächsten, wenn er uns am fernsten zu sein scheint. Er führt uns in die Tiefe, aber giebt uns Kraft, auch in der Tiefe auf der Höhe zu stehen. Es betritt uns keine, denn menschliche Versuchung, und Gott ist getreu, der uns nicht läßt versuchen über unser Vermögen, sondern macht, daß die Versuchung so ein Ende gewinnt, daß wir es können ertragen (1. Kor. 10, 13). So trösten wir uns des guten Hirten, der uns auf rechter Straße um seines Namens willen führt, der auch im finstern Thal bei uns ist, dessen Stecken und Stab uns trösten (Ps. 23). In der Gemeinschaft mit unsrem himmlischen Vater, im Vertrauen auf ihn haben wir Frieden, und in diesem Frieden erfahren wir die Kräfte des ewigen Lebens.

In der Freiheit von der Schuld wird unsre Vergangenheit hell und klar, in der Freiheit wider die Sünde und im Frieden Gottes weichen die Wolken, welche die Gegenwart verdunkeln, und in der Seligkeit schauen wir getröstet und hoffnungsvoll in die Zukunft.

Arm der Mensch, der in den Tagen des Alters den Blick in eine Zukunft himmlischer Vollendung verloren hat, dem das Grab Dasein und Leben begrenzt, der mit jeder verrinnenden Stunde dem Abgrund näher kommt, in dem er das Licht des Lebens erlöschen sieht. Er gleicht dem Baum, den der Herbstessturm seiner Blätter beraubt hat, und der nun, nackt und kahl, im Winterfrost erstarrt. Aber reich die Seele, die auch, wenn die Schatten länger werden, wenn das Haar ergraut, das Auge ermattet, die Kraft schwindet, ahnungsvoll dem neu belebenden Frühlingswehen einer höheren Welt entgegenhofft und im Glauben die Hand des Vaters ergreift, die durch das dunkle Todesthal hindurch zu grünen Auen und frischen Wassern führt. Ihm ist auch im Alter die Jugend geblieben, denn Hoffen ist das Erbe der Jugend. Wenn der Erdentag sich neigt, wenn die Gebrechen des Alters die Arbeitskraft hemmen und den Zusammenhang mit dieser Welt lockern, knüpft die Seele desto inniger die Verbindung mit der unsichtbaren Welt und senkt ihre Wurzeln tiefer in den Heimatsboden des ewigen Lebens, selig in Hoffnung.

Freiheit, Friede, Seligkeit sind die Güter des ewigen Lebens. In Christus besitzen wir sie, denn er ist nicht bloß der Weg und die Wahrheit, er ist auch das Leben. Von ihm geht es aus, aus seiner Fülle schöpfen wir die Kräfte des ewigen Lebens. Wie fest gegründet ist unser Glaube! Für ihn bürgt Christus, der gekommen ist mit Wasser, Christus vor uns, für ihn bürgt Christus, der gekommen ist mit Blut, Christus für uns, für ihn bürgt Christus, der gekommen ist mit ewigem Leben, Christus in uns. Gott selbst legt Zeugnis ab durch seinen Geist, daß das Evangelium Wahrheit ist. So laßt uns unerschütterlich an dem Wort des Evangeliums festhalten. Nicht der Welt Irrtum und nicht der Welt Lust sollen uns von ihm trennen. Wir bekennen und geloben: „Dein Wort ist meines Fußes Leuchte und ein Licht auf meinem Wege" (Pf. 119, 105). Amen.

XX.

Der Kampf der fürbittenden Liebe.

1. Joh. 5, 13—16.

Solches habe ich euch geschrieben, die ihr glaubet an den Namen des Sohnes Gottes; auf daß ihr wisset, daß ihr das ewige Leben habet, und daß ihr glaubet an den Namen des Sohnes Gottes. Und das ist die Freudigkeit, die wir haben zu ihm, daß, so wir etwas bitten nach seinem Willen, so höret er uns. Und so wir wissen, daß er uns höret, was wir bitten, so wissen wir, daß wir die Bitte haben, die wir von ihm gebeten haben. So jemand siehet seinen Bruder sündigen, eine Sünde nicht zum Tode, der mag bitten; so wird er geben das Leben denen, die da sündigen nicht zum Tode. Es ist eine Sünde zum Tode; dafür sage ich nicht, daß jemand bitte.

Das menschliche Leben ist ein großer, schwerer, ernster Kampf. Nicht bloß gilt es, die zeitlichen Güter, deren wir bedürfen, zu gewinnen und zu bewahren, unsre Gesundheit gegen mancherlei Gefahren zu schützen, welche sie bedrohen; auch unser inneres Leben ist Versuchungen ausgesetzt, die von allen Seiten an uns herantreten, hier von der Welt ausgehen, hier aus unserm eignen Herzen aufsteigen, und über die wir nur in anhaltender Gegenwehr, mit dem Aufgebot aller Kräfte, den Sieg davontragen können. Ist jener Kampf unerläßlich, weil wir in ihm um unser irdisches Dasein streiten, auf höhere, ja höchste Ziele ist dieser Kampf gerichtet. Gilt es dort, das vergängliche Leben zu bewahren, so gilt es hier, die unsterbliche Seele für die Ewigkeit, für das unvergängliche, himmlische Leben zu retten.

Der Apostel Johannes richtet heute unsern Blick auf den Kampf um das Heil der Seele, aber es ist nur ein Teil des großen Kampfgebietes, den er uns vergegenwärtigt. Er mahnt uns heute nicht, um die Bewahrung der eignen Seele zu streiten, sondern fordert uns auf, für die Rettung der Brüder zu kämpfen. Wir sollen für unsre Brüder kämpfend eintreten. Für unsre Brüder, mit denen wir durch die Bande des Glaubens vereinigt sind. Der Apostel gedenkt jetzt nicht der Welt des Unglaubens, gegen deren finstre Gewalten die Boten des Evangeliums Licht bringend streiten; ihre Glieder sind unsre Nächsten, unsre Brüder nach dem Fleisch, unsre Brüder nach der ewigen Bestimmung Gottes, nach dem göttlichen Ebenbild, das in ihnen lebt, wenn auch verdunkelt und in seiner Entwicklung niedergehalten; aber sie sind nicht unsre Brüder nach der Gemeinschaft des wahren Lebens, des Lebens in Gott.

Nur von der Arbeit für das Heil unsrer Nächsten, die in Christo unsre Brüder geworden sind, redet heute Johannes zu uns. Zu ihrem Schutz, zu ihrer Rettung ruft er uns auf. Sie bedürfen unsrer Hilfe, denn vielen Versuchungen sind sie ausgesetzt, viele Gefahren bedrohen sie. Und auch hier zeigt uns der Apostel nicht die ganze Waffenrüstung, die wir anlegen, nicht alle Kampfeswege, die wir beschreiten müssen, nur zu einer Kampfesthätigkeit werden wir aufgefordert, zum Kampf der fürbittenden Liebe. So sei

Der Kampf der fürbittenden Liebe

der Gegenstand unsrer andächtigen Betrachtung. Wir fragen zuerst nach der Macht, welche der fürbittenden Liebe einwohnt, und dann nach dem Erfolg, der ihr beschieden ist.

1.

Wer in den Kampf zieht, wird nur dann mit Freudigkeit streiten, wenn er weiß, daß ihm eine Macht verliehen ist, auf welche er vertrauen kann, welche ihm Hoffnung auf Sieg verbürgt. So muß auch die fürbittende Liebe von dem Gefühl getragen werden, daß sie eine Macht ist, die große Erfolge erringen kann. So allein gewinnt sie Zuversicht. Aber ist die fürbittende Liebe eine solche Macht? Der Apostel Johannes bezeugt es uns. Sie ist eine Macht, ruft er uns zu, weil sie der Erhörung gewiß ist; sie ist eine Macht, weil die Fragen der fürbittenden Liebe eine Antwort finden, weil sie kein Flehen vor Gottes Thron bringt, das sich an ein verschlossenes Ohr, an ein verschlossenes Herz richtete. Freilich besitzt diese Macht nicht jedes Gebet, nicht jede Fürbitte, sie ist nur dem Gebet im Namen Christi verheißen. Daher schließt der Apostel die Mahnung zur fürbittenden Liebe an die Darstellung der himmlischen Herrlichkeit, mit welcher die Kinder Gottes begnadigt sind. Sie glauben an den Namen des Sohnes Gottes, und dieser Glaube ist nicht ein Fürwahrhalten, nicht eine Gewißheit des Verstandes, sondern Lebensgemeinschaft mit Jesus Christus. Wer an seinen Namen glaubt, lebt in Christus, und der Heiland, der in ihm wohnt, wirkt in ihm und erfüllt ihn mit heiligenden Kräften. Wer den Sohn Gottes hat, steht aber auch in der Gemeinschaft des Lebens und der Liebe mit dem Vater, er hat in Christus Kindesrecht, Kindesliebe, Kindes= vertrauen, Kindessprache gewonnen und kann zuversichtlich sprechen: Abba, lieber Vater. Er weiß, daß er uns höret, was wir bitten, daß wir die Bitte haben, die wir von ihm gebeten haben. Aber freilich weiß er auch, daß nur, so wir etwas bitten nach seinem Willen, er uns höret. Darin erkennen aber die Kinder Gottes nicht eine Schranke, welche der fürbittenden Liebe gezogen ist, dadurch erwächst ihnen nicht eine Minderung ihrer Freudigkeit, eine Schwächung ihrer Macht, denn sie wollen ja nicht Gottes Gnade zu den Begierden ihres natürlichen Menschen herabziehen, sie wollen ja nicht Gottes, ihres himmlischen Vaters Willen beugen, daß er auch das .thörichte Verlangen seiner eigenwilligen Kinder erfülle, sondern sie wollen sich in seinen Dienst stellen, ihren Willen seinem heiligen Willen gleichförmig machen, sie bitten ja immer, daß Gottes Gnade ihr Flehen erhören möge, wenn er in seiner heiligen Weisheit und Liebe ihre Wege auch zu seinen Wegen machen kann. Die Macht der fürbittenden Liebe ist die Macht vertrauender und gehorsamer Gotteskinder.

Mit ihr begleiten wir unsre Lieben auf ihrer Wandrung durch diese Welt mit ihren Gefahren und Versuchungen, wir begleiten sie in ihren Kämpfen, in ihren Siegen, in ihren Niederlagen. Und die fürbittende Liebe verläßt auch die Besiegten nicht, sondern sie, die nimmer aufhört, erhebt hier lauter ihre Stimme, ihr Flehen wird nur inniger und bringender. Mit dem Wort der Mahnung, mit dem Ernst der Bitten, mit dem Trost des Evangeliums für den Verzagten eint sich das Aufschauen zu Gott, dem Erlöser und Retter, eint sich das Seufzen und Flehen des Gebets. Die Kinder der Welt gehen herzlos an den Opfern der Verführung vorüber, lassen den Gefangnen in seinen Ketten, den Gefallenen auf dem Boden liegen, lassen ihn zurück in der Pein der Schuld, in dem Elend der Sünde, sie kennen nur das eine Schriftwort: „Was der Mensch säet, das wird er ernten. Wer auf sein Fleisch säet, der wird von dem Fleisch das Verderben ernten" (Gal. 6, 7. 8), der gute Hirte, der das Verlorene sucht, ist ihnen eine fremde Gestalt, aber die rettende Liebe geht dem Verirrten nach, bis sie ihn findet, gleich dem barmherzigen Samariter erbarmt sie sich des unter die Mörder Gefallenen, sie geht zu ihm, verbindet seine Wunden, gießt darein Öl und Wein, führet ihn in die Herberge und pfleget sein (Ev. Luk. 10, 30—37). Sie spendet die Hilfe der That und des Worts, aber sie erweist auch die Hilfe der Fürbitte. Sie giebt, was menschliche Kraft zu geben vermag, aber sie legt auch den kranken, sündigen Bruder an Gottes Herz und in Gottes Hände. Denn hier fühlen wir beides zugleich, unsre Macht und unsre Ohnmacht. Wir können viel thun zur Rettung des Verlornen, und doch bleibt das Viele ein Geringes. Das Größte, das Entscheidende ist Gottes Werk, nur seine Gnade giebt dem Sünder das heilige Wollen und das heilige Vollbringen. Darum befehlen wir ihm, der Vater ist über alles, was Kinder heißt im Himmel und auf Erden, den sündigen Bruder, daß er sich seiner erbarme. Ihm vertrauen, auf ihn hoffen wir.

Darum fehlt unsrer Fürbitte nicht die Freudigkeit, darum erheben wir fürbittende Hände zu unserm Gott und erflehen von ihm Hilfe und Rettung für unsre verirrten Brüder. Ach, wie viele gedenken fürbittend teurer Seelen! Hier blicken Väter und Mütter mit Sorge und Kummer auf ein geliebtes Kind, das die Freiheit in Zügellosigkeit mißbraucht hat, an Stelle des Gesetzes

Gottes die Willkür der Begierde zur Losung gewählt und die Schranken niedergerissen, die Gottes heilige Ordnung gezogen, um ohne Gott und wider Gott das eigne Leben zu gestalten. Dort sucht der Freund vergeblich nach dem Gefährten, der so lange an seiner Seite gegangen war, mit ihm gearbeitet, mit ihm des Lebens Lust und Leid geteilt hatte. Er sucht vergeblich, der Freund weilt in der Ferne und Fremde, mag er auch im Raume nahe sein. Er hat den Weg des Heils verlassen, weil er ihm zu schmal, und die Pforte des Reiches Gottes, weil sie ihm zu eng geworden war, und hat den Weg des Verderbens gewählt, der so breit ist, auf dem so viele Erdengenüsse einladen, und die weite Pforte des Reichs der Finsternis, durch die wir ohne Selbstverleugnung eingehen. So sind die Freunde getrennt und gehen geschiedene Straßen. Aber das trauererfüllte Auge der Liebe schaut über die engen Kreise natürlich naher Beziehungen hinaus und erblickt, ach, wie viele gefallene, verirrte Brüder in den christlichen Gemeinden unseres Volks. Wie groß ist ihre Zahl! In kleinen Gemeinden mögen wir sie berechnen, wir kennen die Namen, in großen Gemeinden, in den Mittelpunkten des öffentlichen Lebens, suchen Tausende schweigend und doch mit so lauter und beredter Stimme unsre Hilfe. Die Boten der barmherzigen Liebe steigen in die Tiefen des Elends hinab, um zu retten; aber wie viele Stätten der Sünde müssen unbesucht, wieviel Nacht muß unerhellt bleiben! Wie viele Verirrte vermögen wir nicht zurückzuführen, wie viele Herzen verschließen sich der Bitte und Mahnung, der Warnung und dem Zeugnis, weisen die rettende That zurück! Aber eins bleibt uns! Die fürbittende Liebe! Ihr ist keine Schranke gezogen, Berge und Meere setzen ihr keine Grenzen, sie überbrückt die tiefsten Klüfte. Und die fürbittende Liebe ist eine Macht, sie wirkt geheimnisvoll und webt unsichtbare Fäden. Deshalb sind ihr herrliche Siege verheißen.

2.

„So wird er geben das Leben denen, die da sündigen nicht zum Tode", bezeugt der Apostel. Meine Lieben! Jedes Gebet nach dem Willen Gottes, jedes Gebet der fürbittenden Liebe soll der Erhörung gewiß sein. Auf die Verheißung des Wortes Gottes drückt die Geschichte des Reiches Gottes ihr bestätigendes Siegel.

Sie ist reich an Erfahrungen der Siege, die Gottes Gnade treuer fürbittender Liebe gewährt hat. Für wie viele sündigende Brüder ist sie die rettende That gewesen, die sie zu dem Reiche Gottes zurückgerufen hat! So dürfen wir auf die Gnade unsers Gottes und Vaters vertrauen und ihm fürbittend nahen, er erhört unser Gebet. Väter und Mütter, die ihr für verirrte Kinder betet, eure Gebete werden nicht vergeblich sein. Was jener fromme Bischof einst der Monika, der Mutter Augustins, tröstend zurief: „Ein Kind so vieler Thränen kann nicht verloren gehen", es sei auch für euch ein Wort des Trostes. Euer Gebet bringt zu dem Herzen der ewigen Liebe, welche die verirrten Menschenkinder auch in der Wüste des Weltlebens zu finden weiß, welche die Seele, die himmlisches Gepräge trägt, wie sehr es auch durch die Unreinheit der Sünde verdeckt ist, nicht dem Verderben überläßt, die in ihrem unendlichen Erbarmen sucht, bis sie findet. Freilich ist das Thun und Walten der Liebe Gottes nicht an unsre Fürbitte gebunden, es wartet nicht auf sie. Der sündigende Bruder, für den sich keine fürbittenden Hände erheben, wird doch von der Hirtenliebe und Hirtentreue unsers Gottes gesucht, seine Liebe ist größer als unsre Liebe, der Reichtum seiner Gnade offenbart sich auch da, wo die gefallene Seele einsam bleibt, von der Liebe der Menschen verlassen.

Und dennoch sollen wir Fürbitte thun für unsre verirrten Brüder, nicht, um unsern Gott zu bewegen, daß er seinen Zorn gegen sie in Erbarmen für sie wandle, oder daß er seinen Blick auf sie lenke, nachdem er bis dahin ihrer nicht gedacht. Das sei ferne! Wir treten fürbittend vor sein Angesicht, weil wir wissen, daß unsre Fürbitte ihm wohlgefällig ist, daß in ihr unser Liebeswille seinem unendlichen Liebeswillen begegnet. Wie könnten wir sonst der Erhörung gewiß sein! Wir treten fürbittend vor sein Angesicht, daß wir in dem Werk seiner rettenden Liebe eine Erhörung unsrer Gebete erkennen und dankbar unsern himmlischen Vater preisen können.

Aber, meine Teuern, unsre Fürbitte für die verirrten Brüder ist auch eine Kraft, die von uns ausgeht und auf sie übergeht. Sie steigt auf zum Vater der Geister und von ihm hernieder zu den Gliedern am Leibe Jesu Christi, deren wir vor ihm gedenken, und wirkt in ihnen und auf sie auf geheimen und verborgnen

Wegen. Nicht bloß das Wort, das die Ohren vernehmen, nicht bloß das sichtbare Werk, das die Augen schauen, verknüpfen die Menschen miteinander. Es giebt auch ein unsichtbares Band, das sie vereinigt; es giebt auch unsichtbare Fäden, die sich von Seele zu Seele, von Herz zu Herz, verknüpfend ziehen, von denen unsre Schulweisheit nichts ahnt. Die Stimmungen und Regungen unsers Gemüts, die wechselnd aus den Tiefen unsers Innern unwillkürlich auftauchen, mögen oft nur das Ergebnis des Spiels unsrer Vorstellungen sein, die zufällig auf der Bühne unsers Bewußtseins erscheinen, mögen oft nur den Ereignissen des äußeren Lebens folgen, von denen wir ergriffen wurden, aber oft, und wir wissen nicht, wie oft, offenbart sich in ihnen der unerforschliche Zusammenhang der in Gott geeinten, in ihm und durch ihn wirkenden Geisterwelt. So weben auch die Fürbitten des Glaubens und der Liebe ein zartes und doch starkes Band, das, von Kräften des Segens erfüllt, die Brüder vereinigt. Fürbitten sind heilige Mächte, die Sinkende vor dem Fall schützen, Gefallene aufrichten, Verirrte suchen, weckende, mahnende, warnende, tröstende Stimmen aus der unsichtbaren Geisterwelt.

Darum werden wir nicht müde in der fürbittenden Liebe. Gott erhört uns, giebt das Leben denen, die da sündigen nicht zum Tode. Er weiß auch die Seelen zu finden, die sich weit von ihm entfernt haben. Weg hat er allerwegen, an Mitteln fehlt's ihm nicht. Hier führt er rauhe Wege, durch dunkle Thäler hindurch. Der Sünder muß es inne werden, erfahren, was es für Jammer und Herzeleid bringt, den Herrn, unsern Gott, verlassen und ihn nicht fürchten (Jerem. 2, 19), muß die bittere Frucht der Sünde kosten, muß erkennen, wie sich Weltlust in Weltleid, Weltherrlichkeit in Weltelend wandelt. Dort zeigt der Herr der nach Frieden hungernden und durstenden Seele, die vergeblich nach Erquickung in den zeitlichen Gütern gesucht hat, wo sie einzig und allein gefunden werden kann, öffnet ihr die Augen für die Herrlichkeit der unsichtbaren, himmlischen Welt und erfüllt das Herz mit sehnsüchtigem Verlangen nach ihr. Auf mancherlei Wegen führt der Herr die verlornen Kinder in das Vaterhaus zurück. Der bangenden, zagenden Liebe wird es schwer, ach, wie schwer, die Gnadenstunde zu erwarten, in welcher der verirrte Bruder den Ruf zur Rückkehr in das Vaterhaus vernimmt und ihm folgt, aber sie soll nicht verzagen und verzweifeln, sondern eifriger im Flehen, Ringen und Kämpfen ihre Fürbitte vor das Angesicht der ewigen Liebe bringen, die den glimmenden Docht nicht auslöscht und das geknickte Rohr nicht zerbricht. Aber die Freudigkeit zur Fürbitte, die der Apostel geweckt hat, will aus unsern Herzen weichen, wenn wir von ihm das furchtbar ernste Wort vernehmen: „Es ist eine Sünde zum Tode; dafür sage ich nicht, daß jemand bitte." Die zum Gebet erhobenen Hände wollen niedersinken, die Stimme des Flehens will verstummen. Und doch, meine Lieben, achten wir auf die zarte Zurückhaltung des Apostels! Auch hier, der Sünde zum Tode gegenüber, verbietet er nicht die Fürbitte, er verzichtet nur darauf, zu ihr aufzufordern, sie uns an's Herz zu legen. Denn er weiß, wie schwer, wenn nicht unmöglich es ist, sie zu erkennen. Aber freilich, er zeigt uns hier die Grenze, welche der Macht der Fürbitte gezogen ist. Wie der Heiland von der Sünde wider den heiligen Geist gesprochen hat, die weder in dieser noch in jener Welt vergeben wird (Ev. Matth. 12, 31. 32), wie der Brief an die Hebräer bezeugt, daß es unmöglich ist, daß die, so einmal erleuchtet sind und geschmeckt haben das gütige Wort Gottes und die Kräfte der zukünftigen Welt, wo sie abfallen und wiederum ihnen selbst den Sohn Gottes kreuzigen und für Spott halten, daß sie sollten wiederum erneuert werden zur Buße (6, 4—7), so weist uns auch der Apostel Johannes auf eine Sünde zum Tode hin, über welche die Fürbitte keine Macht hat. Es giebt für sie eine Schranke. Wenn ein Christ die beseligende und heiligende Macht der Gnade Gottes erfahren, wenn der heilige Geist ihm die Wahrheit des Evangeliums bezeugt hat, und er sich dennoch von ihr lossagt, dann entsteht im Innern der Seele eine Zerrüttung, die das religiöse und sittliche Leben ertötet. Es schwindet die Kraft, das Gute zu wollen und zum heiligen Gott sich in Glaube und Liebe zu erheben. Wo aber die Kraft heiligen Wollens verloren gegangen ist, da ist die Rettung unmöglich geworden, da ist die Sünde zum Tode geschehen. Aber, ob eine Sünde eine Sünde zum Tode ist, bleibt unsern Augen verborgen. Sie ist ein letzter Schritt auf dem Wege zum Verderben, und der letzte Schritt entscheidet. Eine Tod drohende Krankheit kann doch geheilt werden, wenn die Widerstandskraft des Körpers noch nicht gebrochen, wenn das Übel nicht zu weit vorgeschritten ist, aber der Tod tritt ein, wenn die Krankheit, ohne

Widerstand zu begegnen, sich unaufhaltsam über alle Teile aus=
breitet. So kann auch schwere Sünde überwunden und der Sünder
gerettet werden, solange Glaube, Liebe, Gewissen eine Macht in
der Seele geblieben sind; aber, wenn die Stimme des Gewissens
nicht mehr redet, wenn das Licht des Glaubens und der Liebe
erloschen ist, dann ist für die Hoffnung auf Rettung nicht mehr
Raum gegeben. Ein Petrus verleugnet den Herrn, und doch
retten ihn die Thränen der Reue, er kehrt aus der Nacht zum
Licht zurück. Ein Judas verrät den Heiland und giebt sich ver=
zweifelnd selbst den Tod. Vor unsern Augen sinkt er in nächt=
liches Dunkel. Dort ein erster Schritt auf dem Wege zum Tode,
aber Buße führt auf den Weg des Lebens zurück; und hier? War
der letzte, entscheidende Schritt gethan, alles auf ewig verloren?
Wir wissen es nicht.

Die Sünde zum Tode bleibt das Geheimnis unseres Gottes,
wir können und sollen den Schleier nicht fortzuziehen versuchen.
Wir wollen hoffen und lieben und in hoffender Liebe nicht auf=
hören, fürbittend für die verirrten Brüder vor das Angesicht der
ewigen Liebe zu treten. Und in dem Wort des Apostels wollen
wir nicht eine Schranke erkennen, die unsre Fürbitte verengt, sondern
eine Hinweisung auf die furchtbare Macht der nicht gehemmten
Sünde, die uns zum Eifer in der Fürbitte dringend mahnt.

Giebt es eine Sünde zum Tode, giebt es einen letzten Schritt,
der zum ewigen Verderben führt, ach, dann laßt uns alles daran
setzen, die verirrten Brüder vor diesem letzten Schritt zu retten.
Wenn ein teures Leben durch leibliche Krankheit gefährdet ist,
dann sind uns auch die größten Opfer nicht zu groß, um es vor
dem Tode zu bewahren, und wir sollten zögern, alles zu thun,
was wir thun können, wenn es gilt, eine gefährdete Seele vor
dem ewigen Tode zu schützen, für das ewige Leben zu gewinnen!
Das sei ferne!

Auf denn zum rettenden Werk, auf zur rettenden That
und zur rettenden Fürbitte! Arbeit und Gebet seien vereinigt.
Arbeit ohne Gebet ist Knechtesdienst, ein Werk ohne Freudigkeit
und Hoffnung und ohne anhaltende Kraft; Gebet ohne Arbeit
aber ist Trägheit, die sich in den Schein der Frömmigkeit hüllt,
Selbsttäuschung, Heuchelei. Der rettenden Liebe, die in selbst=
verleugnender Hingabe an den Seelen der verirrten Brüder

arbeitet, und die in vertrauender Fürbitte sie an das Herz Gottes legt, ist der Sieg beschieden, denn die Augen des Herrn sehen auf die Gerechten und seine Ohren auf ihr Gebet (1. Petri 3, 12). Amen.

XXI.

Der Kampf der Selbstbewahrung.

1. Joh. 5, 17—21.

Alle Untugend ist Sünde; und es ist etliche Sünde nicht zum Tode. Wir wissen, daß, wer von Gott geboren ist, der sündiget nicht, sondern, wer von Gott geboren ist, der bewahret sich, und der Arge wird ihn nicht antasten. Wir wissen, daß wir von Gott sind, und die ganze Welt liegt im Argen. Wir wissen aber, daß der Sohn Gottes gekommen ist und hat uns einen Sinn gegeben, daß wir erkennen den Wahrhaftigen und sind in dem Wahrhaftigen, in seinem Sohne Jesu Christo. Dieser ist der wahrhaftige Gott und das ewige Leben. Kindlein, hütet euch vor den Abgöttern. Amen.

Erwerben und Bewahren, das ist die zwiefache Thätigkeit, die wir ausüben müssen, um die irdischen Bedürfnisse unseres zeitlichen Lebens zu befriedigen, um die Stellung in der menschlichen Gesellschaft einzunehmen und hier die Wirksamkeit zu entfalten, die Gottes Ordnung uns angewiesen hat. Schwer ist es hier oft, zu erwerben, schwer auch oft, das Erworbene zu erhalten. Die traurige Erfahrung, daß ein Haus, mit zeitlichen Gütern reich ausgestattet, mit allen Ehren geschmückt, der Gegenstand allgemeiner Hochschätzung, vielleicht auch des Neides vieler, zusammenbricht, und Fülle dem Entbehren, Glück dem Elend weichen, daß ein jäher Wechsel aus lichter Höhe zu dunkler Tiefe führt, wie oft hat sie uns erschüttert und uns den Unbestand menschlicher Geschicke bezeugt. Aber, meine Freunde, schmerzlicher, beklagenswerter und verhängnisvoller als der Verlust der irdischen Güter ist der Verlust himmlischer Schätze. Jener kann uns treffen, ohne daß wir eigner Verschuldung uns anklagen mußten, dieser wurzelt in eigner Sünde. Jener beraubt uns eines Besitzes, von dem wir uns doch im Tode trennen müssen, dieser eines Segens, der uns in die Ewigkeit folgen sollte. Jener entreißt uns, was doch unsern Herzen nicht volles

Genüge gewährte, dieser nimmt uns, woraus allein wir Frieden, Kraft, Seligkeit schöpften. Dort büßen wir ein, was uns doch immer ein Äußeres und Frembes blieb, hier verlieren wir, was wir als einen Schatz, als einen Reichtum des inneren Lebens besaßen. Gilt daher für die Beziehung zu unsern irdischen Gütern schon die Mahnung: Behalte, was du erworben hast, schütze und behaupte es mit Weisheit und Treue, ernster und wichtiger bleibt die Fürsorge für die Bewahrung der himmlischen Güter.

Auf sie ist der Blick des neutestamentlichen Sehers gerichtet, wenn er uns zuruft: „Halte, was du hast, daß niemand deine Krone nehme" (Offenb. 3, 11), und ihrer gedenkt der Apostel in der Aufforderung zur Selbstbewahrung, die wir heute vernommen haben. Eine Aufforderung zur Selbstbewahrung richtet er an uns; was wir schützen sollen, sind wir selbst. Denn der Verlust der himmlischen Güter schließt den Verlust unsrer Seele in sich, ihre Erhaltung die Erhaltung unsrer Seele.

Wie eng knüpft sich dies Wort des Apostels an jenes un= mittelbar vorhergehende, das unsrer letzten Betrachtung zu Grunde lag! Zum Kampf der fürbittenden Liebe rief es uns auf. Nun wird unser Blick wieder auf das eigne Selbst gelenkt. In der Fürsorge für das Heil der Brüder sollen wir die Fürsorge für das eigne Heil nicht vergessen, in dem Kampf für sie nicht den Kampf für uns selbst. So sei

Der Kampf der Selbstbewahrung

der Gegenstand unserer andächtigen Betrachtung. Wir gedenken der Gefahren, die uns bedrohen, und vergegenwärtigen uns die Hoffnung, ihnen siegreich zu begegnen.

2.

Auf die drohenden Gefahren weist uns der Apostel hin, wenn er uns bezeugt: „Die ganze Welt liegt im Argen," und wenn er die Warnung ausspricht: „Kindlein, hütet euch vor den Abgöttern." Zwei Worte, in gleichem Maße bedeutungsvoll für die Gemeinden, an welche dies apostolische Schreiben gerichtet ist, in gleichem Maße die Versuchungen beleuchtend, denen sie ausgesetzt waren. Aber sind sie auch Wegweisungen, denen wir folgen sollen, Führer, denen sich die christliche Gemeinde der Gegenwart anvertrauen

darf? Tragen wir kein Bedenken, in der Warnung: „Hütet euch
vor den Abgöttern" einen Ruf zu erkennen, der allen Zeiten gilt,
— denn mit göttlichen Ehren ausgezeichnete Wahngebilde, bald in
dieser, bald in jener Gestalt, pflegen den Zeitgeist zu beherrschen —,
so können wir uns doch nicht entschließen, dem Urteil des Apostels
zuzustimmen, die ganze Welt liege im Argen, stehe unter satanischer
Gewalt. So war es, sagen wir, damals, als der Apostel diese
Worte aussprach. Die christlichen Gemeinden bildeten in dieser
Zeit gleichsam eine Insel im Meer, sie erschienen wie eine Oase
in der Wüste. Umgeben von heidnischen Scharen, in denen
Irrtum und Lüge, Sünde und Laster ihre Herrschaft offenbaren,
die Schranken des göttlichen Gesetzes durchbrechen, um zügellos
den Begierden des Fleisches zu folgen, zeigen uns die christlichen
Gemeinden das Bild heiliger, frommer Vereinigungen, die im
Glauben an die Wahrheit, in unschuldigem Wandel, in der Nach=
folge Jesu, in opferwilliger Bruderliebe, in trostreicher Hoffnung
unauflöslich und innig miteinander verbunden, den unauslöschlichen
Eindruck in uns hervorbringen: Hier ist die Wohnung Gottes
unter den Menschen, hier ist sein Tempel erbaut, sein Reich er=
richtet. Wer von hier aus, von dieser reinen Stätte aus, in die
Welt hinausschaute, konnte kein andres Zeugnis ablegen, als es
der Apostel Johannes gethan hat: „Die ganze Welt liegt im
Argen." Nur in der Gemeinde Jesu Christi strahlte helles Licht,
die Welt außer ihr lag in tiefer Finsternis.

Aber, meine Teuern, haben wir ein Recht, dies Urteil auch
über die Welt der Gegenwart zu fällen, dürfen wir im Hinblick
auf die Zustände der Gesetzgebung und Verwaltung in den christ=
lichen Staaten, auf die Sitten und Ordnungen, denen die christ=
lichen Völker folgen, ja auch im Hinblick auf alle großen Be=
wegungen und Strömungen, von denen sie sich leiten lassen, das
Wort des Apostels wiederholen: „Die ganze Welt liegt im Argen?"
Meine Lieben! Wenn wir es thäten, uneingeschränkt, ohne uns bewußt
zu werden, welche gewaltige, heiligende Umwandlung das Evangelium
von Jesu Christo und seinem Reich hervorgebracht hat in der
Menschheit, wir bewiesen dann, daß wir gar gering dächten von
der rettenden Macht, die dem Herrn Jesu zu eigen ist, und gäben
der Wahrheit nicht die Ehre. Nun fast neunzehn Jahrhunderte
hindurch ist das Evangelium verkündigt worden, Millionen haben

es angenommen als den Wegweiser für ihr Denken, Dichten und Trachten, in alle öffentlichen Verhältnisse der christlichen Völker ist es eingedrungen, heidnische Sitten und Gesetze haben weichen müssen, um neuen, von christlichem Geiste erfüllten Ordnungen Raum zu geben, und dennoch sollten wir auch jetzt noch sprechen müssen: „Die ganze Welt liegt im Argen!" Nimmermehr! Im Argen liegt die Welt, die von Christus nichts weiß, die Welt, die von ihm nichts wissen will, unheilige Mächte herrschen in der Finsternis des Heidentums; aber, Gott sei gepriesen, es ist nicht mehr die ganze Welt, die im Argen liegt, es ist nicht mehr so, daß nur einem verschwindend kleinen Teile der Menschheit das Wort des Apostels Paulus gilt: „Ihr waret weiland Finsternis, nun aber seid ihr ein Licht in dem Herrn" (Eph. 5, 8).

Und doch, meine Lieben, das Wort: „Die ganze Welt liegt im Argen" enthält eine Wahrheit für alle Zeiten! Der Weltsinn, die Vergötterung der irdischen, vergänglichen Güter, das Trachten nach dem vergänglichen Genuß der Sinne als des Lebens wertvollstem Ziel, die Jagd nach zeitlichem Glück und zeitlicher Ehre, die das Herz so vieler ausfüllt, rastlos treibt und doch kein Genüge gewährt, dieser Weltsinn, diese Weltlust, wie mannigfaltig die Gestalten sein mögen, in denen sie sich offenbart und verbirgt, sie liegt im Argen, ganz, völlig, sie steht im Dienst des Argen, im Dienst Gott feindlicher, unheiliger Mächte. Sie bedrohen uns, sie versuchen uns, gegen sie müssen wir uns waffnen, vor ihnen müssen wir uns selbst bewahren. Zum Kampf gegen sie ruft uns der Apostel auf, wenn er die ernste Mahnung an uns richtet: „Kindlein, hütet euch vor den Abgöttern." Wie sehr bedürfen wir dieser Mahnung! Wie sehr ist unser natür= licher Mensch geneigt, das Geschaffene mehr zu lieben als den Schöpfer, wie sehr bereit, statt alles Geschaffene gleichsam als eine Himmels= leiter zu betrachten, auf der wir von der Welt, der Offenbarung Gottes, zu ihm selbst emporsteigen sollen, bei dem Geschaffenen stehen zu bleiben und in ihm volle Befriedigung zu suchen. Edlerer Sinn kettet sich an die unserm Herzen teuern Menschen, an die Seelen, mit denen uns innigste Liebe verbindet, und, wenn sie nach Gottes uns verborgnem Rat uns entrissen werden, dann erfüllt Bitterkeit und Verzweiflung das Gemüt. Sie haben alles verloren, und, weil sie Gott nicht haben, erscheint ihnen das Leben öde und leer. Ein geliebter Mensch war ihr Gott, ihr Abgott. Sie hatten einen Himmel auf Erden, aber keinen Himmel über der Erde. Hütet euch vor den Abgöttern! Aber niederer Sinn sucht im Erdenstaub die köstliche Perle, er eilt von Genuß zu Genuß und verschmachtet im Genuß vor Begierde. Er säet auf das Fleisch und erntet vom Fleisch das Ver= derben (Gal. 6, 8). Die unsterbliche Seele hungert und dürstet, und die Sättigung und Erquickung wird ihr versagt. Das Herz bleibt leer, die Seele verödet. Hütet euch vor den Abgöttern! Andere jagen der Ehre nach, rastlos getrieben verfolgen sie einen Schatten, der ihnen als wesenhaftes Gut erscheint. Viele erreichen nicht, wohin sie verzehrende Sehnsucht trieb, und blicken voll Mißgunst und Neid auf die Glücklichen, die auf der Höhe stehen. Und diese Glücklichen sprechen: Alles ist eitel. Hütet euch vor den Abgöttern! Aber hüten wir uns auch, daß wir nicht den lebendigen Gott verlassen, wie er sich uns in Jesu Christo, seinem eingebornen Sohn, offenbart hat, und sein wahres Bild gegen ein Trugbild eintauschen, das sich der irrende Menschengeist gebildet hat, daß wir uns nicht von dem heiligen, lebendigen Gott entfernen, der sich uns als die unendliche Vaterliebe offenbart hat. Viele Kinder der Gegenwart, auch in der Christenheit, glauben an einen unbekannten Gott, der das ewige Schweigen ist, aber nicht das ewige Wort, das gnadenreich zu den Menschenkindern redet; viele glauben an eine unendliche Kraft, die im All waltet, aber nicht an den himmlischen Vater, der ein Auge hat, das auf uns schaut, ein Ohr, das unser Flehen hört, eine Hand, die uns hilft, und ein Herz, das für uns schlägt; viele glauben an einen Gott, der müßig dem Weltgetriebe zuschaut, an einen Gott, dem die Hände durch das eherne Gesetz der Ursachen und Wirkungen, das die Weltkräfte regiert, gebunden sind, an einen Gott, dessen Liebe der heilige Ernst und die rettende Macht fehlt. Hütet euch vor den Abgöttern!

2.

Groß, in dem Herrn Geliebte, sind die Gefahren, die uns be= drohen, aber, wie schwer auch der Kampf ist, den sie von uns fordern, wir verzagen nicht, denn größer ist die Hoffnung, ihnen siegreich zu begegnen, die uns erfüllt. Wir wissen es wohl, jede Untugend oder, wie eine genauere Übersetzung lautet, jede Un= gerechtigkeit ist Sünde, und wir, die wir uns täglich gegen das Recht, gegen die ewige Ordnung Gottes vergehen, sündigen auch täglich, aber wir wissen auch, es ist etliche Sünde nicht zum Tode.

Die Schwachheitssünden des Tages vergiebt uns Gott, wenn wir sie in Reue und Glauben vor ihm bekennen, und um seine Kraft, die in den Schwachen mächtig ist, ihn bitten. „Denn, wer da bittet, der empfängt; und, wer da suchet, der findet; und, wer da anklopfet, dem wird aufgethan" (Ev. Matth. 7, 8). Wir wissen es, wir gehören durch unsere natürliche Geburt dieser Welt an, und ihre Begierden, die wider die Seele streiten, sind für uns eine versuchende Kraft; aber wir wissen es auch, daß wir von Gott geboren sind, und daß im tiefsten Grunde unseres Herzens die Liebe zu ihm lebt und der Gehorsam gegen seinen heiligen Willen, daß wir die Sünde hassen, daß wir uns ihrer Regungen in unserm Herzen schämen, daß wir in ihr eine unwürdige Kette fühlen, die wir, ach, so gern, zerreißen möchten, daß wir uns nach der Freiheit der Kinder Gottes sehnen und zu der Gefangenschaft im Hause der Sünde nimmer zurückkehren wollen. Wir wissen es, daß der Fürst dieser Welt, daß die Geister, die in der Finsternis dieser Welt herrschen, ein weites Gebiet besitzen, das sich ihrer Macht unterworfen hat, daß sie versuchen, auch uns für ihren Dienst zu gewinnen; aber wir wissen auch, daß der Sohn Gottes gekommen ist, und daß wir in der Gemeinschaft mit ihm, in Glaube, Liebe und Nachfolge, geborgen sind. Er, der alle Versuchungen Satans besiegt, dessen sündlose Unschuld kein Flecken getrübt hat, der sich im Gehorsam gegen den Vater als den heiligen Sohn Gottes erwiesen, er teilt uns seine Kraft im heiligen Geiste mit, daß wir in ihm und durch ihn alle Versuchungen überwinden. In ihm bewahren wir uns, und der Arge wird uns nicht antasten. Der Herr hat uns einen Sinn gegeben, daß wir erkennen den Wahrhaftigen und sind in dem Wahrhaftigen, in seinem Sohne Jesu Christo.

Es ist vor allem dieser Sinn, diese Einsicht, kraft deren wir uns selbst bewahren. Es ist von entscheidender Bedeutung für uns, daß wir diese Einsicht gewinnen. Ohne sie sind wir ein schwankendes Rohr, das der Wind hin und her wehet. Wie oft klagen Vater und Mutter, treue Erzieher, daß die ihnen anvertrauten Kinder nicht zur Einsicht, nicht zur Erkenntnis kommen wollen, was zu ihrem Frieden dient, daß sie sich nur von den Eindrücken des flüchtigen Augenblicks leiten lassen, nur auf die Genüsse achten, die er darbietet, daß sie vielleicht auch die Arbeit verrichten, die

von ihnen gefordert wird, aber darin nur unwillig einem Zwange
gehorchen, daß ihr Leben eines sichern Haltes und eines inneren
Zusammenhanges entbehrt. Ihr Leben ist auf keinen wertvollen
Zweck gerichtet, ihm fehlt ein herrliches Ziel, nach dem sie streben
sollten, ihm fehlt ein Plan, der ihr Thun und Lassen ordnet. Ihnen
gebricht die innere Kraft, jeder Versuchung fallen sie zum Opfer.
Weiser Erziehung gelingt es oft, unter der segnenden Einwirkung
der göttlichen Gnade, ihre Pfleglinge zur Einsicht zu führen, oft
freilich scheitert auch weise und treue Erziehung am Widerspruch,
am Nichtwollen jener.

Aber die Entwicklung der Einsicht steigt von niederer zu höherer
Stufe. Einsicht ist schon da wirksam, wo ein irdisches, zeitliches
Ziel mit Ernst in das Auge gefaßt wird, wo treuer, hingebender
Eifer, Fleiß in der Arbeit, es zu erreichen sucht. Und doch, wie
viele Sünden, wie viele Irrtümer beherrschen die Seele, wenn nur
vergängliche Ziele sie bewegen! Bei aller Einsicht doch wie wenig
Einsicht! Bei aller Klugheit doch wie wenig Weisheit! Da allein
ist die vollkommene Einsicht gewonnen, wo wir des Lebens wahren
Wert, des Lebens letztes Ziel, erkannt haben, wo wir unvergäng=
liche, ewige Güter suchen, wo wir mit dem Psalmisten sprechen:
„Wenn ich nur dich habe, so frage ich nichts nach Himmel und
Erde" (Ps. 73, 25), und der Losung des Herrn folgen: „Trachtet
am ersten nach dem Reich Gottes" (Ev. Matth. 6, 33). Da ist
Weisheit, da ist Einsicht. Und diese Weisheit, diese Einsicht ist
das Erbe der Kinder Gottes. Sie suchen nicht nach dem, was
scheint, sondern nach dem, was wahrhaftig ist. Sie suchen Gott,
der da war, der da ist, und der da sein wird von Ewigkeit zu
Ewigkeit, und wir finden ihn in seinem eingebornen Sohne, Jesu
Christo. In ihm ist das ewige Leben. Hier werden uns die wahr=
haftigen Güter dargereicht, die Güter, die einen bleibenden Wert
besitzen, die Güter, welche den Hunger und Durst unsrer Seele
stillen, die allein uns geben, was wir von der Welt vergeblich er=
warten, den Frieden, der höher ist denn alle Vernunft, und eine
Freude, die auch unter dem Drucke des Kreuzes nicht erlischt. In
der Welt gewinnen wir Zeitliches, in Gott das Ewige. Durch
diese Erkenntnis bewahren wir uns in Gott und verlieren uns
nicht in der Welt.

Nicht als ob wir uns von den Menschen und dem Genuß der

irdischen Güter zurückziehen oder das uns von Gott selbst einge=
pflanzte Verlangen nach ihnen unterdrücken sollten, das sei ferne!
Was Gott geschaffen hat, ist rein; die natürlichen Freuden, die er
uns bereitet hat, sind seine Gaben, Erquickungen aus seiner Hand.
Aber deshalb sollen wir in ihnen den Geber selbst erkennen und
mit Danksagung empfangen, was er uns gewährt; deshalb sollen
wir sie gebrauchen nach seinem heiligen Willen, deshalb sollen wir
sie unter die ewigen, bleibenden Güter unterordnen; deshalb sollen
wir nicht an ihnen hangen, als liege in ihnen unser Heil; deshalb
sollen wir sie haben, als hätten wir sie nicht; deshalb sollen wir
uns auch stille in Gottes Willen ergeben, wenn er sie uns versagt
oder entzieht, und mit Hiob sprechen: „Der Herr hat's gegeben,
der Herr hat's genommen; der Name des Herrn sei gelobt"
(Hiob 1, 21).

Dann, meine Teuern, sind wir in der Welt, aber nicht von
der Welt, dann besitzen wir im Irdischen zugleich Himmlisches, die
Zeichen der Liebe unsers Gottes, dann trachten wir im Vergäng=
lichen nach dem Unvergänglichen, dann dienen wir nicht dem Fürsten
dieser Welt, sondern unserm Gott; dann wirken wir nicht die Werke
der Finsternis, sondern bauen am Reiche Gottes, dann verlieren
wir nicht unsre Seele, sondern bewahren sie. Unsre irdische Arbeit
wird dann zu einer Arbeit im Reiche Gottes, unser irdischer Genuß
zu einem Genuß der Güter des Reiches Gottes, unser Nehmen zu
einem Nehmen aus Gottes Hand, unser Geben ein Geben der
Güter, die Gott uns geschenkt hat, unsre Liebe zu den Menschen
eine Bruderliebe, in der sich ein Abglanz der Vaterliebe Gottes zu
uns, seinen Kindern, spiegelt. Dann leben wir in der Zeit und
doch zugleich in der Ewigkeit, dann leben wir in der Welt und
doch zugleich in Gott. Wir sind bei ihm, wer will uns aus seiner
Hand reißen? In ihm ruhend, in ihm wirkend, in ihm genießend,
bewahren wir unsre Seele. —

Es ist das Bild eines seligen Lebens, das sich unsrer Be=
trachtung zeigt. Schauen wir in den Spiegel unsrer Seele, ob es
sich uns darin offenbart! Zeigen sich keine Spuren der Züge dieses
Bildes, dann mögen wir viele Vorzüge besitzen, aber Christen,
Jünger Jesu, Kinder Gottes, sind wir dann nicht. Wenn wir es
aber bekennen dürfen, dieses Bild spiegelt sich auch in unserm
Geiste, so müssen wir doch zugleich mit beschämtem Herzen bezeugen,

wie undeutlich, wie schwach und matt sind seine Züge gezeichnet, wie weit sind wir noch davon entfernt, daß dieses Bildes Herrlichkeit uns ganz erfüllte, unser Dichten und Trachten verklärte! „Nicht, daß ich es schon ergriffen habe oder schon vollkommen sei" (Phil. 3, 12), sprechen wir mit dem Apostel Paulus. Dies sei das Bekenntnis unsrer Schwachheit, Sünde und Schuld, mit dem wir vor das Angesicht Gottes treten. Aber dann laßt uns auch fortfahren mit dem Apostel: „Ich jage ihm aber nach, ob ich es auch ergreifen möchte." So laute unser heiliges Gelübde, das wir auf Gottes Altar opfern. Und derselbe Apostel zeigt uns auch die Quelle unsrer Kraft, wenn er sein Bekenntnis schließt: „nachdem ich von Christo Jesu ergriffen bin". Hier ist der Grund, in dem unsre Hoffnung wurzelt. So wollen wir uns im Bewußtsein unsrer sündigen Schwachheit beugen, im Bewußtsein der Gnade Gottes in Jesu Christo erstarken, im Bewußtsein der Kraft, die wir von Gott empfangen haben, nach dem Ziel der Vollkommenheit der Kinder Gottes trachten. Allen Gefahren und Versuchungen der Welt gegenüber sind wir dann geborgen, im Kampf des Lebens bewahren wir unsre Seele. Amen.
